JN087518

# 性別解体新書

身体、ジェンダー、好きの多様性

佐倉智美

現代書館

# 性別解体新書

身体、ジェンダー、好きの多様性

# Re: ゼロ歳から始める明るい(父親が)トランスジェンダー生活 —— 301

# 序　その後の明るいトランスジェンダー生活

### それは僕たちの奇跡

　朝食後の歯磨きを終えて、蛇口の水を止めると同時に、排水口の奥の方から何やら込み上げてくるような独特の情調があった。

「ん？」

　微妙な振動と異音のような空気感——。

「地震か！」

　同時に大きな横揺れが始まる。私は反射的に廊下へ身を移した。そこなら倒れてくるものも少なく、比較的安全度が高い。

「なんじゃこりゃ〜っ!!」

　この揺れ方は尋常ではない。家中がぐにゃぐにゃと波打つように激しく振動する。そんな最中、スマートフォンからは何やら緊急地震速報を受信している音も鳴っているようであった。

「遅ぇヨ！」

　それだけ震源が近いということだろうか？　ひとしきり壁に身を寄せてやり過ごすうちに、ようやく揺れは収まってきた。

「だ、大丈夫かーっ!?」

　私は廊下から、まずは相方に声をかけた。

「来たらアカン！」

　さしあたり無事らしい相方から、そのような返答があった。一部の食器棚から食器が散乱してちょっと大変な状態らしい、ので、まずはそれを片付けないと、とのことである。

　そちらは相方に任せることにして、私は他の箇所をチェックして回った。洗面所〜トイレ。それから自分の仕事部屋。こちらも棚の中が乱れていたり、一部の家具が倒れたりしていたが、まずは大きな問題はなさそうだった。家屋自体もとりあえずは大きな異状は見当たらない。屋外の様子も窺ってみたが、我

が家の周り、隣近所にも、特段の大事は起きていないようであった。

「はぁ〜っ」

やれやれである。それにしても、そうそうめったにはない大きな地震だった。少なくともこのあたりで体験するのは、阪神淡路大震災以来の激しい揺れだ。辛くも「大震災」と再び命名される規模の被害は免れ、最大震度は6弱、後に大阪府北部地震と呼び習わされることになる今般の地震に対して、このとき私はそう思った。

「そういえば……」

私の自伝的著書群の最終盤にあたる『明るいトランスジェンダー生活』、その冒頭は阪神淡路大震災のシーンから始まるのであった。1995年からはや20年以上。あれから、じつにいろいろなことがあった。

そうこうするうちに、玄関に人の気配がした。地震発生のしばらく前に大学へ登校するために家を出発していた娘の満咲（みさき）が帰ってきたのだった。

「いゃー、なんとか駅に着いたら、すでに電車が全部止まってて、どうしょうかなと思って様子見てるうちに、大学のメーリングリストで全学休講の連絡が来たから……」

ともあれ、まずは無事でなによりである。

ちなみに『明るいトランスジェンダー生活』のラストは、保育園帰りの娘と親子3人で散歩がてら帰宅の道を歩くシーンである。あれは私が性別違和に苦しみながら男性としての苦悩・煩悶を抱えて生きた最後の期間を経て、女性としての生活に踏み出した際のさまざまな体験を綴った果てに、そうして今一度この世のジェンダーをめぐるからくりを学び直そうと大阪大学の大学院に社会人入学することになった、その春先のエピソードなので2003年。つまり、これもそれから15年。はやいものである。どうりで満咲もいつのまにか大きくなるはずだ。

いや、本当にいろんなことがあった。私がいちばん壊れていた1995年頃をなんとか生き延び、やがて相方と出会い、満咲という子宝にも恵まれて、ここまでなんとか生きてきた。

それはいかにも、みんなで紡いだ奇跡のような日々だったと言えるかもしれない。

## きっと青春が聞こえる

　『明るいトランスジェンダー生活』のラストシーンの後、今では私も大阪大学の大学院は無事に課程を修了し修士号を取得、念願の「女子大生生活」を満喫することも叶った形である。

　その後は戸籍名も改名し、性別欄がない運転免許証であれば、女性としての本人確認書類に用いるのに支障がなくなったりもしている。

　やがて、それまでは後回しになっていた身体的な性別移行も検討され、順次ホルモン操作や、性別適合手術も受けることになった。その際の感慨や、各種の発見は、執筆中の新刊原稿（すなわち本書）に活かされる結果となっている。

　一方、二世帯住宅に同居する形であった父が、病にて永逝してからも、もう随分になる。むしろその後は父を気にせずにトランスジェンダー生活に勤しむことができるようになったのは気が楽だなどという一面の現実を開陳してしまうと身も蓋もないが、さりとて長く付き合った肉親である。当然に寂寥の念もまた深い。特に、最後まで自身の性別の件、つまりトランスジェンダーとしてのセクシュアリティについてしっかりカミングアウトできずじまいとなったのは、いささかの心残りでもある。せめて今は天国で母とともによろしくやっていると願いたい。

　そうしてその間、我が娘・満咲はというと、保育園から小学校、中学、高校と、順調に進学・成長を重ねた。

　小学校に上がる際のランドセル選びでは、私たちの性別のしがらみを極力廃した育児の成果か、ジェンダー意識の囚われがすこぶる軽く、結果としてきわめて個性的な色合いのものを選択したりもした。

　3年生くらいのときだったろうか。父の日の贈り物としてピンク色のポーチをプレゼントしてくれたりもした。曰く「化粧品を入れとくのにちょうどエエやろ」。戸籍上父親の為人も含めて、自己の家庭環境を自信を持って、かつ自慢気に肯定しているその様子は、見ていて微笑ましく、また嬉しかった。

　6年生になって運動会で組み体操に取り組む際も、かつての父親と違ってノリノリで楽しんでおり、性別を気にせずに学校生活を送る様子は頼もしくもあっただろう。

　小学校の卒業式や中学校の入学式は、いちおう私を「満咲ちゃんのお父さん」だと知っている人もいる中で、どっちの性別にでも見える格好を狙いつつ、レディースのパンツスーツで出席したりもしたが、満咲はそのあたりも納得ずくの様子である。

　かくして中学生時代も、そして高校に進学後も、ジェンダーやセクシュアリティをめぐる世間一般の常識に囚われずに、あれやこれやとさまざまな活動に勤しみ、まさに青春を謳歌したようだ。

　そしてその際、そんな満咲の存在は、満咲の周囲にいる子たちにとっても、大いにありがたい、尊いものとなっていたようなのだ。相手のプライバシーへの配慮もあって詳細は聞かせてもらえていないものの、中学や高校時代には何らかの性的少数者の属性を持ったクラスメートがいて、その応対には私を通じて性の多様性にすこぶる詳しくなっていたことは、かなり役立ったりしたらしい。さすが、もとよりジェンダー観念が柔軟だったうえに、相方は仕事で保育園・学校は休みの日曜日などに私の講演の仕事が入った日には、講演先まで同行し、会場の最前列で私の話を聴くこともしばしばだっただけのことはある。

　満咲本人も、わりと柔軟な人間関係を実践をしているようで、その一端として「ただの友達の男子」がやたら多い。必然的に「男女やってだけで、すぐにカレシカノジョの関係やろうって勝手に決めつけられるのウザい」というボヤきを定期的に口にすることにもなっている。

　結局は、自分自身も単純な性別規範には当てはまりたくないし、性の多様性に対して詳しい自分というのが、自分のありようとして心地いいのだろう。いずれにしても、まぁ頼もしいのはたしかだ。

　なお私の文章内では、こういう機会には満咲のことを「娘」と表記するのを慣例としているが、たとえ便宜上はそう書くのが最も簡便だとしても、また本人からは今に至るまで特段のクレームはないにしても、本人自身が自分のことを、特に自身のセクシュアリティに引きつけて、どのように捉え、どんなふうに社会の中に位置づけたいと思っているかは、基本的に本人の意思に属する事項であるのは言うまでもない。

なってしまった！

　仕事部屋のパソコンのディスプレイの前で、地震の情報をインターネットで見る傍ら、そんなことを考えていると、満咲がやってきた。

　「ウチの部屋、本棚から本が落ちたり、大変やったワ。とりあえず応急の片付けは済んだけど」

　「そうかぁ、やっぱ物の置き方、気をつけとかんとアカンなぁ」

　ネットの情報では近隣各所で、古い建物を中心にピンポイントで大きな被害があるようではあるが。

　「で、ちょっと教えてほしいんやけど」

　「こ、今度は何や？」

　この４月に大阪府内のとある大学の社会学系の学部に入学した満咲は、自宅にも社会学の専門家がいるのはラッキ〜とばかりに、授業の不明点や課題のヒントを求めてなど、事あるごとに私を捕まえては何やかやと質問を浴びせてくる今日このごろなのだ。

　かつては個別指導塾の講師もしていた私である。満咲の小中学校時代は勉強を教えることもままあった。が、高校生になって数学に微分積分などが登場すると、さすがに手に負えず、しこうして娘の勉強の面倒を見る苦労からは解放されたのだった。しかしそれも束の間、まさか大学で復活するとは！

　まぁ、こうなってしまったからにはしかたない。本人曰く、自分の興味関心に従って進学先を選んだだけとのことだが、結果的にであっても私の専門分野と同じ社会学の領域を志すというのは、やはりある意味親の背中を見て育ってくれている証だとも言えるわけで、嬉しくもあるのは否めない。

　「えぇーっとな、今週は全学臨時休講が決まってんけど、それが明けるとすぐに新入生ゼミの発表と、社会学入門の中間レポートやねん」

　「新入生ゼミ……はシェアハウスで行くんやろ？」

　私の本棚から、久保田裕之『他人と暮らす若者たち』を貸したのは、たしか先月。５月の連休明けくらいだったはず。

　「社会学入門は、今やってんのは何？」

　「んーっと、自己と他者とか、相互行為と自己呈示、かな」

　「ソレって、今ちょうどワシが書いてるとこの、どストライクやん、次の本

の原稿の」

　はからずも私は執筆途上のファイルを開いてみせる。

　ほほぅと覗き込む満咲。

　「なんかず〜っと前から次の本の原稿って言ってるけど、これ、どんな中身なん??」

　「ず〜っと前からって、こんなふうにミサキさんが邪魔しに来るから進まへんのやろうが」

　「それはちがうやろ」

　「エエか、この原稿はやな……」

　かくして私は、満咲に新刊原稿の内容をかいつまんで説明することになった。

# 第1章　性別概念の解体を始めるにあたって

## 1　本書の趣旨と構成

### その後の性同一性障害の社会学

　というわけで、本書の本編はここからである。

　先の「序」では筆者の自伝的な著書群の大詰めにあたる『明るいトランスジェンダー生活』からはや十数年という話になっていたが、じつはその次に上梓した『性同一性障害の社会学』からも、もうすでに十数年が経ってしまっている勘定になる。

　『性同一性障害の社会学』は、大阪大学の大学院で学究を深めて執筆した修士論文などを元にした内容となっていて、当時としては、各種アカデミックな知見もふまえてトランスジェンダーやセクシュアルマイノリティ全般について考察した、筆者の集大成だったという自負はある。ただ、やはり当時の筆者がいろいろ行き届かなかった点、それゆえやり残した部分、あるいは出版からの年月の経過とともに社会情勢が変化してきたために記述が「古く」なった点など、今となっては、いろいろ粗も目立つのは否めない。

　その意味では、そのあたりを押さえたうえでの新たな執筆は必要なところであった。特に筆者がその間に体験したホルモン操作、すなわち女性ホルモン剤の投与と、そして性別適合手術を受けたことは、じつにさまざまな大きな発見をともなう貴重なエクスペリエンスであり、そこから得られたデータ、それに基づく考察は、ぜひとも新刊にまとめたい、まとめる意義があると言えた。

　そんなこんなで、2010年代の半ばにかけて構想をとりまとめ、執筆に取り組み始めたのが本書なのである。しかるべき場に提出する機会はもうなさそうなので、読みやすさ等々を優先して、社会学の論文として求められるスタイルは必ずしも厳守にこだわらずに執筆を進めたが、事実上は筆者にとっての博士論文に相当する論考集に位置づくかもしれない。原稿がこうして日の目を見る

までに、執筆が難渋を極め、脱稿までに予定以上の時間がかかってしまった点については、やはり慙愧に堪えないが、もしも内容にそれだけの価値があったと読後に感じていただけるなら幸いである。

## 本書の構成について

　そんな本書、やや柔らかめのエッセイ調にて筆者の近況報告的な内容を記述した、いわばプロローグとして先の「序」と、巻末にもその続きとなる部分をエピローグとして置いてある。それらが本編を挟む形で前後に配されていると言ってもよい。本編はどうしても堅い文章が続いたりする箇所も多いので、ここで力を抜いてもらえたらと思う。

　で、その本編はというと、目次を見ていただくとわかるとおり、全4章から成っている。

　まず、今まさに読んでいただいているこの第1章は「性別概念の解体を始めるにあたって」と題して、本書についての基本事項を確認する場としている。

　次に第2章。「ホルモンから見えてくるもの」とあるとおり、筆者自身のホルモン操作の体験に立脚し、性別と身体、セクシュアリティにかかわる諸テーマについて考察している。

　そして第3章。前章のホルモンに続き「性別適合手術で何が変わり何が変わらないのか」という視角から、こちらも筆者の性別適合手術の記録をふり返りながら、外科的な身体改造がもたらす各種の変化を通して、ジェンダーやセクシュアリティがどのように身体とかかわっているかを考察する章となっている。

　さらに以上のような構成を受けて、第4章はいわば総まとめの位置づけで「混沌のセクシュアリティを捕捉する」ことを試みている。一般には多様なセクシュアリティが「身体の性別」「心の性別」「性的指向」と単純に言い習わされている3項目に収斂させられて語られがちな現状に疑義を呈し、それぞれが非常に複雑で混沌とした多様性のもとにある深層を順に各々掘り起こし、各人のありのままのセクシュアリティが肯定されるような真にフレキシブルな性の多様性が実現した社会の可能性を展望している。

## 「性的少数者について理解できる本」ではない

　ということは、本書が性別・性差、ジェンダーをめぐるあれこれ、ないしはひとりひとりのセクシュアリティをめぐるイシュー、そうしたものに対して取っているスタンスは、滅法複雑で入り組んでいることも察していただけるだろうか。

　本書は、通読すれば「LGBT についてあまり知らなかった自分にも、わかりやすくよく理解できた！」となる書籍だとは言い難い。むしろ、ある程度はセクシュアルマイノリティのことを理解していたつもりだったが、本書を読んだことで性の多様性についてわけがわからなくなった……となってしまう可能性も高い。

　だがそれは悪いことだろうか？

　性別・性差とされているものをめぐる、個々人のありよう、セクシュアリティ、それらが本当に複雑で非常に混沌とした多様性のもとにあるとしたら、カンタンにわかってしまうほうがオカシイだろう。その意味では「わけがわからなくなった」という感想は、じつはそうした混沌のセクシュアリティの深層にかなり肉薄できた証拠であり、本書の真髄を的確に読み取っていただいた結果なのかもしれない。どうか「わけがわからなく」なることを恐れずに、「男か女か」で仕切られ、性の多様性さえもがそのアナロジーで語られがちな現行の性別の枠組みから、一歩踏み出してほしい。

　本書の狙いは、端的に言えば「性別」をめぐる固定観念を解体することなのである。

　ジェンダーにまつわる諸問題、各種の性差別、それらの解決はもちろん重要なテーマである。しかし、そのことに関心のある人でさえ（だからこそ？）、そうした問題系の把握に際し、「男女」という二元的な性別システム自体には疑わずにコミットしてしまう事例が絶えない。異性愛が暗黙の前提となっている男女二元制に依拠する限り、何を訴え、どんな活動をしても、それはジェンダーの問題や性差別の原因として還流してくるだろう。ジェンダー・性差別にかかる問題を、男女を対立的に捉える愚から抜け出すためには、「男女というシステム」をこそ改革しないとだめなのだ。

　当然に筆者は性的少数者のひとりとして、すべてのセクシュアルマイノリ

ティが生きやすい世界の実現を願っているし、本書がその一助にならないとも思っていない。だが、その願いの実現には、この社会が「性別は男と女」という前提を放棄することが必要なのも知っている。だから本書は、セクシュアルマイノリティをめぐる各種トピックを援用しながらも、最終的にはすべての人が「あぁ、性別は男と女って枠組み、あれは不合理だったね、人はそんなのに収まるはずがないほど、ひとりひとり多様だったね」と達観することをめざして論述されているのである。

現実とひとつひとつ向き合いながらも、少しずつ「男女」という二項対立的な概念を縮退させていく。そうして誰もがあるがままの自分を、性別という桎梏に回収されることなく実現して生きていける理想に近づいていく。まさにそのことに、まさにそうした可能性に、本書が何らかの役割を果たせたら嬉しい。その先に、すべての人の自己実現が妨げられることのない世界があると、筆者は信じている。

## 「うっかり買ってしまった」ときは？

「えぇっ!?　先に言ってよ〜！」

そんなわけなので、「LGBT の基礎知識」をこそ読みたかったという方は、このように叫ばれたかもしれない。著者としては、本書に興味を持って手にとっていただいた以上は、ぜひとも読み進めていってほしいとは願うところだ。誠に恐縮ではあるが、各自の必要に応じて他の各種媒体を活用して補完していただけると幸いである。

昨今では LGBT 関連の刊行物全般が潤沢なラインナップである。初学者向けに丁寧に精確に記述された良質な入門書も少なくない。インターネットでも、しかるべき情報をこまめに更新し続けていて信頼に値するサイトがひとつならずある。

あと、前述の『性同一性障害の社会学』など、筆者の既刊に当たっていただけるのも嬉しいことではあるが、さしあたり今すぐできることとしては、本書のページを繰って第 4 章の初っ端を開くのも一手である。そこにとりあえずは「LGBT についてのわかりやすい説明」が簡潔に図解されている（その手法を再確認したうえで、そこからそれを批判的に問い直していくためではあるのだが）。

## しかしLGBT用語は変遷する

　ただ注意が必要なのは、性の多様性についての捉え方、セクシュアルマイノリティに関する語り方とそのための用語、そういったものは現時点では安定しておらず、アップデートの周期も早い傾向がある。

　最たるものは「性同一性障害」。これはすでに過去の言葉である。本来の病理概念・医療用語としても「性別不合」もしくは「性別違和」への移行が進んでいる（本書では「性別違和」をおもに用いている）。出生時に割り当てられた性別属性が自分に適合的でないために生活上の性別属性を変更したほうがしっくりくる、いわゆる「性別を変えている／変えたい」ようなケース全般を広く言い表すために、一時期は「性同一性障害」の語を定義の厳密性を緩めて準用することも多々あったが、ここ数年は「トランスジェンダー」を用いるように変わってきた。

　セクシュアリティが「男女二元的な性別観念に妥当しかつ異性愛」ではないケースを包括的に指して何と呼ぶかも絶対的ではない。本書では「性的少数者」「セクシュアルマイノリティ」を原則としているが、もう少し猥雑な性的嗜好も包含したニュアンスにしたいときなど「クィア」を使っている箇所もある（「クィア」の文字列は「クィア理論 Queer Studies 」で登場することも多い）。世間一般では「LGBT」のように言うほうが通りが良いかもしれないが、これもこれで2020年代以降どうなっていくかは予見できない。現在でもより幅広く多様性を取り込むことを期して「LGBTs」「LGBTQ」のように文字が増設されたパターンは存在する。

　そも「セクシュアリティ」の語義自体が日本語圏では安定していない。本来的には性にかかわる個々人のありようの総合的な全体像を指して言うのが、最も広い意味となるだろう。すなわち、恋愛や性的関心の対象がどんな人であるのか、本人自身は性をめぐってどのような自分であろうという心持ちなのか、および本人の性にかかわる身体の状況はどうなっているか……。それらの理想と現実がせめぎあう、そのすべての要素が、各人のセクシュアリティなのであると言える。本書では、基本的にその意味合いで「セクシュアリティ」を用いている（文脈によっては性行為の実践にかかわる要素に重心を置いていることもあ

16

る）。

　ともあれ、最新情報を不断にチェックすることに意識して努めることが肝要だということになるだろうか。一方で、新しすぎたり、あるいはより精確性の高い適切な言い回しとして提唱されたものの結果的には普及していないなど、通用性の点で難がある用語もあったりするので、塩梅はなかなか難しくもある。他にも同じ語であっても捉え方に幅があり、解説する人によって意味にズレが生じることもあるのは悩ましい。その意味でも、語義に過度の厳密性を求めるのは功罪相半ばしている。各々の言葉にあまりカッチリとした枠をはめようとせず、是々非々で付き合っていく柔軟な姿勢のほうが実りが大きいとも言えよう。

## じつは本書の用語法も古い !?

　そして、そんな事情なので、本書の記述中の用語法にも「古い！」という印象を与えてしまいうるものが、すでに含まれていなくもない。

　例えば「Xジェンダー」。自分自身の性別が男女のいずれにも該当しない・したくないというようなケースは、広くはトランスジェンダーの一環でもあるだろうが、本書執筆開始時点では、これを特に「Xジェンダー」と言い表すことは、わりと常套であった。しかし近年では、そうした意味合いの語として「ノンバイナリー」が台頭してきていたりする。

　「MtF」「FtM」もそうだ。男性から女性に性別移行するケースを「MtFトランスジェンダー」、女性から男性への性別移行なら「FtMトランスジェンダー」とは、相応の期間にわたって言い習わされてきた。しかし近年はそれぞれ「トランス女性」「トランス男性」とするほうが精確でポリティカルコレクトネスにも適うと考えられるようになってきている。本書では執筆開始時のレギュレーションに基づき、「MtF」「FtM」表記は最終校正段階でも手直ししていない。前述のようにこの種の表現は変遷が激しく、最適な最新表記は追求しきれないことと、「MtF」「FtM」は性別移行の方向がわかりやすく（それぞれ「 Male to Female 」「 Female to Male 」の略であるので）、文脈によってはそのメリットが捨てきれないと考えられるからである。

　その他にも、刊行年の時点では標準的だった表現でも、時代の進展とともに

妥当性を欠いていくことはままある。須らく出版物の宿命としてご容赦いただくしかない。

　ともあれ、以上、本書のこのような趣旨と構成に留意して読み進めていただければ幸いである。


## 2　身体にフォーカスする意義

### なぜ身体に着目するのか

　それではもうひとつだけ前置きを。

　本編全4章からなる本書のうち、第2章ではホルモン操作、第3章では性別適合手術を主題化して論を進めている。すなわち章の数だけで言っても全体の半分が身体改造に着目していることになる。となると、身体にかかわるイシューを取り上げる割合が妙に大きいのではないか？　という指摘もあるかもしれない。

　なぜ本書がそうなっているのか。

　身も蓋もないことを言うと、前節でも触れたとおり、筆者自身が体験したホルモン操作や性別適合手術が、有意義な知見につながるエクスペリエンスだったため、これに取り組むなら、相応のページ数を占めてしまうのが必定だったという理由に尽きる。

　これらがそれだけの重要度であるというのは間違いない。


### 身体は「ラスボス」ではない

　だが「性別の核心は身体にはない」というのが筆者の立場だったのではないのか？　という声も上がるかもしれない。

　それはそうである。従前から訴えているとおりである。性的少数者についてやジェンダー全般の諸問題。身体はその「ラスボス」たりえない。

　しかしそれだけに、だからこそ身体にまつわるさまざまな事柄を解きほぐしていく必要があるのだ。「身体にこそ性別の源泉がある」と思い込んでいる人

がまだまだ多い中では。そうではないことを詳らかにしていくために。

　本書第２章および第３章には、そうした意味があるわけだ。

　同時に、トランスジェンダーの性別移行もまた、その本質は身体改造にあるという言説、直接的にはこれを覆していく作業であるとも言える。

## 性別適合手術が「性転換」なのか

　例えば安藤大将の『スカートをはいた少年』。これの冒頭は乳房除去手術の場面から始まっている。それだけキャッチーなシークエンスとして冒頭に置かれているのだろう。椿姫彩菜の『わたし、男子校出身です。』も同様で、こちらはいよいよ手術を受けるというシーンは終盤に配置されているが、それはつまり、いちばん盛り上がるクライマックスだと位置づけられているわけだ。

　おそらくは主たる読者層が持っている「手術こそが性別を変えるということだ」という通念に合わせて、とられている構成だと推察できる。

　他のドキュメンタリー・物語の類でも「アルバイトをしてでも費用を工面してホルモンを始めたい」「性別適合手術を済ませて、ワタシは本当の自分になる！」のようなトランスジェンダー当人の語りは登場しがちだ。周囲の人たちが、ホルモンや性別適合手術について、いつかはするものであるという前提で、いつするのか、もうしたのか、トランスジェンダー当人に素朴な疑問として質すようなこともしかり。筆者も実際に、そのように尋ねられたことは、複数回経験している。

　ホルモンや性別適合手術を通じた身体改造が、トランスジェンダーにとって重要な案件であり、性別違和の問題の解決を図るためには必要不可欠なものであり、もっと言えばそれこそが性別移行の核心であるかのような認識が、非常に広範に流布しているがゆえのことであろう。

## 身体の性別違和とは何なのか

　もちろん各々のトランスジェンダー当人が自身の身体に強い性的違和感を抱いているケースに対して、その解消のために身体改造の措置がスムーズに実施できる体制は望まれる。

　ＦｔＭトランスジェンダーとして日本国内ではパイオニアだとも言える虎井

まさ衛の著書などでは、自身の身体違和が「まるで自分の身体が半魚人である
かのような違和感」というような表現をまじえながら切々と綴られており、虎
井はまだ20代だった1980年代にすでに海外で性別適合手術を受けるに至っ
ている。だがその道筋は並大抵ではなく、手術のための費用を貯金するために
学生時代から必死に節約を重ねアルバイトに励んだりもしたという。

　しかし、トランスジェンダーのすべてが身体への性別違和がそこまで強いか
というと、そうとばかりも言えない。言い換えると、性別違和を構成する要素
のうち身体にかかわるものがそのすべてというわけではない。身体的には深刻
な違和感がなくても、付与される社会的な役割規範などを通じて性別違和が成
り立つことはじゅうぶんにありうる。そして、その場合の性別違和への主たる
対処は、やはり身体改造ではなく社会的なもののほうが有効かつ必要だろう。

　そう考えると、性別違和に含まれる身体的な違和感の部分というのは、いっ
たいその本質は何なのかという疑問も生じる。はたして何がどのように動機付
けとして作用し、身体改造へのあくなき欲求を生じさせるのだろうか？

## パスを左右するのは何か

　むろんトランスジェンダーとして望みの性別で社会生活を円滑に送るために
は、現実として一定水準の「パス」、すなわちその性別であると周囲から認識
されることが重要となってしまう現状は認めざるをえない。しかし、何がパス
の成否を左右するのかといえば、それはじつのところさまざまな要素が複雑に
入り組んでいて、単純に身体改造だけがその鍵を握っているわけではないのが
実状だ。

　三橋順子も『女装と日本人』の中で「女性のジェンダー・イメージをそれな
りに構築し表現すること」が肝要だと述べているように、その人の為人全体か
ら立ち現れる「その性別らしさ」の全体像のようなものこそが重要だというの
は、筆者が性別移行をおこなってきた際の実感でもある。

　そもそも手術によって形状が変更される部位である外性器、これは日常生活
では他人に見せびらかして歩くようなものではない。通常は服によって隠れて
いるのだ。

　その一方、その服の選定の知識、コーディネートのセンス、自然な着こなし

のスキルは、まさに衆目を集めるところである。髪型や化粧、言葉遣いを含めた話し方や、しぐさ、立ち居ふるまいなども同様で、大きなポイントとなるだろう。

　つまるところ、それらが複合したその人の醸し出す雰囲気の総体が、周囲の他者から見て、社会通念に則した性別の境界線の男女いずれの側に判定されるかが、パスの成否であると言えよう。

## 身体改造の動機の本質は

　こうしたことを考え合わせると、ホルモンや性別適合手術を通じた身体改造は、すべてのトランスジェンダーが等しく希望するような、性別移行と分かちがたく結びついた必須の要素では決してなく、あくまでも必要に応じておこなえばよいオプションにすぎないと言える。

　筆者もまた性別違和の重心は社会的な位置づけのほうにあったので、ホルモンや性別適合手術は優先順位が高くはなかった。それらを始める前に（いわゆる「ノンホル・ノンオペ」で）とりあえずパスも支障がない程度に至った。であるなら、費用や身体的負担のことを考えると、しないでおくこともひとつの選択である。性別の核心が身体にあるとも思っていなかったし、社会生活上の性別を変えるのに身体改造も併せて必須であるという認識もなかった。

　ただ、性別移行を果たして以降、女性としての生活が長くなると、やはり身体的にも世間一般で女性のものとされる特徴に自分も近づきたいという願望は相応に強く自覚されるようになってきた。優先順位の高い課題を、順番にクリアしてきた果てに、いわば最後に残された案件として身体改造が浮上し顕現してきたのだと言える。

　社会的にもそれまでにそうであったのと同様に、身体的にも、こうあるべき自分・そうなりたい自分は「女性」とされているそれであり、そのほうが本当の自分であると思え、そうして自分で自分を好きになれる——。

　そんな感覚である。それに素直に従うならば、現にこの世の中で広くおこなわれている実績のある手段としてホルモン操作や性別適合手術が検討の対象に入ってくるのは自然な流れだった。

　この、ホルモン操作や性別適合手術などによる身体改造を通じた自分自身の

身体こそが「より自分として本当だ」という強い思い。これが、本来的には身体改造の動機の本質のはずであり、またそうあるべきなのではないだろうか。

## 「未手術のトランスジェンダーは偽物」⁉

　だが最初に述べたように、身体こそが性別の核心だというような意識は巷間根強い。

　2010年代には世間一般での性的少数者への理解が飛躍的に進んだと言える側面があるが、一方である種のバックラッシュも起きている。2020年に至る頃には、「女性のため」と称してフェミニズムを名乗り、ＭｔＦトランスジェンダーを目の敵にするようなヘイトスピーチも、インターネット上のソーシャルネットワークサービス等の場で一定の広がりを見せてきているのは由々しき事態である。トイレや更衣室、あるいは公衆浴場など、男女別に区分される習慣のもとにあるスペースの、その女性用のほうをＭｔＦトランスジェンダーが利用するようなケースを、殊更に問題化し、誤解と偏見に基づいて激しく排撃するような言説は、その典型パターンだ。

　性犯罪が心配という理由から女性専用スペースに侵入する男性を警戒するという姿勢に一理あるのはたしかにわかる。だが、だからといって、すでに良き隣人としてあちらこちらにあたりまえに存在し、つつがなく生活しているトランスジェンダー女性全体に対して、そうした視線を向けるのは、実態からは乖離した態度であり、差別でしかない。

　そしてその際にも「手術が済んでいる場合なら、まだしも認めてあげてもいいけど」のような言い分が登場することはけっこう目立つ。まるで性別適合手術を済ませていないＭｔＦトランスジェンダーは女性だと僭称しているにすぎない単なる痴漢であるかのような論調である。

　こうした理屈は、その必要がない・望んでいないトランスジェンダーにまで性別適合手術を受けるよう仕向ける外的な圧力を構成する、そのひとつの要素を成すことにもなってしまう。特定の属性の他者に上から目線で手術を強要するような傲慢な論理は許されるものではない。さらには、トランスジェンダー女性を性別適合手術を経ているか否かで利害対立させる分断工作として機能するという点でも悪辣だ。

　しかも、それ以上に、仮にこれがフェミニズムの名のもとにおこなわれている主張であるとするなら、稚拙だという評価は免れえまい。すなわち外性器こそが性別だという性差の本質主義におもねてしまっているからである。

　というよりは、性別・性差が身体に起因して本質的に決定されており、それによって人は男女のいずれかに分類できるのだという前提を肯定的に採用するのが、本当の意味でのフェミニズムなわけがない。今日のジェンダー論の蓄積につながるたくさんの成果の獲得に取り組んできたフェミニズムの先人に対しても失礼な話である。

## その「性別」を覆す

　いずれにせよ、こうしたことからも、外性器の差異といった身体特徴にこそ確固とした性別の根拠を求めようとする信念は、いまだにこの世界では支配的であることがわかる。そして、だからこそ、それを覆していくためには身体にフォーカスした議論の意義が、逆説的に生じてくるわけだ。本書の第2章や第3章には、そういう意味もある、ともあらためて言えてくる。

　かかる企図をふまえて、第2章・第3章では筆者自身のホルモン操作と性別適合手術を受けた体験をふり返りながら論を進めてみた。データとしては筆者が適宜書きためた記録を参与観察データとして用いている。普遍性・客観性には、いささかの補正も必要かもしれないし、どうしてもＭｔＦのケースに偏った部分が生じ、ＦｔＭの場合にどれだけ敷衍できるかについては留保が必要ともなるだろうが、反面、第三者からの聞き取りなどで生じがちな、タイムラグ等による記憶の逸失や、インタビュアーへ向けて語られる言葉を解釈する際のニュアンスの変質などがないのは、この場合は大いにメリットである。

　はたしてホルモン操作や性別適合手術で、何が変わるのか、あるいは変わらないのか？　そもそも「性別」にとって身体とは何なのか!?　そして第4章では、いかに「それは性別ではない」「そこに性別はない」ことが明らかになるのか？？

　さぁ、いよいよ解体ショーの始まりである。

# 第2章　ホルモンから見えてくるもの

## 1　ホルモンで何が起こったか

### ホルモン操作の開始

　ではまず本章は、性別適合手術に至る以前の、ホルモン操作の段階について見ていこう。いわば「ホルモン編」である。

　一口にホルモン操作をおこなうと言っても、方法は注射や経口内服、貼付剤などがあり、それぞれ一長一短とされている。また薬剤の種類も多様に及んでいる。そんな中で、筆者が2008年2月より開始したのが、女性ホルモンの錠剤「プレマリン」を1日あたり2錠、経口内服するというもの。1錠あたり0.625mgの製剤である。その後1日3錠にしてみた期間もあるが、基本的に1日は2錠のペースがおもであった。

　一般にはこれによって次のような身体の変化が見られるという。肌の質感の変化、体毛の減少、男性器縮小、筋肉と脂肪の割合の変化など。および血栓や肝機能へのリスク増加といった副作用などである。むろん薬理的な作用の現出には個人差があるのだが、はたして筆者の場合はいかなる具合となったのだろうか。

　なお筆者の場合、処方は性別違和の専門外来を設けている大学病院の産婦人科の医師によるものとなっている。この時点では「性同一性障害」の診断も済んでおり、いわゆる日本国内における正規の治療ルートに乗った形である。

　インターネットを通じた個人輸入なども手軽になりつつある昨今では、そうした正規ルート以外でホルモン剤を入手し、自己責任で投与するケースも少なくないとみられるが、間に入る業者の良し悪しのほか、副作用の心配も勘案すると、それらはもとより薬というものに相応にあるリスクを増幅させる行為となるだろう。ホルモン操作は身体に不可逆的な変化をもたらす薬剤投与である以上、安易に手を出すべきではないことは、あらためてはじめにことわってお

きたい。

## ホルモン前史

　筆者の場合、ここに至るまでは長らくホルモン操作なしのままトランスジェンダー生活を続けてきた。

　ただ、かつて「男性として責任ある仕事」を辞し、女性としての社会生活をめざし始めた最初期において、「女装して街へ出かける」「女性としてショッピングを楽しむ」といった体験を重ねるにつれ、どことなく身体的にも変化を感じることはないではなかった。初著『性同一性障害はオモシロイ』にも記したとおり、顔つきや体臭、髪質などについては、自ら、もしくは近しい他者から変化が認識されるところであった。

　営んでいる生活の様子やメンタルのありようは、体内のホルモンバランスに影響を与えたり、その他さまざまな要因に作用して、身体の特徴に変更をもたらすことが、やはりいくばくかはあるのだろう。

　また、いわゆるサプリメントの類は、建前上は健康食品として市販されていて、ドラッグストアなどで簡単に購入できるが、これらの中には女性ホルモン剤に類似した効能を企図したものもある。

　筆者も上述の正規のホルモン操作開始に先駆けて、ザクロエキスと大豆イソフラボンを製剤したサプリメントを摂取していた時期がある。たしかに正式なホルモン剤に比べれば、その作用は緩やかではあったが、それでも後述するような乳房や精力への影響は多少なりとも自覚されるところであった。

　したがって「健康食品」扱いだからといって迂闊に摂取し続けると、やはり副作用など身体への意図せぬ影響がある可能性もある。この点、注意を払う必要があるのは、ホルモン剤の個人輸入等の場合と同様であろう。

## ホルモン剤による実際の変化［1］体毛の減少

　さて、それではホルモン操作を始めた当時の記録をひもといていってみよう。前章末で述べたとおり、筆者が適宜書きためた記録を参与観察データとして用いるものである。以下本章内では項目ごとに関連の箇所を抜粋・集約してある。

2008/02/29

ヒゲの伸びるペースもダウンかも？

→3日分が、ノンホル男性時代の1日分に相当??

2008/03/01

ヒゲも薄くなってはいるものの、「ノーメイクでパス」はいまだ無理。

それが可能になれば、日々の地域での生活がかなりラクになるのに……。

2008/03/09

ヒゲ等の伸びペースは着実にダウンの様相

　まずは、このように体毛、特に髭の減少や伸びるペースのダウンが早期から自覚されている。それだけ顕著で可視的な変化だったことになる。

　MtFにとって髭などの処理は日々の悩ましい課題だが、その労力が何分の一にでもなるのであれば、やはり大きな成果だと言える。そのことが、人によっては劇的な改善と呼べる成果となる可能性も高いだろう。

## ホルモンによる体毛の減少には限界も

　ただ、ホルモン操作によって体毛がある程度は減少するとはいっても、ゼロにはならない。

　一般に第二次性徴における身体の変化は、「身体性別」に応じた性ホルモンが分泌されることで、それに対応する変化が引き起こされる。このとき身体的男性であれば、女性ホルモンのいちじるしい分泌はなく、それゆえ女性ホルモンに対応した身体変化は起こらない。だから、第二次性徴の時期に自然には起こらなかった変化を、後年において人為的なホルモン操作をおこなえば、その時点で発現させることは可能なのである（後述の乳房が膨らむ件などは、まさにこれにあたる）。

　反対に、第二次性徴の時期にすでに起きてしまった変化は、後年におけるホルモン操作をおこなったからといって、なかったことにはできない。したがって、MtFの髭などについても、ホルモンによって改善する程度には限度があるわけだ。体毛の除去という目的に特化するなら、やはりレーザーによる脱毛施術などのほうが直接的に成果を上げることになるだろう。

　ホルモン操作を始めた当初からは時間が経過し、状況が落ち着いた後も、筆者の場合、例えば腋毛についてはかなり薄くなり、特段の処理はほぼ不要な水準にまでなったが、他の部位については、やはりなかなかそこまでは難しいようである。

　脛毛は、男性として生活していた頃は、いちじるしく濃いわけではなかったとはいえ「男性としては標準的なレベル」だったのが、ホルモン後の今日では「女性としては一定の処理をすることが望ましい」程度にまでは薄くなっている。つまり毎日のように脛毛の処理に時間を取らざるをえなかったかつてと違い、処理しなくてもパスはなんとか可能になったと言えなくもないのだが、社会人女性としての美容コードに鑑みると、結局は定期的な処理を強いられるわけで、たしかにその頻度や各回における労力は大きく低減したにせよ、定期的に処理をしないといけないという点においては以前と同様だということになる。

　髭もまた、薄くなったとはいえ一定ペースで伸びてくることには変わりない。それらを剃ったあとも、そのままでは女性としては不自然な様相だ。したがって、上記引用部の記録中でも期待されている「ノーメイクでパス」、これはもし可能になると自宅近隣での生活や何らかの要因で自由が制限された状況下（例えば寝起きに宅配便の応対をするようなシチュエーションや、あるいは災害時の避難所生活など）でもパスの簡便性が飛躍的に向上するのだが、どうやらそれが可能になる日は、この先も来ることはないようだ。

　その意味では、このホルモン操作による体毛減少がトランスジェンダー生活へ及ぼす効果は小さくはないが、しかし限定的だと見ておくのが妥当だろう。「減った」のは悪いことではないが「まだある」という点では本質的には問題の完全解決ではない……という趣旨で、筆者は一時期このことを「冷戦終結後の核兵器」と喩えたりもしていた。

## ホルモン剤による実際の変化［2］乳房関連

　記録の中で次に注目されるのは乳房関連の変化である。早期から乳首まわりがムズムズする感じが自覚されており、最終的には胸がそれなりに膨らむ結果となった。これは外観的にも、また自分自身の内的な身体感覚においても、大きな変化となったと言えるだろう。

2008/02/28

くしゃみをした際や、ちょっと寒さを感じた際など、乳首が立つ感じ。

2008/04/10

乳首のうずうずが先鋭化、痛いくらい (>_<)。

2008/04/26

上下に身体が動いた際の「乳房の揺れる感」は顕著に感じられるように

2008/05/01

胸の出方が視覚的にも顕在化。

2008/05/14

胸のふくらみがさらに !?

2008/06/12

引き続き「胸が膨らんだなぁ」感は顕著。

ただ、痛いなどの現象は落ち着いたか？

2008/07/25

またぞろ胸の膨らみ感。実際大きさも大きくなってる ??

2009/01/16

普段在宅時でもブラジャーをしないと胸が不安定に (^^ゞ

2009/01/31

やっぱ見た目にも「乳房」の存在感が出てきたかも。

　個人的にはこうした変化がやはり嬉しく思えた、という記憶は強い。自分の身体が何かイイ感じになった感覚であるとでも言えばよいだろうか。

## 気分は思春期 !?

　こうした胸の変化を受けて、乳房の存在感を自覚して悦に入るというようなこともあっただろう。横向きに鏡に映り、胸の膨らみ具合を視覚的に確認して、にんまりとしたこともある。

　一方で変化の途上にある不安定さから、乳首まわりに疼きや痛みが生ずることに、一抹の不安も垣間見られる。記録上は簡素な記述にとどまっているが、

ブラジャーの着用が必須になっていくことへの戸惑いも、嬉しさと裏腹に、それなりに大きかったはずである。

　いずれにせよ、記録にもある「上下に身体が動いた際の乳房の揺れる感」をはじめ、胸のボリューム感の増大は、確実に身体感覚の変化としてもたらされている。就寝時のことは記録には出てきていないが、寝返りをうちにくくなったというのも事実である。特にうつぶせに寝るには胸が邪魔になるようになった。

　このようなことは、一般的には思春期の女子にとってのよくある通過儀礼のようなものなのではないだろうか。

　記録の全文の中では、別の文脈で「気分はアラフォー」のようなことも記述されている。「アラフォー」とは通常は around forty 、つまり40歳前後の年代のことを指す。しかしここではもちろんそうではなく、これは around fourteen 、14歳という思春期を代表する年齢を（本来の語義をふまえたうえでの冗句として）表している。

　したがって、このホルモン操作によって乳房まわりに代表される身体の変化が起きていく過程、その喜びと不安を見守る体験は、未成年時代を望みの性別で送ることが叶わなかったトランスジェンダーにとっては、性別違和に苛まれながら過ごさざるをえなかった、いわば失われし思春期、そのルサンチマンに満ちた思いを恢復していくプロセスたりうると言えるのかもしれない。

## 日常の対人関係への影響は微小

　ただ、これらの乳房関連の変化が、トランスジェンダーとしての日常生活に何か実利的な利得をもたらすかというと、必ずしもそうとは言えない側面は大きい。

　もちろん、公衆浴場で入浴する際などには、従来の「まったくの洗濯板」状態から「女性としてはやや微乳かも」程度にまでなったことのメリットは大きい。性別適合手術を済ませた暁に温泉旅行に行ったりする際には、女湯に安心して入るにあたっての自信を増してくれることだろう。

　だが着衣を脱いで裸体を第三者の目に晒す機会というのは、こうした公衆浴場や、さもなくば親密な関係性の相手との性的なコミュニケーションの際など、

生活全体に占める割合から考えると非常に限定的であることも、今般の記録の
行間からあらためてうかがえる。つまるところたいていの対人関係において、
身体的な自己呈示は服を着た上からなのである。

　多くのＭｔＦトランスジェンダーは、女性モードで装う際、インナーには
パッドを詰めたブラジャーを着用し、予てより自分が理想としていた胸の大き
さを作ることが通例だろう。となると、仮に胸の膨らみが増してきたとしても、
それに応じて何枚か重ねていたパッドを１枚ずつ外していくというのが合理的
な対応だ。筆者もまた、この当時にはそのような調整をおこなっていた。であ
れば、他人が着衣の外側から観察する限りでは視覚的な変化はないことになる。

　なお逆に、パートタイムでトランスジェンダー生活をしている場合（いわゆ
る「週末だけ女装」のような、フルタイムで性別移行していないケース）だと、男
性モード時に胸の膨らみがまがりなりにも支障を生じる危険性がある。あまつ
さえ男性として公衆浴場の男湯に入らないといけない状況などは、かなり急迫
したピンチになってしまう。ホルモン開始のタイミングについては、やはり
じゅうぶんに作戦を練る必要があるということになる。


## ホルモン剤による実際の変化 ［3］性的欲求

　最後に最も注目したいのが、性的欲求にまつわる各種の変節である。

　ペニス縮小と精巣機能の衰えにともなう性欲の生理的な低下や射精の快感の
減退、性的な身体感覚の変化とイマジナリーな性感の発現、さらにそうした身
体の変化に呼応した性的ファンタジーの遷移などが、それぞれの相互作用をう
かがわせながら進行していく様子が、反復して綴られている。


　　2008/02/27
　夜の服用後しばらくして、右の睾丸に疼き。
　　2008/02/28
　寒いから＆気のせいかもしれないものの、ペニスが縮小傾向か??
　　2008/03/04
　かなり射精欲求は少なくなっている。むやみな勃起もしない。ペニス側としての
　セクシュアルファンタジーはすでに喪失??（自慰行為は女性側での感情移入に）

2008/03/06

明け方夢精 (^o^;)

逆説的だが、射精欲求が減って自慰回数が少なくなっているから？

しかも（途中で目を覚ましたこともあるが）ちゃんとしたものが出ず。

2008/03/11

6日以来射精ナシ。

いろいろ忙しいこともあるが、したい衝動も自覚せず。

2008/03/13

1週間ぶりに射精に挑戦。

インターバルに比して量は少なく、「出した感」乏しい。液質もあっさりか??

あと、イメージは最終的に「女の子どうし」。男性向けポルノではうまくもりあがらず。

2008/04/01

中4日で射精に挑戦。

昔のH本では盛り上がらず、〇〇〇〇（※衣料量販店の具体名）のチラシの方が有効。

出は悪い。サプリ時代にもあったように、事後に睾丸が疼く。

もはや男性型のオナニーは無理??

2008/04/10

射精は1週間ぶりで「出た感」はあったものの、液質はさらにあっさり？

匂いもあの独特のものが乏しくて無臭に近い。

2008/06/12

オナニーは、最後はまだ、射精に至らせることになるものの、

そこまでは、もう自らの"女性器感"に限る??

2008/10/07

やはり徐々にペニス縮小、＆精液も薄くなってる!?

オナニーのイイ感じも、より"女性器感"由来にシフト

2008/12/12

出張の宿泊先にあったアダルトビデオ（だから好みのタイプの内容ではないにせよ）を目にした感覚も昔に比べて「来るもの」がない。

2008/12/31

射精はますます気持ちよくなくなる。

2009/03/03

試してみると、やはり男性向けポルノでは気持ちの面でも射精困難。

むしろ△△△△△や○○○○○（※衣料量販店の具体名）のチラシ等のほうが萌える

(*^。^*)

…安上がりでイイけど(^^ゞ

2009/03/12

で、それから10日だけど、射精ナシで大丈夫。

2009/03/25

ペニス刺激よりも、"ワギナ刺激"メインでイケるように⁉

2009/04/28

最近は"ワギナ刺激"なしではイケない⁉

2009/05/10

油断してたら夢精。

ただ、どういうシチュエーションだったか印象的に覚えていなくて、その点は
ノンホル時代の夢精と対照的にはなってる（ちょっと損した気分でもあるけど
(^_^;)）。

2009/09/01

だいたいは現状パターン継続。

夢精で、いっぱい出た感があったのに、実際にはそんなに出ていなかったり。

　このように、ホルモン操作の開始初期から記録の終期に至るまで、性機能低
減や性感の異動、性的ファンタジーの更改は、大きな主題として登場し続けて
いる。

　そしてこれらにまつわる記述が、じつは他の項目に比しても最頻なのである。

## ホルモンの作用が直接に及ぼしている身体的な影響

　これらは、密接に絡みあってはいるものの、大きく分けると2つの要素から
成っていると整理できるだろう。ひとつは、肉体が直接に受けたフィジカルな

影響にかかわる部分。もうひとつは、それらと呼応して起きたメンタルな変化に重心がある部分。

　ではこのうちの前者については、一般的な男性身体の身体的セクシュアリティ保持者にとって、はたしてどのような意味があるのだろうか。

　折あらば湧き上がろうとする、射精への欲求。ペニスが常に漲えている、何かを機に勃起しようとする衝動。筆者の身体もまた、そうした性的な生理を、ホルモン操作をおこなう以前には抱えていた。それゆえに女性との関係性における、なみなみならない懊悩に直面することもあった。それだけ容易には御し難い、激しくも荒ぶる、身体の内より溢れ出ずる剣呑な渇望――。それゆえに、なんらかの手段を用いた、定期的な射精は欠かせないものとなる。

　こうした生理的欲求は、社会に生きる人間として厄介な衝動である反面、一般的には男性ジェンダーの生活者にとっての、アイデンティティの重要な一部分を構成していることもあるだろう（筆者のようなトランスジェンダーにとっては性別違和の一要素ともなりうるのだが）。しかし、そうした一連の身体的衝動が、ホルモン操作の結果、まとめて全部どこかへ行ってしまう。あまつさえ疼痛など身体の不快感につながるなど、快感どころかマイナスにさえなる。これは筆者としても、新鮮な驚きをともなう大きな身体感覚の変化であり、そして射精やペニスをめぐる観念のドラスティックな転換の体験であった。そうして、今までのあの性的欲望が、しょせんは体内物質によって操られていたものにすぎず、いわばホルモンによって欲情させられていたのだという悟りにもつながる。大げさに言えば性をめぐる価値観がコペルニクス的転回を迎え、世間に無数に、しかし偏った内容で流通する性情報を相対化できる新たな視点を獲得することにもなった。

　このように、射精や勃起をめぐる身体性の変化は、男性身体の身体的セクシュアリティを保持していた者に、その性的リアリティの大規模な更改を迫るものと言える。

## 生理的な影響とのイマジナリーな相互作用

　他方、メンタルな部分とかかわる変化については、何が着目点であろうか。

　まずもって、マスターベーションにおける「女性器感」の発現は重要なポイ

ントになるだろう。

　筆者も旧来は、マスターベーションの際には物理的な刺激はペニスの先端に加えていた。物理刺激の方法には多少のバリエーションはあっても、刺激する部位についてはそこから大きく外す動機には乏しかった。いわば、その発想しかなかった。

　しかしホルモンによるペニスまわりの性感の退化にともない、それを代替するかのように、イマジナリーな身体感覚に基づいた性感が台頭してきたわけである。実際には存在しない女性器に仮想的な性感をフォーカスし、そこにこそ物理的な作用を加える「ワギナ刺激」の可能性を追究することで、女性的マスターベーション快感が開発された（記録中では便宜的に「ワギナ刺激」と記述されているが、これは「クリトリス」も含めて仮想的な位置に移動したイマジナリー女性器への愛撫を総称しているものと解するのが妥当だろう。具体的には陰嚢の裏側の付け根あたりと解していただいて差し支えない）。

　ホルモン操作の効果を契機に、心理的な作用が合わさって、このような性感にかかわる身体感覚の変化が起こるというのも、刮目すべき事象である。

　さらには、それらがマスターベーションの際に夢想する性的ファンタジーにまでつながっている点も見逃してはなるまい。

　夢想する性的ファンタジーのイメージについても、やはりかつての筆者はヘテロセクシュアルな桎梏から自由にはなれていなかった。それがゆえに男性向けポルノグラフィに対して男性的感情移入をすることも不可能ではなかった。少なくとも自らのマスターベーションのクライマックスが射精である以上、男性向けポルノグラフィの中でのそれと、自分の性的興奮の絶頂をシンクロさせることには、さほどの不自然さを感じることはなかったわけである。

　しかしホルモン操作の結果として射精の意義ないし価値が低下することで、それが必ずしも必須ではないことを自覚するに至った。そして、そうなるとむしろヘテロセクシュアル男性的な性的ファンタジーの夢想に対して違和感が生じ、脱ヘテロ的なイメージのほうをこそ、好ましく思えるようになったのである。

　これにともない、ポルノグラフィと自己の位置関係も変わり、マスターベーションに資するポルノグラフィの内容も異動することになる。記録にある「衣

料量販店のチラシ」でのマスターベーションの可能化は非常に象徴的だろう。

　ただし、これらは純然たるホルモン操作の影響というよりは、元々自分自身そうありたかった方向の性感やファンタジーに向けて、ホルモンの効果が後押ししたとも考えられる。

　　　2008/06/27
　　　"女性器感" オナニーは引き続きイイ (*^。^*)
　　　眠っていたこの性感の発掘は、ホルモンならではなのか ??
　　　単に自分の場合気づくきっかけだけだったかも。
　　　ただやはり身体的にも気づきやすくはなるか？
　　　それに心理的な変化も ?? …ぃゃでもソレはホルモンとどのくらい関連するか
　　　…???

　このように記録の中でも軽く考察を加えているとおり、ホルモンそれ自体がこれらの変化を主導したというよりは、本来から自分が持っていたセクシュアリティへの気づきの契機となったというのが正確に近いだろう。筆者の場合は元々性別違和の一環として男性ジェンダーに期待される性行為役割に基づく女性への性的アプローチには苦痛を抱いているという側面も大きかった。だからこそ、それがホルモン操作による身体的変化と結びついて、イマジナリーな女性器感や脱ヘテロ的な性的ファンタジーの夢想によるマスターベーション快感を獲得していくインセンティブにもなる。

　なので、性別違和などがない「男性」にも同じことが起きるかといえば、必ずしもそうではないだろう。性犯罪の再犯抑止のために女性ホルモンを投与するようなことには倫理上の慎重さが求められることも含めて、ホルモン剤はその企図と効果を丁寧にすり合わせながら用いられるべきなのは言うまでもない。

　しかし、ホルモン操作を通じた身体感覚のさまざまな変化が、このような新しい性感や性的ファンタジーへ至ったというひとつの事実は、人間のセクシュアリティの、決して固定的ではない、多様な可能性を示しているのではないだろうか。

## 俎上の3テーマ

　以上のように、ホルモン操作の結果として各種の事象が抽出された。ここから考察を深めるとしたら、その切り口はどのように設定すればよいだろうか。ここでは筆者として次の3つを俎上に乗せてみたい。

　1つに身体的な性別違和というものについての、今回のホルモン操作の結果と突き合わせた再考である。これをまず次節［2：身体的性別違和とは何なのだろう］に置くこととしよう。

　2つは個々人の性的ファンタジーは、各々の身体性や置かれているジェンダー的立場に応じて、どのように構成されているのかという点。単純な二元論で割り切った「男女」属性でアプリオリに決まるものではないとしたら、今般のホルモン操作で顕になった事象を補助線として当てることで、効果的な掘り下げができるのではないだろうか。これを本章の［3：感じない男とポルノを読む女の間の性的ファンタジー］で扱う。

　3つとして、つまるところ性別違和を持つトランスジェンダーにとって、身体改造はいかなる意味を持っているのかという問題。これに［4：美容整形とどこが違うのか］で取り組む。

　では順に見ていこう。

## 2　身体的性別違和とは何なのだろう

### 「身体的な性別違和」について整理する

　前節のとおり、ホルモンがもたらす身体的な変化は、やはり小さいものではなかった。

　個人差はあるにしても、これらがトランスジェンダーとして生活していくうえで、通常考えられている「男らしい／女らしい」身体特徴をまとって日々呈示していくために、有効に作用する可能性はじゅうぶんにある。人によっては身体的な性別違和を大幅に軽減することもあるだろう。

　ただ「身体的な性別違和」とはそもそも何なのかという命題には、簡単に答

えが出ないだろうことも明らかになったと言えるのではないだろうか。本節では、この「身体的な性別違和」について、ここまでをふまえて少し整理したい。

## 「身体的な性別違和」にも個人差は大きい

　一般には、「身体の性別と心の性別が一致していない性同一性障害」なのだから心の性別と一致していない身体に対して違和感があるのは当然だと認識されることも少なくないのが現実だ。

　だが、これだと各々のトランスジェンダーが抱く性別違和のうちの、身体にかかわる違和感の個人差を説明しきれない。自分の外性器などに深刻な不快感を訴える人もいれば、性別違和の重心がそこにはなく、むしろ社会的に求められる性別役割のほうにある人もいる。筆者もまた、本稿を執筆している現在ではたしかに性別適合手術が済んだ身ではあるが、かつてそう嘯いていたとおり、今でも心意気は「オチンチンがある女の子がいたってイイじゃん」である。

　ＦｔＭかＭｔＦかを問わず、身体的性別違和の方向性として、「あってほしくないものがある」「あってほしいものがない」の２方向があるのも、見逃しがちかもしれないが重要であろう。

　性別違和は、本人の資質や生育環境などが複雑に絡みあって醸成されると考えられているが、であるならば、こと身体的な要素に限っても、本人が抱く違和感には同様の経緯で幅が出ることは、じつはしごく当然だと言える。

　そもそも「トランスジェンダー」の指す範囲を最も広くとった場合には、厳密な意味での性別違和とは無関係な性別越境行動も含まれるし、元々の語義的には性別違和を持つことが必須でもない。トランスジェンダーの範疇内においても、さまざまな多様性が存在するとすれば、性別違和に身体的な要素が包含されていることが必然とは言えないのである。

## 「女の子にもオチンチンはある」という認識

　例えば筆者の場合でも、身体改造の動機に乏しく、その優先順位は低く、当初はずっとしなくてもよいものとさえ考えていたのは、さまざまな要因の複合的な結果である。

　女性としてパスしていくうえで、ホルモン操作による効果が不可欠ではない

程度には、幸いにも身体条件においてさほど「男らしく」なかったというのも、ひとつあるだろう。

　またかねてより、身体の性的特徴というものが、社会的に付与される性別属性とは必ずしもイコールではないということについて、意識的にも無意識的にも理解していたことは、後々の筆者に大きく影響している。

　学部学生時代から社会学を専攻していたことは、当時——1980年代の最新のフェミニズム関連の知見にちかしくなるのにも好都合だった。結果、その時点で「ジェンダー」の語にも出会い、当時は今ほど普及していなかったその概念に触れることができていたのは非常に大きい。身体的性別としてのセックスと、社会的な役割・文化的な表象としてのジェンダーとを、切り分けて考える姿勢が、早期から鍛錬できていたことは、後に「トランスジェンダー」の語を知ったときにも、スムーズにその意味するところを理解することにつながった。

　また、それ以前の段階から、私たちの日常生活における「性別」とされているものの本質は、身体ではなく、社会的・文化的な決まりごとのほうに重心があることを、直観的に見出していたフシもある。拙著『女が少年だったころ』を読み直しても、幼少期から性別違和に起因するさまざまな理不尽に苛まれているものの、その多くは社会生活における周囲の他者との関係性の中で生じるものである。その一方で、身体に対する認識はといえば、「女の子にはオチンチンがないって本当!?」の項にあるとおり、男女の差異は社会的・文化的な約束事によって構成されているものなのだと理解していた。

　簡単に要約すれば、小学校の高学年になるまで「女の子にもオチンチンはある」と思っており、女の子が「立ちション」をできないのはパンツに小用のための穴が設けられていないせいであり、女の子がそういうパンツをはかないといけないのは、そういう決まりであるからだというロジックである。さしずめ、後年におけるジュディス・バトラー的な意味合いでの「すべては《ジェンダー》だ」を先取りしていた形だと言えるかもしれない。

　筆者がトランスジェンダーとして性別を転換した生活に身体改造が必ずしも必須ではないと考えるようになっていったことには、こうしたことが重なりあって影響していたであろうことは想像に難くない。

## [1] パスを阻害する身体特徴への嫌悪感

　これらをふまえ、前節でのホルモン操作の結果と突き合わせると、「身体的な性別違和」とされる感覚を、いくつかの要素に振り分ける目安が見えてくる。

　そのひとつには、パスとのかねあいにかかわる身体問題があるだろう。すなわち「社会通念に則して期待される身体特徴の呈示実践が困難なことへの葛藤」とでも言えようか。

　パスの可否については、個々の「身体パーツ」よりも、望む性別の「らしさ」を実践する総合力が鍵になることは前章でも述べたが、さりとて、身体パーツ各部の様相が、その性別の範疇に収まりうる臨界点を越えてしまっては、総合力どころの話ではなくなってしまう。特に目立つ部位、例えば髭であったり、乳房の様子などは、その性別を表象する重要な記号である。そうした身体部位の特徴が、周囲から望む性別で認識されるうえで、その期待される水準の特徴を具備していないとすれば、それは社会生活の中で望む性別に認識されうる自己呈示を継続的に実践するためには、致命的な乖離となってしまうだろう。そして、そのような状況にある人が、かかる自身の身体特徴に対して肯定的に思うことができず、違和感や不快感という形で言語化するということは、じゅうぶんにありえることである。

　それが、特定の身体部位にピンポイントで効果を期待して、ホルモンや外科手術といった身体改造を希望する動機にもなりうるのは、例えば前節で見たホルモンの髭への一定の効果と合わせて考えると、自然なことでもあるだろう。

　ただ、この要素の核心は、パスの可否にあるわけなので、パスの基準となる社会通念や、社会がトランスジェンダーを受容するうえでのパスの重要度が緩和されれば、本人が抱く違和感・不快感なども軽減する可能性がある。つまり本人が自身の身体に対して持つ本質的な違和感とは峻別されるべきものである。

## [2] 社会的な意味づけとの齟齬がもたらす不快感

　前項の内容とも不可分であるが、ふたつめの要素として、「自身の身体特徴に対して、それを見る周囲が性にかかわる何らかの意味づけをおこなうこと、およびその意味づけに対する違和感・不快感・嫌悪感など」も、外すことができないだろう。

　例えば乳房などは、その持ち主の意思にかかわらず、一般的な通念にしたがえば、女性性の表出として典型的な身体特徴と判断される。しかもそれは、単純にその人の性別を男女いずれかに認定する指標としてにとどまらず、母性であったり、性的興奮を惹起するような魅力としてであったりと、何らかの価値判断を内包した有意味シンボルとして機能している。単純に乳房まわりの外観的サイズや中身の脂肪量だけで言えば、大柄で肥満気味の男性よりも物理的には矮小な女性も多いのではないか。だが、そうであっても女性の胸が大柄な肥満男性のそれとは異なる位置づけで解釈されるという事実が、まさに社会的な意味づけに他ならない。すなわち、社会的にまとわされているさまざまな性にかかわる文化的解釈に基づく表象のひとつと位置づけられているわけだ。

　当然にペニスであれば、これ以上に男性性とされているものに紐付けられている。保有者の男性としてのアイデンティティと直結していることも少なくないのはこのためである。そのサイズや勃起力などが、その保有者どうしの間でのヒエラルキーにつながる局面もあるだろう。もちろん保有しているか否か自体が重大な問題であり、あたかもペニスの保有が男性社会に参加するためのパスポートとして位置づけられているのも、こうした文脈上にある。

　ペニスは乳房と比較すれば相対的に日常の社会生活では他者の視線からは秘匿される部位であり、あまつさえ勃起力がどうかなどは実際には他人が通常知りうるところではない。が、この場合、実際にその身体部位が視覚的に公開されているか否かは、あまり問題ではない。その部位にかかわる情報を、もしも他者が知ったときにどのような判断に至るか、その予測を相互におこない合うことが社会関係の場で大きな意味を持たされているのである。いわば、社会全体で共有され構成員の間で内面化されている知識に基づいた価値判断に立脚した文化的なオブセッションなのだ。

　こうした状況を疎ましいと感じることは、いわゆる性別違和を持つ人でなくても、じつは少なくない。例えば一般女性が、胸などを含むパーツであれ全体像であれ、自分の身体が他者から一方的に自らの人格とは切り離されて性的にまなざされる機会の多さに辟易する事例などは、日常の会話からでも容易に見聞される。男性でも、例えば逞しさの度合いや身長の高低など、ペニスのような象徴事例をさておいたとしても、既存の異性愛主義に立脚したジェンダー観

の価値尺度でもって自身の身体的特徴が測られ、それが「モテ要素」として評価対象にされてしまうことに感じるストレスの大きさは、普段あまり語られることなく不可視化されがちなわりには、場の雰囲気しだいでは堰を切ったように開陳されることがある。

　ならば、あまつさえ性別違和を持つ人にあっては、この社会環境からえもいわれぬ不快感・違和感を覚えさせられるのもうなずけることだ。自分の意思とは無関係に、自分の身体にかかわる特徴に対して、周囲の他者から日常の社会関係の中で不断に、自分が望まない性別と関連づけた意味合いを付与され取り扱われてしまうのだから。

　このように、自己の身体への性別に関する社会的な意味づけに対する違和感というものは、身体的性別違和の大きな割合を占めていると考えられる。ただ、それは社会とのかかわりの中で社会のありように起因して感じさせられているものである。すなわち、これまた本人自身が本質的に自己の身体に対して抱く感覚ではないことには、注意が払われるべきだ。

## 思い込まされる「性別にかかわる身体違和」

　セクシュアリティの多様さを自覚する若者たちが集まったサークル「ＲＯＳ」が、そのメンバーによる論考集をまとめたものとして出版した『トランスがわかりません!!』の中にも、この「身体的性別違和が社会とのかかわりの中で生じる」ことについて触れたものがある。

　たかぎによるズバリ「身体違和は思い込み？」では、身体的性別違和は社会的な意味づけとのせめぎあいの中で思い込まされるものではないのかと考察されており、前項で筆者が記したものとおおむね照応する内容が述べられている。そこでは、大柄な肥満気味の男性として、胸を露わにして全国放送のテレビ画面に映る事例でもある大相撲の力士が挙げられているのも興味深い。

　また、自己の身体に対して気に入らない感覚には、そうした「肥満」、あるいは身長の高低、その他美醜にかかわる事柄など、直接的には当人の性別が男女いずれであるかを他者が認識するのに関係しない要素もあるが、その場合でも、当人がそこで抱く思いが社会に流布した価値観念と深くかかわっていると指摘されている。そして、そういうもののうち、性にかかわるものが「性別に

かかわる身体違和」となるのではないかと、たかぎは言う。

　さらに、ヒトの外観には直接は表れない内性器の機能にまで社会的な意味づけが及んでいることにも触れ、例として女性の不妊や閉経もまた、この社会の女性を産む性と位置づけて考える文化指標の価値尺度にそってまなざされてしまっているのだとも。

　そのうえで、たかぎはＦｔＭトランスジェンダーとして「男装」した際に、周囲からの視線が一変した体験を紹介している。なんでも、男装によって周囲から男性であるという認識に基づいてまなざされる視線が、女性としてふるまっていた際のそれとは質的に異なり、服の下にある自身の身体自体は何ら変わりがないにもかかわらず、その身体に対する自己肯定感の低さが緩和されたのだという。つまり、周囲の他者が本人をどのような性別だと認識してまなざすか、その視線自体に社会的な意味のやり取りが含まれていて、そこにこそ性別違和の大きな要素が存在するわけだ。

　これはたしかにたかぎの主観的な感想にすぎないのかもしれない。服装自体が身体の線を明らかにしがちな女物と、そうではない男物では、一概に比較できないという条件の不揃いも考慮すべきだ。しかしそれでも、本人のジェンダーにかかわる自己呈示が変わることで、じつは同一の身体であるにもかかわらず、周囲の他者からの見られかたが異なってくるというのは、まさに身体が社会的に意味づけられ、私たちの身体が、社会的に意味づけられることではじめて身体として存在を見出されるということを表している。そして、その他者からの見られかた・社会的な意味づけが、自分が希望する性別にかかわるものと合致しない際、それらに抱く感情が、身体的性別違和として語られる要素のひとつを成しているのだ、という証例にもなるだろう。

　このほか『トランスがわかりません!!』では（全編にわたって興味深いのだが）、るぱん４性による考察も鋭い。「まんこ独り語り」と題された中では、社会的に意味づけられる身体性の例として、女性身体における月経や、そのために生理用品を買いに行くことが挙げられたりもしている。これらも女性身体を持つ人にとっては避けて通れないテーマであり、女性身体に対して性別違和を抱く人にとって重大な案件であることは間違いない。

## 未来少年コナンにとっての性別と身体

　前「身体違和は思い込み？」にてたかぎは、身体的な性別違和には社会とのかかわりで起きる部分が大きい可能性を考察する過程で、無人島の例を挙げてもいる。

　身体的な性別違和が強く性別適合手術を強く望む人が、その願望の強さの度合いを強調するために、たとえ無人島にひとりで暮らしていたとしても自分は手術してでも身体を改造したいのだと訴えるようなことはよくあるとされる。しかし、それはあくまでも無人島に漂着する以前の社会生活での知識があってのことではないか。もしも生まれた当初からずっと無人島でひとりで暮らしていたのであれば、自分の身体特徴の社会的意味など学習する機会がなく、そこに性別違和など起きえないはずだというのだ。

　たしかに、これは重要な思考実験だ。

　例えばアニメ『未来少年コナン』。

　これは 1978 年にＮＨＫにて全 26 話で放送されたもので、宮崎駿の初監督作品とされるものだ。この作中で主人公の 12 歳の少年コナンは、人類が滅亡の危機に瀕した最終戦争の後、絶海の孤島に生き残った育ての親の「おじい」以外の人間を知らずに暮らしている。

　そんなコナンにとっては、ある日島の海岸に漂着した少女ラナが、はじめて見る同年代の他者であり、かつ「女性」であった。そのため、浜に倒れているラナを当初コナンは、かろうじて「人」だとはわかるものの、それが「女の子」だという認識はできない。また、介抱するために連れ帰ったラナを着替えさせるから席を外せとおじいから指示されたコナンには、その理由が理解できなかったりもするのである。

　外界とは隔絶した環境で親代わりのおじいさん以外の人間を知らずに育（ち、天真爛漫な性格と卓越した身体能力を持）った主人公のもとへ、ある日ひとりの少女がやってくることから物語が動き出す――という共通項でくくると、鳥山明が週刊少年ジャンプに連載した超人気アニメにもなっている『ドラゴンボール』にも同様の描写が見いだせる。

　原作コミックの第 1 巻（1985、集英社）は、育ての祖父の死後、山奥でひとり暮らしていた孫悟空のもとへ、ある日 16 歳の少女ブルマが、世界各地に散

逸しているという伝説の龍の珠（全7個が揃うと願いを叶えてくれる神龍が現れる）を探しに訪れるというところから始まるが、はじめて会った同世代の人間がブルマであった悟空は、自身とブルマの身体的特徴の差異のうち、性別・性差にかかわる要素を適切に認識できず、ブルマの胸をお尻みたいだと言ったり、たまたま目にしたブルマの股間にペニスや睾丸がないことに驚愕したりする。

　このコナンや悟空のように、通常私たちが想定している水準の社会生活の経験値を持たないキャラクターが、標準的なジェンダー観念を有していない描写は、創作表現として正しいだろう。男女が区分され、男女いずれのジェンダーかに応じてあてがわれる性別規範や、個々人のジェンダーが男女いずれかに振り分けられる根拠となる身体タイプの差異にかかわる知識は、一般的には私たちが日々の積み重ねとして、社会生活での他者とのかかわりあいの中で身につけていくものだからだ。そうした社会経験が欠落しているなら、性別・性差自体を概念として実感できないし、身体に包含される性差の要素に対して紐付けられているはずの社会的な意味についても知りえないものになるのは必然だ。

　こうしたコナンや悟空の事例は、私たちの身体についての自然科学的と思われる知識にあっても、この社会・文化のありようによって付与される意味によって、いかにバイアスがかかっているかを考えるヒントとなるだろう。

## ペニスと尻尾は何が違うのか

　なお、コナンも悟空も物語の進展にしたがって社会生活の経験を重ね、それにともなって相応のジェンダー観念も身についていくように描写されているが、そのあたりの読み解きにも注意は必要だろう。

　知り合ってほどなくコナンはラナと意気投合し絶大な好意を抱くことになるが、それはおそらく私たちが知る「恋愛」についての知識を超越した人間としての根源的な「好き」という感情だと捉えるほうが妥当だと思われる。

　また『ドラゴンボール』の世界には、モンスター態の登場人物や、設定上明示的に異星人とされている存在も登場するので、現実世界の地球人による生物学に基づいた性別観がどこまで通用するのかにも留保が必要となる。例えばナメック星人などは雌雄同体で卵生である。

　孫悟空もストーリーが進むとじつはサイヤ人という異星人であることが明ら

かになるのだが、その伏線として当初から悟空には尻尾があることが描かれている（サイヤ人は大枠としては尻尾以外は地球人と近似した身体で、性別の観念も準用できる。ブルマは物語が進んだ後には別のサイヤ人との間に子をもうけている）。それを知ったブルマは驚くが、逆に悟空から、女にはないようだが男にはあるものなのではないかと返され、戸惑ってしまう。その時点での悟空は、自身とブルマの身体的な差異全般を、学習したばかりの男女の性差に当てはめ、尻尾の有無もまた、その一環として把握したわけだ。つまりそこでの悟空にとっては、ペニスも尻尾もジェンダーにかかわる意味として等価なのである。

　ここで思い起こされるのは、椿姫彩菜『わたし、男子校出身です。』では、椿姫が自らの性別違和の根源として象徴的に位置づけるペニスについて「しっぽ」になぞらえていることである。各章のタイトルも「しっぽ」を含むもので揃えた構成になっている。

　冒頭で椿姫が、ペニスを有する身体であったばかりに自分が望まない男というジェンダーを割り当てられてしまったことへの怨嗟を込めて、「たまたま『前にしっぽ』がついていた、それだけなのに」と言い表す気持ちは、筆者にも非常に実感をともなって共感できるものである。

　だが残念ながら私たちが暮らす社会では、ペニスは単なる尻尾とは異なる取り扱いを受けることになる。その保有者が男性ジェンダーで社会化される根拠となり、逆に男性ジェンダーで社会参画する者がその身体にペニスを有することは暗黙の了解事項として共通認識となっている。そしてペニスへのそうした取り扱いこそが、性にかかわる身体特徴に対する社会的に付与された意味づけに他ならない。

## ［3］性的ファンタジーと適合しない不満足

　一方、こうしたこととはやや毛色が異なる問題として、「自分が望む性行為にかかわる欲望と自身の身体特徴が適合しないことへの不満足」とでも言えるものが、身体的な性別違和の３つめの要素として考えられる。

　前節で見たように、筆者にあっても、ホルモン操作による身体感覚の変化により性感が異動し、それにともなって性的ファンタジーの更改が起こった。その結果、ペニス刺激よりもワギナ刺激のほうが好ましくなったという事実は、

くり返しになるが注目に値することだろう。ただ、あくまでもそれはイマジナリーな性感であり、現実の性器としてワギナがそこに存在するわけではない。逆に、そうした夢想上の性器の状態からすれば異物である睾丸やペニスが実在し、あまつさえオーガズムの際には、その性的ファンタジーにおいては無用のものである、自身の身体からの射精も起こってしまう。こうなると、そうした身体反応や、現実の実在する性器そのものが疎ましくも思えてくる。身体反応自体は、身体機能が正常に反応しているわけなので、よけいにもどかしくもあるだろう。

　筆者のホルモン操作の記録中にも、次のような一節があった。


　　2008/06/27
　　一方こうなると、あくまでも女性器"感"なのが、逆に不満感にも。


　この記述は、ひとつには性別適合手術へのモチベーションが、それまでは消極的な考えでいた筆者自身にあっても、ホルモン操作の結果としての性的ファンタジーの更改によって上昇したことを示している。

　このように、身体的な性別違和にかかわる不満足感の自覚には、トランスジェンダーとして生活上の性別を移行した生活の進展具合（身体改造の様相も含めて）に応じて、ステップ・バイ・ステップで「もう少し○○だったらイイのに…」と、順送りに進んでいくものという側面もある点には注意が払われるべきだろう。身体的、あるいは身体的なものに限らない性別違和の全体像や、だからこういうふうに自分を変えたいという欲求まで含めて、その総合的な全体像というものを、はたしてトランスジェンダー当人がはじめから俯瞰的に自覚しているかとなると、そうでないケースのほうが多いのではないだろうか。

　そして同時に、それまでは自覚されていなかった自らの現実の身体への不満感が、性的ファンタジーの更改にともなって顕現したというのも見逃せない。それだけ、自分が理想とする性的ファンタジーに見合った理想の身体というのは、重要な希求事項であると言える（筆者についてはマスターベーションの実践データを通した考察であるが、性行為に相手がある場合はさらに問題が複雑になるのは推量に難くない）。個人差もあるだろうが、本人の性的な充足感に大きな影

響を与えるものだろう。

　当人が理想とした性的ファンタジーと、当人の実際の性的な身体状況が適合しないこと。これもまた、身体的な性別違和の重要な一面として無視できないのは間違いない。

## ペニスをめぐる身体生理を嫌悪する

　性別違和を持つ人物が、自分の性的な身体反応に対して嫌悪感を持つことについては、例えばふみふみこ『ぼくらのへんたい』でも描かれている。この漫画作品は「女装」する機会を密かに持っている３人の少年たちの出会いを主軸に、それぞれが抱えた葛藤が交錯しながら物語が進められるもので、ジェンダーやセクシュアリティにかかわる混沌とした実相を読者に突きつける秀作だと言える。主要登場人物のうちのひとりである青木裕太は、「女装」の際には「まりか」と名乗り、女性としての自分のほうが本当の自分なのだと訴える。まさに「女装」の動機が典型的に性別違和であり、いわゆる「女の子になりたい男の子」として登場している。

　そんなまりかが、第２巻（2013、徳間書店）では、性的な空想による興奮から、つい股間を膨らませてしまい、直後にそのことを激しく嫌悪するシーンがある。ペニスが勃起してしまった事実にあらためて衝撃を受けたまりかは、戸惑いながら「こんなのいらない」と嗚咽する。そこには「女の子として」夢想する性的ファンタジーと、それに対する欲していない身体パーツの望まない身体反応との間の乖離への絶望的な懊悩が読み取れる。

　勃起し、その先には射精が予定されるペニスと不可分な身体的セクシュアリティそのものが、自身の理想とする性的興奮のありようとは異なっているという身体的違和感。これは辛い。だがたしかに存在するのだ。

## しかしそこにも社会的な意味づけがある

　もっとも、注意が必要な事項として、この件についても先述した「社会的に付与された意味づけ」が介在しうるということはあるだろう。

　上述のまりかの場合でも、性的興奮にかかわる自分の身体生理そのものへの不快もさることながら、「ペニスを持つ者は男」から連なる、「ペニスを勃起さ

せるのは男性の性欲の発現」「射精に至るのが男の証」というような社会的な
意味づけに根ざしたまなざしが、自身の身体にまとわりついてしまうことへの
憎悪が、相応の割合を占めていることは推測できる。ＦｔＭの場合であれば、
身体パーツとしてのペニスを用いた性行為がしたいというような望みと並行し
て、これら男性身体に対する社会的意味づけを得たいという感情がはたらくこ
ともあるだろう。

　そもそも、性別適合手術は基本的には希望する性別の外性器に近似した外観
を整えるものであって、生殖機能まで望む性別のものを獲得できるわけではな
い。にもかかわらず、そのニーズが大きいのは、日常生活におけるものはもと
より、こうした性行為の局面にかかわるものにあっても、身体に対する社会的
意味付けを変更したいという願いが存在することの証左であろう。

　となると、この案件もまた、当人のみに苦悩を押し付けるのでなく、少なく
とも半分は社会が変わることで解決が図られるべき問題だということになる。
本人自身がその身体パーツにまつわる性的快感の身体感覚を不満なく受容でき
るのなら、本人の日常生活上のジェンダー表現にかかわらず、ありのままが肯
定されるべきである。

## ［4］純然たる身体的違和感？

　身体的な性別違和の要素として最後に残るのは、［１］〜［３］のように社
会とのかかわりが大きなファクターなのではない、当人が純粋に内発的に自覚
する身体への違和感ということになる。「自己の身体の実状に対する何らかの
理想との乖離それ自体が、本人にとって耐えがたいこと」とでも言えるだろう
か。ただ、これについては本当に人それぞれだろうし、その実態はよくわから
ない。精査するには別途調査と分析が必要となると思われるが、そこまでは本
書でカバーするのは難しい。よってこの純粋な身体違和感については、本書で
は保留としておきたい。

　なお［３］については、この純然たる身体的違和感に該当する部分もあるか
もしれないが、性にかかわる各種の葛藤が、はたして他者の存在をいっさい抜
きにして起こりうるものなのかという疑問を呈することもたやすい。そして、
そうなると自己の身体へのあらゆる不満足感が、他者との関係性をまったく介

さずに自己の内部だけで成り立つものなのかということもまたクエスチョンとなるだろう。そのあたりもふまえて、本章では次節以降、セクシュアリティや美容整形との位置関係などについて考察する機会を設けようと思う。

## 当人の苦しみを無効化する言説として使うべきではない

　なお、これら［１］〜［３］にかかわらず、ひとりひとりの当人が抱く身体への違和感の実相は多様であり、それぞれの耐えがたい苦悩のリアリティは尊重されなければならない。本人の深刻な懊悩を無視して「すべては社会のありようから思い込まされているだけなんだヨ」などと一蹴することは不適切なのは言うまでもない。そうやって、多数派の都合がよいように理論がつまみ食いされ、マイノリティの訴えを無効化するために利用されるのは、甚だしい人権問題である。

　たしかに本書をはじめ筆者の主張の立脚点は社会学にあり、性的少数者の苦悩や困難は社会のありようによって構成されているというのが基本姿勢なのは間違いない。だが、それはあくまでも、多様なありようの人々が包摂され、自己肯定が可能となっていくような形に、社会を変えていきたいという願いによるものだ。そのことと個別のケアの充実を肯定することは、じゅうぶんに両立するものであることを、あらためてここでおことわりしておく。

## 身体違和も一枚岩ではなかった

　ともあれ、「身体的な性別違和」という性別違和のうちの身体的な側面に限っても、その内実はとても単純には断ずることができない、いくつもの要素が複雑に絡み合っていることが整理された。各々の要素について考える際には、視点や論点を丁寧に切り分ける努力をする姿勢が、いっそう望まれるだろう。

　「身体的な性別違和も一枚岩ではなかった！」。

　これはただの駄洒落ではないのである。

## 3　感じない男とポルノを読む女の間の性的ファンタジー

### 性感や性的ファンタジーも単純に割り切れない

　ホルモン操作によって筆者の性的欲求にかかわるさまざまな要素に異動が生じたのは、先述したとおり注目すべき点であった。

　そして、それは単純に男性の性的欲求から女性のそれへと遷移したというような簡単な割り切りが可能なものではなく、身体性とメンタルな要素が相互に絡みあいつつも、異なる階層においてそれぞれ作用しながら、社会的な性的文脈の中への着地点を試行錯誤するような、行程それ自体が複雑な様相のものであったと言える。

　かつては筆者自身、「自分の性的指向が女性であるということは、性欲に関しては男性と同じ」なのだろうと考えていたこともないではない。そのことに疑問を抱き始めつつも答えは茫漠としていた時期もまたある。性的指向が女性である以上は自分はゲイではなく、女性とのかかわりは性行為も含めて男性としての標準とされるルートに乗るしかないのだと思い込んでいた頃に抱えていた闇の深さもまた計り知れない。

　しかし、今となっては「性的指向が女性」や「男性の性欲」といった画一的な設定それこそが疑義の対象であり、再検討すべきテーマとなった。

　はたして、シスジェンダーであれトランスジェンダーであれ、あるいはホモセクシュアルであれヘテロセクシュアルであれ、否、そんな二分法の効果的な妥当性が及ばないところで、ひとりひとりの性感や性的ファンタジー、もしくは性にまつわる欲求なり、他者との交感にかかわるセクシュアリティ、そういったものはどのようにビルドアップされているのであろうか？

　本節は、そんなクエスチョンに対し、今般のホルモン操作で現れた事象を補助線として当て、さしあたり本章の枠内で可能な範囲での掘り下げを試みることとしよう。

　そして節タイトルにあるように、その作業に深く関連し、大きなヒントを与えるに有用なものとして、森岡正博の『感じない男』と、守如子による『女はポルノを読む』に筆者は注目する。本節ではこの2書を順次ひもとくことを通じて、所期の目的に迫っていこうと思う。

## 男性身体と射精快感

　本章の第1節でまとめたとおり、ホルモン操作開始後の、筆者の性的欲求に
かかわる身体的な変化のうち、肉体が直接に受けたフィジカルな影響には、射
精欲求の縮小、射精快感の減退、液量・液質の淡白化などがあった。とりわけ
射精自体がその快感も含めて縮減し、事後の精巣の疼痛などといった不快さえ
起きるようになったのは、生理的な変化を象徴するものとして大きい。もちろ
んこれはホルモン剤の薬理的な作用を受けたものである。

　その一方、そもそも男性身体にとっての射精体験というのは、それがオーガ
ズムによってもたらされる至福だとすると、本来からしてじつはたいして気持
ちよくないものでしかないのではないか？　という疑念が、森岡正博による前
掲書の、タイトルに含意されている出発点である。

　たしかに、女性身体におけるオーガズムと比べるとかなり卑小なものである
という言説は、少なからず見聞きされるところである。我慢していた小便をよ
うやくトイレで放出するときの開放感程度のものにすぎない、という比喩も同
様だ。

　射精後の脱力感・虚無感もすさまじい。ネットスラングで言うところの「賢
者タイム」である。性的な希求心が一気に冷めてしまい、すべてが汚れた欲望
であったかのような感覚が襲ってくる。我に返って自己嫌悪に陥る人も少なく
ないだろう。

　個人差はあるにしても、標準的男性身体がこうした身体的セクシュアリティ
のもとにあるという実感には、おおむね同意が得られるのではないか。

　これが、性的興奮を通じて全身で身もだえするくらいの官能を享受し、激
しい快楽の嬌声をあげ、ときに痙攣するほどの境地に至り、そうしてオーガ
ズムに達した後も、その余韻に恍惚と浸る様子が見られる女性身体の身体的セ
クシュアリティと引き比べれば、いちじるしく卑小なものに思えてしまうのは、
無理からぬことだろう。

　森岡もまたこれらの点に触れたうえで、次のような趣旨を述べている。こう
した男性身体の身体的セクシュアリティの女性身体のそれとの格差が、一般的
な男性ジェンダー生活者からは羨望や嫉妬を誘引し、ひいてはいわゆる女性嫌

悪の念、すなわちミソジニーの動機づけになっている、と。

## 射精衝動と男性身体

　しかし、そんなたいした快感ではないという真相にうすうす気づかされながらも、一方ではどうしようもない射精欲求に苛まれることもまた、男性身体の身体的セクシュアリティが置かれた現実だと言える。いわゆる男性社会におけるエッチな会話においては、「溜まってくる」だから「抜く」というようなやり取りは、その実感が共有されている。したくてたまらなくなったときの悶々とした身体感覚に対しての「ムラムラする」というような擬態語を用いた形容もまたしかり。

　森岡も、どうにも御しがたい射精欲求について「何かが溜まってくるという、あのひりひりした実感」「体の内部からなにか溶岩のようなものが湧き出てくるみたいで、もう、どうしようもない」「射精したいという衝動をこれ以上おさえることは不可能だった」と述べて、マスターベーションに明け暮れた思春期を回顧している。

　筆者も、男性身体の持ち主として、これらの感覚には同意できる。あれは、どうにもならないのである。射精してスッキリしたい。そうしないと全身の細胞にどんどん満ちてくるまるで壊れそうな不安定さ。自分の意思による制御の及ばない領域から、そうした欲情がこみ上げてくる。いわば射精をしたいという情動が身体の内から横溢してくるのだ。

　もちろん、このような射精欲求をとりまく実情を、単純に生物としての本能的な身体生理に限定するのは早計である。なんとか抑え込んでおいた「ムラムラ」がふいに勃興するトリガーとして何が機能するかは、社会的・文化的に構築されている。個人差はあるにせよ、例えば女性のミニスカート姿がそれに該当するというのは多数派を成しているだろう。男性ジェンダー生活者が射精欲求をどのように自覚し、いかに対処するかの水路づけもまた、社会環境に依拠したものとなる。それらは、流通しているポルノグラフィの内容や各種性産業が提供するサービスの種類に応じて、その具体的な様相を変化させると考えられる。したがって男性身体のセクシュアリティを生きる人が、射精欲求をどのような形で抱き、そして対外的に発現させるかについては、社会・文化のあり

ようしだいで、アグレッシブな方向へ亢進させられる可能性はあるし、逆にご
く柔和なところへ落ち着くこともありえるはずである。

　ただ、それでも生理的にどうにもこうにもままならない部分が存在すること
は理解されるべきだろう。森岡もこの点で同様のことを訴えたうえで、「これ
は社会構築論によってはぜったいに説明できない何物かであると私は確信す
る」と述べている。

## 射精衝動をめぐる身体的相互不理解

　これら射精衝動にまつわる身体感覚は、男性身体を経験した者にしか実感を
ともなって理解されるのはなかなか難しいかもしれない。生殖にかかわる部分
的な身体差であっても、男性身体を生きる人と女性身体を生きる人とでは、相
互に知りえない身体感覚が存在するというのは、本来はもっと社会全体で自覚
されるべき事実であると言えるが、現実にはその事実の存在自体があまり認知
されていない。

　例えば、女性が月経の際の体調の辛さについてもっと知ってほしい、男性に
も理解してほしいと訴えた際に、男性サイドがいまひとつ当を得た反応が返せ
ず、女性サイドからの不興を招くということはしばしば起こりがちだ。だが、
現にそうした身体感覚を体験する機会そのものがないがゆえに、どのように誠
実に想像力をめぐらせても補いきれない部分があるのはいたしかたない点は理
解されるべきだろう。

　同時にそういうケースでは、身体的な性差に由来する互いに体験できない身
体感覚として、女性身体の月経に対照させられるものの例に、男性身体の射精
欲求をめぐるどうしようもない衝動を挙げることを思いつく者も、男性サイド
の中から現れて、女性陣からさらなる顰蹙を買うことも往々にしてある。

　たしかに、女性身体の月経は本人が意図せずとも起き、その苦痛も自分の意
思が及ばないものであるのに、性的欲求などという自らの心の内に由来し、い
くらでも精神的にコントロールが可能な——と女性身体の生活者からは思えて
しまう——欲望などと対置されるのは、女性身体の生活者にとってはいちじる
しく不当なことだと受け取られるのも無理はないかもしれない。特に「男性の
性欲は我慢できないものだからしかたがない」という言説は性犯罪の言い訳と

して頻繁に用いられている実情に鑑みると、現に日々性犯罪の被害を身近に感じている女性ジェンダーを生きている人たちにとっては、到底納得できるものではないだろう。

　だが反面、女性身体の生活者もまた、男性身体の性衝動にかかる身体的セクシュアリティのリアリティを体感した経験はほぼないだろう。思い込みで一蹴するのではなく、やはり自分たちが知りえない身体感覚に由来している事柄の存在に思いを致す態度は求められる。

　そう考えると、女性身体と男性身体で相互に体験しえない身体感覚として象徴的にわかりやすい事例だという意味で、この女性身体の月経と男性身体の射精欲求を対置するのは、あながち的外れなことではないだろうと、筆者などは思う。

## 性犯罪は絶対に許されない

　なお当然ながら、射精衝動がどうしようもないものであるからと、性犯罪に及ぶのは決して正当化できるものでないのは言うまでもない。

　人格を持った同じ人間であり、セクシュアリティの主体として対等な存在である他者に対して、そうした側面をないがしろにした性的侵害をおこなうのは、まさに暴力以外の何物でもない。被害者が受ける心身の傷は甚だしく大きく、その後の人生に大きな影響を及ぼすことが少なくないともされる。したがって性犯罪の犯行に及んだ者が、その加害の事実に対して、適正な司法の手続きに則った処置・処罰を下されることもまた妥当だと言えよう。性犯罪は絶対に許されないことだという共通認識は、いわば不動の大前提である。

　ただ性犯罪に際して加害者個人に対し、その動機を個人的な悪に収斂させて断ずる向きも少なからずあるのは、いささかミスリードなきらいもあるだろう。各種の性犯罪を発生させる力学には、さまざまな社会的文化的事由が背後にあることもまた考えられる。そこに目を向けずに犯人の個人的な資質のみに問題を還元するのは、単なるスケープゴーティングに終わる危険もある。次に加害者となる人をできるだけ出さないためにも、環境要因の検証は不可欠だという認識は広く共有されねばならない。

　性犯罪のない社会とは、究極的には誰もが性的に疎外されず、そのセクシュ

アルファンタジーが充実のうちに満たされつつ、ひとりひとりのセクシュアリティが祝福される環境に待つべきものである。性犯罪が、そうした環境の未達成に起因するのだとしたら、それをあらためていく責任においては、社会の構成員全員が当事者である。すべての個人が、そのセクシュアリティにおいても尊重されることは基本的人権であり、それを誰もが享受できる世界がめざされるべきであるという点は、ここで確認しておきたい。

## 非モテ男性の隘路

　では、どのようにして射精欲求を満たすか、それも含めて自身のセクシュアリティに基づいた欲求に応じて、満足のいく性的充足を得るにはどうすればよいのか。男性身体を持つ個々人にとって、これは人知れず重大な課題となる。特にそのボリュームゾーンである男性ジェンダーを生きる異性愛者がこの点で満たされない場合は、現行社会のもとでは深刻な懊悩に陥る危険性があるし、そのことによる社会的な影響も見過ごせない。

　とりわけ「非モテ」男性にとって問題は深刻だ。

　ありていに言ってモテモテのイケメン男性なら女性との合意のうえでの性交の機会にさほどの不自由もない可能性は高そうに思える。そうであればそれにともなって性的欲求も充足されるわけで話は早いとも考えられる。しかも、これらは性的充足の方法として社会的に承認され祝福もされる。高く評価されると言い換えてもよい。

　しかし「非モテ」だとそうはいかない。そのような性交機会からは事実上排除され、代替手段としては商業的に提供されるサービスを利用するしかない。さもなくば生身の女性との性交の願望は保留し、マスターベーションに明け暮れることとなる。それがまた男としてダメだという自己肯定感を下げる感情となり、それが「非モテ」をさらに昂じさせるという負のスパイラルも待っている。

　むろん、そこには生理的な欲求以外にも、さまざまな軸線が交錯している。

　男性ジェンダーに振り分けられて生きる者にとっての女性との性交は、単なる射精欲求の充足ではなく社会的な承認欲求などともつながっている。すなわち女性との性交体験は、男性ホモソーシャル集団内部での評価軸としても機能

しているわけだが、じつのところこの「ホモソーシャル」が曲者である。

## ホモソーシャルという構造

　イギリス文学の分析を通じて E.K. セジウィックが練り上げた概念「ホモソーシャル」によれば、この私たちの社会は、その中心に各種の権力リソースを特権的に有する公的領域を置き、そこを男性の領分として割り当て、女性はそうした中心部から排除する形で周縁化し、それより外部を私的領域とすることで権力リソースから疎外しているというのが基本構造なのだと捉えられる。それゆえに、男性ジェンダーを割り振られている者は、その中心公的領域の構成員となるための資質が不可欠となり、権力機構の担い手として適切にふるまうよう常に要求され続けることになる。

　いわゆる「男らしさ」を確実に遂行することが必須となるのは、その一環である。その場が各種の「男らしい」とされる表象に満ちていることが、権力機構としての特権的位相にふさわしいという評価と密接に紐付けられ、構成員どうしが互いに「男らしい」言動を行為し合うことが、その場を周縁である女性領域よりも優位に価値づける文化的装置として機能する。加えて、私的領域とした女性領域を劣位に置き続けるためには、女性蔑視的な価値規準に従うことも重要となる。女性領域は性的な興味関心を向ける対象にすぎないものとみなすことはその核心のひとつだろう。同時に性的な興味関心を向ける対象をもっぱら女性領域に限ることで、男性ホモソーシャル内部からは性的な要素を排し、公的領域にふさわしいとされる様相を整えることも実現される。

　これらがインセンティブとなり、構成員には常に「男らしさ」規範を遵守し半ば相互監視的に全員が「男らしい」ことを追求する力学が発生する。それらは構成員どうしが結束を強め連帯意識を確かめ合うプロセスとしても働き、しこうして強固な「男同士の絆」に支えられた男性集団「ホモソーシャル」が現出し、その内部には苛烈な女性嫌悪・女性蔑視（ミソジニー）と同性愛嫌悪（ホモフォビア）の風潮が醸成されるのである。

## ホモソーシャル構造からの抑圧

　じつのところジェンダーに関連したさまざまな社会的事象はこの男性ホモ

ソーシャル構造上で起こっている。個々人に割り当てられたジェンダー属性が男女いずれであっても各種ジェンダー規範による抑圧は発生するが、それらがこうした「男性領域である特権的中心権力機構と周縁化された私的領域」という不均衡な権力配分の社会構造の上にあり、その構造にこそ由来している、という俯瞰は重要である。ここを押さえることが、「男女不平等」「性差別」といったテーマを、いたずらに男女両カテゴリの個々人どうしの対立にミスリードしないコツでもある。各種の女性の生きづらさも、決してひとりひとり「男性によって差別されているから」なのではない。このホモソーシャル構造によって抑圧されているのである。

　そして権力機構たる中心公的領域・ホモソーシャルの男性メンバーにとっても、その構成員としてふさわしくあることに日々汲々とさせられるのは、甚大なストレスとなりうる。男性もホモソーシャル構造によって抑圧されている、という点は見逃してはならない。

　当然に性的少数者。同性愛嫌悪の風潮が苛烈な中でのゲイ男性の居場所のなさ感しかり。性別移行前のＭｔＦトランスジェンダーの辛さも、男性ホモソーシャル集団内で適切にふるまえないことに由来すると言える。男らしい男として行動できないことは重大な違背行為とみなされるので、性別違和ゆえに「男らしさ」を確実に実践できないと、すぐさま懲罰の対象として槍玉にあげられるのだ。

　話を「非モテ」に戻そう。

　そんな中では「非モテ」であることは自身の地位を下げ、所属集団内での権益の分配にもマイナスの影響を及ぼすことになる。最悪の場合、所属集団から放逐され、男性ホモソーシャル構成員としての資格を剥奪され居場所を失うことにも——同性愛者が往々にしてそうなるのと同様に——なりかねない。そうしたことを避けたいことが動機づけとなって、女性との性交や、それを含む交際を希求するインセンティブとなってしまうこともあるだろう。

　このような、性的欲求の充足の形として望ましいモデルが社会的に確定され、それにしたがった女性との交際が要求されてしまっている側面を適正に切り出して可視化し、その状況に対する効果的な改善がもたらされたならば、「非モテ」の位置づけももっとフラットなものに変わるだろう。

## 「殺意」と「男らしさ」の狭間で

　森岡正博が論集『フリーターズフリー Vol.2』に寄せた「非モテ」についての論考『「モテないという意識」を哲学する」では、「非モテ」体験をくり返した男性は「自分はモテないという意識」が人格の一部に染み付いてしまい、たとえその後に女性経験が得られたとしても否定的な自己評価は覆らず、結果として自身のセクシュアリティや対人関係に大きな悪影響を表出させてしまいかねないことが指摘されている。そこでは若き日の森岡自身の「非モテ」体験も顧みられながら、往時のモテることを自称していた友人や、世間一般のイメージの中にある「女をナンパしながら湘南をドライブするリア充男集団」や、あるいはそうした「モテ」をめぐる格差を作り出している社会的な何かに対しては、どす黒い殺意のようなものがどこからともなく湧き上がってきたとも述懐されている。「非モテ」男性に抑圧的に機能する社会構造は、このようになにがしかの憎悪や殺意を容易に量産しかねない危険をはらんでいるのである。

　筆者自身の「非モテ」体験を回顧しても、この森岡が言う「殺意」など、非常に共感できるところである。筆者の場合、いわゆる性的指向は女性だったため、やはり一定の「モテ」願望はあったし、激しく相手に心を奪われて恋に落ちていた経験もまた、若い日々には複数ある。その傍ら、学生時代などには何人もの同級生の女子に対して同時多発的に心惹かれることがあったのは、ある種の「同性の友人」としての友情を無意識のうちに欲していた結果なのだとは、今にして思うところではある。ただ、いずれにしてもその当時の筆者が願いを実現させるためには「モテ」る男であることが有利だったはずなのだが、残念ながら若き日々の男性としての筆者には「モテ」男性としての素養はまったくなかった。華奢で色白で「男らしく」ない。感性もまた一般的な男性のそれを持ち合わせていないせいで、ファッションなども評価の高いコーディネートからはズレたものとなるのが必然だった。そんな中で恋愛はほとんど片思いに終わることとなり、自分は女子から見て「需要」がない男子なのだという深い諦念は筆者をゆっくりと蝕むこととなった。

　幸いにも学校行事などを通じて懇意になれた女子は少なからずいたが、それは今の言葉で表すところの「草食系男子」としてであって、あくまでも「男」

を感じさせずに安心して交歓できる男子。世間一般の基準に沿って恋愛の文脈に落とし込み「モテ」男の評価を得られるものではなかっただろう。そうして、ひとたび世間一般基準に準拠して自分が値踏みされた際には、そんな日頃は懇意にしている女子からであっても、すこぶる低い評価を突きつけられてしまうのではないかという恐怖は常に隣り合わせであった。その意味では、筆者もまた森岡が言うところの「非モテ」の意識が人格の一部として深く根を下ろしてしまっている男性だった。

「モテ」たいという願望は、女性との性的交流への渇望も含めて、深く静かにくすぶり、何かの拍子には暴力的な衝動として頭をもたげることにもなった。そして「モテ」てさえいればこんな思いもしないで済むのにという怨嗟の念は胸の奥に固着しつつ、それでもなんとかそんな状況を脱却したいと、出口のない迷路を彷徨するのである。「モテ」たい、そのためには「男らしく」なりたい……。しかし、自分には合っていない「男らしさ」を無理をして演じることはさらに精神を摩耗させ、そのうえでそれが理想どおりに運ばないことは、ますます自己肯定感を下げるループに陥るしかなかった。

このように、規範的に勧奨される「モテ」が相当にタイトな特定のモデルに則っていることは、そこに容易にコミットできる一部の層を除いた、大多数の男性に対して抑圧的にはたらいていると言えるだろう。

## 「性欲がなくなる薬」

ともあれ、男性身体で男性ジェンダーを生きる異性愛者が「非モテ」である場合、射精欲求への対処が日常の重大な課題となることはほぼ間違いないだろう。

筆者が執筆した小説『M教師学園』の作中でも、主人公・百合靖彦はそのことと女性に対しては誠実でありたい思いとの狭間で迷走する。むろんそこにはかつての筆者自身の葛藤が仮託されている。対等な人格を持つ人間どうしとして女性との関係性を紡ごうとすれば性的な交渉とは遠ざかってしまう。性的交渉を優先すれば、男性ジェンダーを割り当てられた者として相手に対して支配的なポジションとなり、性行為は搾取的なものとして相手を何らかの形で傷つけることが不可避となってしまう。人格交流と性的交渉が両立した「愛」のあ

る男女の関係性なんて、はたして本当に可能なのか？　そうしたジレンマが発生する現行の恋愛ないしは男女関係にまつわるルールの不条理を軸に、男らしさ規範にそぐわずに抑圧を感じる「非モテ」男性が自身の性的欲求の充足に行き詰まる苦悩を、舞台である大阪市内の私立女子高校をめぐる学校問題・教育問題を横糸に置きながら、描き込むことができた作品だと自負している。ある意味『感じない男』の小説版だと言えないかとも密かに思っている。ぜひご一読を願いたい。

　森岡の「非モテ」論考でも同様に、自力では性交の相手の女性を獲得できないでいる劣等感と、その結果として性行為ができないことによる気が狂いそうな、そして身体が爆発しそうな感覚とに苛まれながら、それでもマスターベーションに明け暮れてでも射精をしないではいられない自分の身体的セクシュアリティにうんざりした日々への呪詛の念が綴られている。

　そうして森岡は『感じない男』では、そんな若い日々に心の底から吐き出された気持ちとして、「いっそ、この性欲がなくなる薬があったらいいのに」と何度も思ったとも述べている。

　——性欲がなくなる薬。

　往時の森岡がどのような苦悶の末にそれを欲したのか、そのリアリティの実相は想像するしかない。「性欲がなくなる薬」の非実在性をどのように捉えていたのかもわからない。そして『感じない男』執筆時点の森岡がなぜこの言い回しを原稿に用いたのかも真意は不明である。

　だが、本書をここまで追ってきた私たちには容易に想起できる。

　女性ホルモン剤こそが、まさにその位置づけに該当するではないか！

## ホルモンの掌中から逃れて悟る

　もちろん、性別違和があるわけでもない男性に安易に女性ホルモン剤を投与することは、決して適切ではない。あるいは、自らの身体的セクシュアリティと社会的な男性性の狭間で懊悩する少年に対して大人がすべきケアは、まずはもっと他にあるとも言うべきだろう。

　それでも、筆者のようにいわば合法的に女性ホルモン剤の投与を受けた結果として、性的欲望と射精欲求、あるいは射精快感やオーガズムといったものに

ついて、自己のありように対する気持ちの整理が得られ、性的実存としても安定が増したというのは、筆者自身にとっては大いに意義があったと感じられている。

　射精に収斂していく性的欲望から解放されたことは、それらが日常生活へのふとした場面へも侵襲してくるような機会を排し、身体衝動のコントロールがラクになったことにつながっている。性的衝動に悶々と苛まれることがなくなり、理性的な制御からはみ出した性的ファンタジーの膨張が、自己肯定や社会的承認の欲求と連関して気持ちを穏やかではいられなくする難境と距離があいたことは、精神的な安寧をもたらしもした。さらには、射精欲求を基準に性を考えなくてもよくなったことによって、より自由な性的ファンタジーの夢想を試みる発想ものびのびと展開させられるようになり、性をめぐる文化的価値基準の転換とでも呼べるような拡張的な視点の開眼に至った。

　言い換えれば、射精がしたくてしたくてたまらない、そのためには女性とのセックスを欲望せずにはおられない、そんな、この世の真実の根幹であるかのようにさえ思えた性的願望が、しょせん、すべて体内のホルモンの作用によって、そのように思わされていた煩悩にすぎず、そんなものによって、少なからぬ苦しみに汲々とさせられていたのかという、いわば悟りの境地への解脱でもあっただろう。

　これらの点は、性別違和にひとつ起因して自身の身体的セクシュアリティと上手く折りあえない男性身体者にとって、ホルモン操作が性別違和の「治療」と位置づけての医療行為として一定の意義を持つ、ひとつ大きなポイントだと言えるかもしれない。

　ただ、だとしても、性別違和など特にはない大多数の一般男性にとっては、「性欲がなくなる薬」であるところの女性ホルモン剤には頼らずに自己の身体的セクシュアリティと向き合っていかなければならない現実は変わらない。内分泌ホルモンの作用による性衝動そのものは否定されるべきではないし、そうした身体的セクシュアリティをどのように社会的要請とすり合わせるかは、社会全体で考えなければならない課題でもある。いわゆる男性相談のような何らかの公的なケアの態勢のさらなる充実も切に望まれるところだろう。理想は、ひとりひとりが自分の身体的セクシュアリティを愛しむことができるようにな

ることだ。

　それでも、そんな中では、一般的な男性が射精欲求やそれを含めた性衝動の数々に苛まれて自分のセクシュアリティと向き合う際に、こうしたホルモン操作をめぐる事例を知識としてだけでも知っていることは、自己の身体的セクシュアリティの深層を多面的に理解するうえで、少なくともひとつ非常に有用なものとなるのではないだろうか。

## 女性へ向けて射精したい欲望が意味するもの

　だが問題はこれだけでは終わらない。森岡正博が『感じない男』で分析する男性の射精欲求の深淵には、さらなる秘められた執心がある。

　多くの男性が持っていると推察される性的ファンタジーの中には、射精そのものの快感とは別個に、放出した精液の行き先をどうするかというファクターがある。ありていに言うと、自分が出した精液によって女性の身体や衣服・持ち物などを汚損してみたいという性的ファンタジーの存在である。実際、それを受けて各種のポルノグラフィでは、そうしたモチーフは数え切れないほど描かれているのも事実である。

　もちろん、精液で女性を汚損するというような行為は、合意のうえの性行為であっても、実際におこなう場合にはじゅうぶんな慎重な配慮が求められよう。粘膜をとおした感染症の危険は増大することになるし、衣服や持ち物に付着した場合の復旧は容易ではない。あまつさえ合意がないのであれば、性暴力・性犯罪に他ならない。

　したがって女性への性暴力・性犯罪を抑止しようという立場からは、こうした性的ファンタジーが男性の間に存在すること自体を問題視する向きがあるのは、無理からぬことだという側面は理解すべきだろう。各種ポルノグラフィでくり返し描かれることもまた、社会的な影響がまったくないとは言えず、一定のガイドラインは必要だと言わざるをえない。

　ただ一方でナディーン・ストロッセンが『ポルノグラフィ防衛論』で述べているような、いわゆる生殖を意図した「普通の」性交では女性の膣内へ射精されることで不可視化されている精液というものを、ポルノグラフィが膣外への射精によって描き出して見せることは女性に対しても意義がある、という意見

にも一理ある。

　今日の日本国内においては、性行為描写を含む男性どうしの恋愛関係を描くなどしたボーイズ・ラブと呼ばれるジャンルが、主としてコミック（もしくは小説）の形で女性の間で人気を博し、数多く刊行され流通している。後述のとおりこれらは守如子らが指摘するように事実上の女性向けポルノグラフィだと理解されているが、筆者の知人であるＢＬ小説作家に聞いたところによると、各作品ごとの作風とのかねあいもあるものの、一定水準以上の性行為場面を擁する作品ほど、やはり精液にかかわる描写も重要になるのだという。

　いずれにせよ、精液をめぐる性的ファンタジーが男女を問わず広範に存在すること自体は、間違いないだろう。とりわけ、いわゆる男性向けとされるポルノグラフィの現況を観測する限り、一般的な異性愛男性の間には、女性に対して自分の精液をかけたい・女性へ向けて可視的に発射したいという欲望に関して、病的なほどの執着があるとも言えそうだ。しかも、その対象となる「女性」の主たる層は、学校女子制服を着た10代の少女たちであったりもする。

　森岡自身も、学校女子制服を目にしたときに自らの内に湧き起こる感覚があったことを告解しつつ、それを自己分析するところによれば、それはつまるところ「『少女が制服を着ている』という状況そのものに向かって、精液をかけたい」性的衝動なのではないかとしている。そうであれば、少女たちが実際に着ている制服の生地へと射精したい欲求は、その具体的な表出のひとつの結果だということになるだろう。

　かくいう筆者もまた、制服もののポルノグラフィ誌のお気に入りのページの上にラップを敷いてその上に射精するということを、かつてのマスターベーションの際には少なからずおこなっていた。男どうしでマスターベーションの細かな方法論を交換し合う機会が本当のところどの程度よくあるのかは別途の研究も待たれるところだが、筆者の観測範囲では、この好みのポルノ素材にラップを敷いた上に射精するという方法は少なからず広く用いられているように思われる。ともあれ、これもまた「少女が制服を着ている状況への射精」を体現している一例だと言えよう。

　しかも筆者の場合、ポルノグラフィ作中で少女が現に半裸にされ男優らから精液をかけられているような描写のページよりも、そうなる以前の、ストー

リーの冒頭でそれこそお花畑をバックに制服姿でにっこり微笑んでいるような場面こそをラップを敷くページとして選びがちだったりもしたので、これはなかなかに闇は深かったのである。

　はたして、どうやら男性一般の間でかなり普遍的に存在するとおぼしき「少女が制服を着ているという状況そのものへ射精」したいという欲望は、何を意味しているのだろうか。

　端的に言って、森岡はこれらを男性の女性化願望ではないかとするのである。

## 女性化願望は本当にある

　森岡が仮説の結論とするところの説明では、そうした射精欲望を持つ一般男性の多くが、学校女子制服を着た10代の少女たちに自分自身がなってみたいという願望を持ち、それゆえにそんな少女たちに自分自身を孕んでもらい、自らが生まれ変わりたいという心理が深層にあって、その心理が立ち現れた表象が「少女が制服を着ている状況への射精」なのではないかとされている。そして、特に10代の少女でないといけないのは、その年代が自身の男性としての第二次性徴が始まって自分自身が少女として生きることの不可能性が確定したのと同時期であり、その時点からを生きなおしてみたいと渇望しているからで、学校女子制服は、多感な思春期・青春時代をあんなふうな自分として生きられていたらどんなによかっただろうというルサンチマンの、ある種のアイコンなのだという。

　ここだけを切り取ると、たしかにいささか荒唐無稽な印象もないではない。そもそも、性別違和を持つようなトランスジェンダーではない、一般的なシスジェンダー異性愛男性が、そんなにも女性化願望を抱いているものなのだろうかという疑問もあるだろう。

　だが、筆者の皮膚感覚では、精神科医から正式に診断がおりるような性別違和の範疇を超えて、男であることはイヤだ・男は損だ・女のほうがイイのに・女だったらよかったのに……というような情念が、男性身体を判定され男性ジェンダーを割り当てられた者の間には、相当に幅広く存在しているように見受けられる。意識化され自覚され、そのことが表明される事例だけでも少なくはないと感じられるが、それが無意識の範疇にとどめられているケースも含め

れば、おそらくは普遍的な真理にさえ近いのではないだろうか。

　実際、よくよく比べてみれば「男性」よりも「女性」のほうがイイに決まっている。まずもって発生学的に見ても標準形は「女性」である。生物としてもしなやかで強靱。性的な快感もまた（前述のように）男性身体よりも豊かそうであり、審美的な観点からも魅力的である。いわばヒトとしての完成形は「女性」であり、「男性」はあくまでも不完全態ではないか！

　いや、これはいささか感情が過ぎるかもしれない。しかし感情の水準においては、これが男性ジェンダー生活者の多くに共有されている可能性は高いと筆者は踏んでいる。

　そして、だからこそ、女性のほうを劣位に置き、男であることこそが素晴らしいという再確認を構成員全員にくり返し要求するシステムが、この社会にはこれでもかというくらい周到に張りめぐらされているのではないのか。男性ホモソーシャルの規範が、男は男らしくあれと命じ、その命に反したり、あまつさえ女の価値が男に優越するような疑念をうかがわせるような言動を（同性愛や性別越境も含めて）許されざる逸脱だとみなして執拗に制裁を加えようとするのも、それが真実が隠されているパンドラの箱を開いてしまう行為だからなのではないだろうか。しかも、そうした男性の優位性を架構するための各種の社会的文化的装置の数々が、逆説的に、女性のほうが自由で豊かな人生の選択肢を持っているようにさえ、男性ホモソーシャル内部からは感じられてしまう状況を作ってもいたりする。そうした状況に自縄自縛になることが、男性身体を抱えて男性ジェンダーを生きるということなのだ、と言ってもあながち過言ではないだろう。

　森岡が『感じない男』で論説する主眼もまた、ひとつこのあたりにあると言えよう。森岡が、ある会合でのとある男性参加者が発した「だって男の体は汚いじゃないですか！」という叫びを受けて、「体毛が密集し、肌の色は悪く、骨がごつごつしており、筋肉がうっとうしいこの体。精液によって汚れてしまうペニスと周辺の毛。自分の体はほんとうに汚いという実感がある」と心から同意した体験の述懐も、このことを象徴している。そうした身体的な要素も含めて、森岡自身の体験をまじえながら、男らしさの抑圧の中で自己否定のスパイラルに陥っていく男性ジェンダーの生きづらさが切々と綴られる様子は、性

別違和を持つ筆者にとっては深く共感できるところであるが、森岡が指摘しているように「もっと広い範囲の男たちも、このような感情を理解できるのではないかと推測」するのも難くない。

　蔦森樹が『男でもなく女でもなく』において、「エロスある人間の身体は、唯一女性が持っている。そのままの生身の身体に肯定的意味を与えられるのは『女性』だけである」「女性ライダーたちが自らの身体や服装をも美しく気づかってバイクを走らせる姿に、私は実のところ舌打ちをしてもいた」「その華やかさが羨ましくもあったのだ」「そして、私は絶対に女性ではありえないという絶望的な確信が次には訪れる」などと述べているのもまた、これと通底している。蔦森は、現在ではすでに久しく女性として社会生活を営んでおり、筆者と同様に性別違和に苦悩した人間だと解釈して差し支えはないだろうから、その感性は男性としての平均値からは外れているかもしれない。それでもやはり、こうした訴えには一定の普遍性があると認めるだけの有益性はある。

　例えば、美術作品から広告の類、マンガやアニメなどのポピュラーカルチャーに至るまで、各種の表現物においては女性モデルが起用されての描写が好んで選ばれがちであり、非常に偏った状況だという指摘がフェミニズムの立場からなされることはままある。社会が男性ホモソーシャル構造に集約された権力を中心に秩序づけられている中では女性がもっぱら「見られる性」に置かれてしまうことを、公正ではない不均衡だと異議申し立てることには一定の正当性があるだろう。しかし、この蔦森の訴えを受けて視線の角度を変えれば、これは女性だけが「見られるだけの価値がある性」として神の祝福を受けた存在たりえていると捉えることも可能になる。

## 射精欲求と女性化願望をとりもつ精液

　このように見てみると、男性身体で男性ジェンダーを生きる者の多くが女性化願望を持っているというのは、そんなに荒唐無稽な話ではない。もちろん、前項のようなことはゲイ男性については当てはめにくいところがあるかもしれない。女性ジェンダーに性別違和があり男性ジェンダーへの性別移行を望むFtMトランスジェンダーの存在とも一見すると整合性はよくない。そうした多様な個人のありようは否定すべきでない。それでも、ある種のボリュームゾー

ンとして、無意識的であれ、自覚的であれ、一定の女性化願望を抱えながら男性として社会生活を送らざるをえないことに悶々とする層は確実に存在する、そう想定することの妥当性はきわめて高いのだ。

　となると「少女が制服を着ている状況への射精」をめぐる先述の森岡仮説の信憑性も決して一蹴はできないものとなってくるだろう。そこでは少女へ向けての射精は、自らが生きてみたかった少女という存在と現実の自己をつなぐ行為として機能を果たすことになっているのである。いわば少女という存在に自分が少しでも近づきたいという叶わぬ願望が、生理的な射精衝動と悪魔合体した結果として、そのような形に具現化していると言える。森岡はその際の精液が男性と少女とをつなぐ架け橋なのだとも形容している。

　女性に対して自分の精液をかけたいという性的欲望に、そんな背景があるのだとしたら、そうしたモチーフにかかわる性被害・性犯罪への捉え方や対応策も、そうそう単純な話では済まないことになるだろう。男性身体を抱えて男性ジェンダーを生き続けざるをえない大半の人にとっては、女性身体で生きる女性ジェンダーは、現実には決して叶わない憧憬であり、永遠に羨望し続けるしかないものであるのが通例なのだ。そうした満たされない実感が、やがて反転して深い怨念としてのミソジニーに変わる。それが男性ホモソーシャルを維持する自虐的なエネルギーとなり、女性差別的な言動の動機ともなり、各種のドメスティック・バイオレンスや性犯罪などの遠因を構成していると考えれば、ものすごく辻褄が合う。この点については、男性学の分野から、さらなるアプローチが望まれる課題なのではないだろうか。同時に、フェミニズム・女性学におけるアクションにおいても、こうした事情をじゅうぶんに視野に入れていくことが実りを多くすることにつながると思われる。

## 女性化の成就で射精欲求も変わった

　だが、ひるがえって筆者の場合、そういった射精欲求が、ホルモン操作によってフェードアウトすることとなったわけである。しかも、ただ単に生理的な射精衝動が減退したからというだけではなく、自分の精液を女性にかけるという行為自体が性的ファンタジーの範疇から遠ざかり、上述したような制服ものポルノグラフィ誌にラップを敷いて射精するようなマスターベーションの方

法が好ましくなくなってしまった。

　なぜか？

　そこに「女性化願望が叶えられた」という事由は見逃せないだろう。

　ホルモンによって体毛は薄くなり、乳房が膨らみ、多少なりとも女性身体としての満足度は向上した。体つき全体も心なしかセクシーな丸みを帯びたように感じられれば、自分自身の身体が本来あるべき姿に近づいたように思え、そうして身体的にも自分を好きになれる、そういう納得がいく身体が得られたことは、やはり大きい。

　もとよりホルモン操作に先駆けること10年以上、社会的にはすでに女性としての生活を実践してきた。女性として装い女性としてふるまい、消費生活も対人関係も、自分が理想とした形の追求は、一定の水準で叶えられた。

　「憧れの女性」は、社会的にも精神的にも身体的にも、もはや必ずしも他者に仮託することでしか得られないものではなく、自分自身が体現することができるようになったのだ。

　しかして、性的に女性を希求する切迫度もいちじるしく低下する。少女へ向けて自分の精液の架け橋をつなぎ、自分自身を産みなおしてもらう必要はあらかた解消した。そうであれば、そんな決して実行はできないような、あまつさえ実行はともなわない妄想としてであっても公に口にすることははばかられるような社会的位置づけに現にある性的ファンタジーに、継続して固執する動機にも乏しくなる。「少女が制服を着ている状況への射精」に対して心が動かされなくなったことは必然の帰結なのかもしれない。

　もちろん、30代半ばからの性別移行だった筆者の場合、20代もそうであるが、10代の思春期を少女として生き直すことは叶っていない。性別移行は若返ったり、ましてや時間を巻き戻すものではないので、恢復されえないルサンチマンが残る余地は消えない。それでも、ある時期より以降を望みの性別であった女性として生活できるようになった意味は思った以上に大きかったということになる。

　このように、ホルモン操作を機に性的ファンタジーとしての「少女が制服を着ている状況への射精」の欲求が霧消した背後には、自身の実存が多少は「少女」に近づいたことが自覚できたからだとしたら、整合が取れた説明がつく。

　このことは、性別違和などがなく男性身体に男性ジェンダーを割り振られて生きている一般的な異性愛男性に対して、例えば「自分自身が女性になれば解決だよ」のように安易に性別移行を勧めるものではもちろんない。それでも、自分の精液で女性の身体や衣服・持ち物などを汚損してみたいという性的ファンタジーを、とりわけ学校制服を着た10代の少女に対して持ってしまうことの深層に、じつは自分自身が本当は女性として生きてみたいという願望、ないしは憧れが潜んでいることを認めることは、自分の性衝動を社会的に折り合いをつけて自らの性的アイデンティティを安定させる作業に、大いに有用なのではないだろうか。

## 射精の桎梏から解放された性的ファンタジーが向かった先

　さて、ここまでをふまえたうえで、ホルモン操作によって起きた筆者の性的欲求にかかわる変化のうちの、メンタルな側面のほうを、あらためて考えてみよう。

　マスターベーションの際に加える物理的な刺激の対象は、実在するペニスにではなく、仮想的なワギナのほうへとシフトした。夢想する性的ファンタジーもまた、いわゆる男性として女性にアプローチする形式をとる異性愛男性の標準的なパターンからは大きく離れた。要点を再確認すると、こうまとめられる。

　これらが、筆者が従前より積み重ねてきた性の多様性の実践や各種の知見を身につけることによって得た男女間の決まりきったインターコースのみが性行為ではないということへの心理的・社会的な気づきを、ホルモン操作による身体的な変化が後押しした結果だとするのは、ひとつおおむね順当な推論だろう。今までは男性身体の生理である射精欲求に覆われて不可視化されていた性的ファンタジーが、ホルモン操作での身体変化によって顕現したのだと言ってもよい。

　そして、これらは次のようにも解釈していけるだろう。マスターベーションの際の性的ファンタジーが女性としての視点になった、および、マスターベーションをおこなう主体として女性としての自分を主人公化するようになった、と。

## 女性身体の主体的主人公としてのマスターベーション

　もう少し具体的に見てみよう。

　マスターベーションの際の物理刺激の快感が、いまだペニスが実在していたとしても、仮想的ワギナのほうが良くなったというのは、性的主体としての自己像として女性身体を想定したということになる。実際には陰嚢の裏あたりに見当をつけて仮想ワギナを見立て、適宜ローションなども用いてそれらしさを増幅するのだが、そのほうが実在ペニスへの刺激よりも、気持ち的にしっくりくるということである。オーガズムの際には射精をともなうことにもなるが、それ自体はもはや主観的にはあまり意味を持たない。放出した精液の行き先も性的ファンタジーとしての関心事ではなくなっているので、あらかじめティッシュペーパーなどをペニスに直接あてがっておくことになる。というより、むしろ精液が放出されることがもはや邪魔な事象なのである。

　このようにホルモン操作による変化後の筆者は、マスターベーションという自己の身体との性的対話の中では、観念上はその「自己の身体」に一般的に言うところの女性身体を代入して物語世界を創作しているのである。自己の性的ファンタジーの主体的主人公として、性的身体にかかわる要素については、イマジナリーな女性性を主観レベルでは認識しながら、その場面におけるセクシュアリティを営んでいると言い換えてもよいかもしれない。

　これが筆者にとって自然な本来のありようの身体的セクシュアリティとして望まれるものだったのだとしたら、長年にわたって内面化していた性別役割意識が相応に払拭されて久しかったところへ射精に紐付けられた身体衝動の減退が加わったことで、そのことがはっきり自覚できたことは、やはりホルモン操作の大きな意義だったと言える。同時に、このような変化は筆者にとって、性別適合手術への動機づけが高まるひとつの要因ともなっただろう。

　注意したいのは、筆者の場合は性別違和があったので、こうしたこともさもありなんという受け止め方をされるかもしれないが、はたしてこれが本当に典型的な性別違和の人に限ったことなのかという点である。身体的なセクシュアリティの理想像が現実に有している身体と乖離しているケースは、じつは性別違和として捕捉可能な範疇を超えて広範に存在していることは想定されるべきだろう。男性身体で男性ジェンダーを異性愛男性として生きる人なら先述した

女性化願望と融合した形で潜在している可能性もある。前節で述べたような性的ファンタジーと適合しない不満足にかかわる身体違和は、必ずしも典型的な性別違和のケースに限らないこととして普遍化を試みることもまた可能だ。

　どのような性器を有する身体で性行為に臨みたいのか、あるいは自らの性的ファンタジーの依り代としてより適合係数が高い身体的セクシュアリティのありようはどのようなものなのか、それは人によって個別に異なるものであり、単純に男女で区分してきた雑駁な従前の概念が誤りなのだということは議論の前提に置いておきたいものである。

## 女性視点でポルノを読む

　一方、そんな仮想的女性身体でおこなうマスターベーションの際に夢想する性的ファンタジーのほうは、どのように変化したのだろうか。

　一般には異性愛男性がポルノグラフィに対峙するときは、男性登場人物に感情移入するのが普通だと考えられている。そうするのが正常であり、そうしなければならないというような規範圧力もまた、男性ジェンダーで生きる者の社会には敷設されていると言えなくもない。かつての筆者も、そうした規範意識に沿うことに特段の抵抗をしようとはしなかった。それゆえに女性登場人物を性欲の客体としてまなざすこともしたし、前述のラップを敷く件もまたその延長上にあった。

　ただ、男性向けポルノグラフィとされるものならどんな趣向のものであってもそうするように推奨されることには、何か合わないものを無意識に感じることもないではなかった。知らず知らず、女性登場人物のほうに感情移入したマスターベーションをおこなうようにもなっていたフシはある。それらはかなり早い段階から起こっていたかもしれない。自身の性別違和を言語化して自覚的になる以前からそうした傾向はあった。社会的な性別移行を模索し始めた時期にも、そんなマスターベーションをめぐる性別役割に関する違和感は頭をもたげ、性別移行へ向けて試行錯誤をくり返すためのエネルギーに転化していたのではないかとも思える。

　そうしてホルモン操作を経たここへ来て、ついに女性登場人物への感情移入を主軸とするポルノグラフィとの向き合い方が、夢想する性的ファンタジーの

主流として、マスターベーションの場で前景化した、ということなのだろう。

　例えば、男性向けポルノグラフィの作中で男性登場人物から見た客体として性行為の受動態となっている女性登場人物、そこに感情移入し同一化するというメソッドは比較的わかりやすいだろう。ありていに言えば、作中で陵辱される女の立場に自分を重ねて、その苦衷、煩悶、怨嗟、無念、羞恥などの複合した感情を追体験するのである（当然ながら、そのようなフィクションが実写の映像作品として制作される場合に、出演強要などをはじめとする各種の制作被害は断じてあってはならず、その防止には各方面が協力して努力がおこなわれるべきものである）。そうした夢想が自分のマスターベーションには好適なものとなったわけだ。

　あるいは、もう少し手が込んだ設定を導入することもある。男性向けポルノグラフィ作中に女性登場人物が複数いればその女性登場人物どうし、女性登場人物が単数の場合は自分の脳内でもうひとり女性登場人物を仮構して、その人物間の関係性をめぐる物語を妄想するというものだ。

　この場合、作中にはいない自分の想像上の女性登場人物を仮構したときには、その仮構した人物視点に自分がなって感情移入することが多い。そこで妄想される物語としては、大好きな先輩がレイプされているところを為す術なく見守るといった状況設定が、ひとつ定石となる（再度念を押すと、制作被害がないフィクションに対してという前提である。むろん現実に実行されるレイプが重大な犯罪行為であることも）。そして行為の最中もさることながら、事後における先輩と自分の会話内容なども重要な創作ポイントとなったりする。

　また作中に複数の女性登場人物がいる場合には、そのうちの任意のひとりに感情移入の重心を置くことになる。そうしていっしょにレイプされながら互いに慰めあったりすることが妄想の中心になるのである。場合によっては友達を騙してカレシの友人に提供している、またはその逆に騙されているというような、ちょっとダークなストーリーも想像の世界では可能性のひとつであろう。

　あるいは女性登場人物がすでに作中に複数いても、自分の視点を仮託する想像上の女性登場人物を追加的に仮構することはある。そうした複合的なパターンも自在に編み出していく自由もまたある。

　さらに何よりも、そもそも女性登場人物どうしの関係性をめぐる物語がマス

ターベーションファンタジーの中核を占めるのであれば、男性登場人物は必須ではないし、何もわざわざ男性向けとして制作されているポルノグラフィを用いる必要もない。ホルモン操作当時の記録にあった衣料量販店のチラシのほうが良いという記述は、このこととかかわっているのである。衣料量販店のチラシは新聞さえ購読していれば追加の費用なしに折り込まれてくるので入手もたやすいが、他にも女性向け雑誌の「2人で最新スポットを体験」のような複数女性が仲睦まじくお出かけしている様子を描いた特集記事などでもよいだろう。今どきインターネット上になら多種多様な画像もあり、私的複製は必ずしも違法ではない。筆者もこういう段階になると自身の外見がかなり女性化し、男性として社会的に行動する「逆パス」がますます困難になっている中では、男性向けアダルトショップには出入りしづらくなっている。となると、特にポルノグラフィとして入手しなくても確保が可能なこういう媒体はありがたい存在になってくる。

　このように、マスターベーションにかかわる性的ファンタジーが女性登場人物のみで完結するというのは、ある種のレズビアニティへのコミットでもあるのかもしれない。同時に、それも含めて、こうしたポルノグラフィとの向き合い方は、女性一般がそうしているのとまさに同じように、女性視点でポルノを読んでいるということになるのではないだろうか。

## 女はポルノを読むのである

　ここで、女性が女性視点でポルノを読むなんてことがありえるのかという疑問の向きもあるだろうか。何より女性がポルノグラフィを読んだりするものだろうか？　といった因習的な決めつけは根強いかもしれない。男性向けとして制作された作品が、女性のニーズに合っていないという現実は存在しそうでもある。だが、守如子の『女はポルノを読む』によれば、じつは多くの女性が女性向けポルノとして設えられた媒体に親しみ、自身の性的QOLの向上に活用していることがわかる。

　守は、男性には性について能動的・積極的であることが奨励推奨される一方で、女性には清純ないしは貞淑たることを要求し、性的な無知や無関心を女性にふさわしい良きものと価値づけ、一部の性に奔放とされる女性群に対しては

「娼婦」と名指して社会的に意味づけたりもする、現行社会に存する「性の二重規準」をまず前提として指摘する。

　それゆえ若き日々にはひそかにマスターベーションにいそしみながら罪悪感に苛まれたことを回顧しつつ、大学でフェミニズムと出会いセクシュアリティ論をも学ぶことでようやく「女でもしていいんだ」とほっとするに至ったと守は言う。女性ジェンダーで女性身体の身体的セクシュアリティを生きる者ならではの、森岡正博が『感じない男』で述べたようなものとはまた違った形のマスターベーションをめぐる葛藤がそこにはある。

　むろん、男性の性的欲望が勧奨され推進される社会の趨勢に男性身体の射精欲求が結びつき、さらにさまざまな要因が複雑に入り組んでいる現状の中では、男性向けポルノの各種表現が問題含みになっていることは否定できない。この点は看過すべきではなく、守もこれに最初の1章を割き、ポルノグラフィを問題化する際の論点を整理、かつて批判活動を実践した女性運動などにも触れながらフェミニズムの立場からのポルノグラフィ批判を紹介しては、そこに一定の理があることを認め基本的な賛意を示している。

　ただ、そうしたポルノグラフィ批判がポルノグラフィの全否定に傾斜することには懐疑的で慎重な立場を示すのも守である。女性が楽しめる形のポルノグラフィはありえるはずだ。ポルノ自体の否定ではなく、それによって女性の性を豊かにしていくことをめざすのもまたフェミニズムの任務だろう。そこを出発点に守は以降の章でのレディースコミックやBL作品群の分析へと筆を進めていくのである。

　その詳細は本稿では紹介しきれないが、端的に言ってレディースコミック作品群、およびBL作品群は、今日における「女が読むポルノ」として機能している。守はレディースコミックやBLの分析に入る前段として、それらが掲載されたコミック雑誌の読者ハガキをデータとして解析する中で、数多くの女性読者の存在を確認しているが、その内訳は幅広く多岐にわたっているという。筆者が立ち回り先の書店の売り場をチェックしたりネット上の情報を観察した印象ではあるが、守による調査時点からさらに時間が経過している昨今では、読者はますます増加し全国津々浦々に広がっているのではないか。だからこそ、市場はより一層の興隆を見せているのだろう。

　憲法学者の奥平康弘は、かつて『性表現の自由』中にて「性差別が減少し女性の社会進出が高まれば、そして、性表現の自由化も同時に進行すれば、女性の特性に合わせた性表現文書が登場してくるのではなかろうか」と述べたが、それからおよそ 30 年余。現在ではまさにレディースコミックやＢＬ作品群が、多くの女性の支持を得ている事実と照らし合わせれば、これは的確な予言だったと見ることもできよう。

## レイプファンタジーはレイプ願望ではない

　ただ、そうは言っても男性向けポルノグラフィでのレイプされている女性登場人物への感情移入については、さすがに女性としてありえないのではないかという声もあるかもしれない。

　しかし小松原織香が『フリーターズフリー Vol.2』に寄稿している論考「『レイプされたい』という性的ファンタジーについて」によれば、性的ファンタジーとしてのレイプは女性の間で決して珍しくはないようだ。小松原は、レイプファンタジーこそが女性たちに欲望されているという仮説を立て、自らが 10 代の頃にはレイプされる自分を夢想しながらマスターベーションに耽ったと述懐している。

　もちろん、そんなマスターベーションにおけるレイプファンタジーは、実際にレイプされたいという願望とはまったく異なるものだという点は、小松原も厳重に釘を差している。レイプファンタジーに沿ってマスターベーションをおこなうのは主体的な性的実践だが、現実のレイプは主体性を侵害する犯罪であり、その被害は誰にあっても苛酷なおぞましい体験である。

　そのうえで小松原は、レイプファンタジーが女性にとっていかように好ましく用いられるのかについて、精神分析の知見などをまじえて考察を進める。雑駁に過ぎる要約ではあるが、その核心は自己のすべてを剥奪されることが逆説的に快感へ転化することであり、結果として現在の自分を超越した本当の自分に生まれ変わるという願望が充足されることにあるのだという。

　ともあれ、マスターベーションなどの際に用いられる性的ファンタジーとして、女性にもレイプファンタジーが存在することは否定できない。女がポルノを読み、かつそこにレイプファンタジーも含まれるという前提は、本稿に取り

入れるに差し支えはないだろう。

　なお小松原は、同じ論考の後段では「私は、自分の股の間から垂れてくる汁を、ティッシュで拭くことが正しいかどうかを知りたかった。そこには、茫漠としたコントロールできない性欲の荒野があった」と、必要十分な性をめぐる情報が、若き日の自分たちの周辺には容易にアクセス可能な状態で用意されていなかったことを告発してもいる。このあたり、性教育が質量ともに不十分なこの国の現状のもとでは、自らのセクシュアリティを探求し性的アイデンティティを確立したい青少年が、非常に不安定な足場での模索を強いられるのは男女を問わない、ということでもあろう。性的ファンタジーを具現化したものであるところの多様なポルノグラフィと同時に、体系的で偏らず、かつ正確で詳細な性知識・性情報の、公の教育が切に望まれるところでもあるだろう。

## 女性読者がＢＬへ向ける視線

　さて、守の論考に戻ると、レディースコミックやＢＬといった女性向けポルノコミックへの女性読者による読み解きは、じつに多様なのだという。

　レディースコミックであれば、主人公女性に対して読者自身も女性として感情移入することはメインの読み解きとなるだろうが、描かれる男性登場人物の行為や主人公との相互作用などもまた欲望の対象となる可能性は指摘されている。

　またＢＬ作品では、さらにバリエーションが豊富になる。通常ＢＬ作品の読み解きにおいては、性行為の際に積極的・能動的な役割を担う側の登場人物を「攻め」、逆に「攻め」による行為の対象として受動的な役割を配される側を「受け」と呼ぶが、女性読者がいわゆる女性的な属性と考えられがちな「受け」男性に感情移入して読み解く場合もあれば、同様に本来の男性役割と捉えられがちな「攻め」男性のほうに感情移入するケースも対等にありえるという。加えてもうひとつ重要となるのが、性行為の当事者となる「攻め」と「受け」の双方を第三者の立場から俯瞰し、その両者の営みを眺めることで何らかのエモーションを得るという読み解き方である。

　これらは読者ごとにどの読み方をおこなうかの好みに傾向があったりもすれば、同一の読者がそのときの気分によっていずれかの読み方を使い分けたりす

る場合もあるだろう。いずれにせよ、女性読者が作品読解のために向ける視線として、「受け」の視点によるものもあれば、「攻め」の視点に立つこともあり、さらには第三者の視点で俯瞰するケースもあるのが、ＢＬの特色であるとされる。このことは、主要登場人物２人がともに男性であるために、レディースコミックのように２人のうちの片方が女性であれば女性読者にとってはそちらへの感情移入を誘導されてしまいやすいというようなことが起こらず、適度な距離が取りやすいからだとの理由は、守も述べているところである。

　こうした、女性読者がＢＬを読む際にどのような視線を向けているのかについては、堀あきこが『欲望のコード』でおこなっているＢＬを含むポルノコミック研究でも、守の論考と奇しくも共通するところが多い考察が展開されている。また『ＢＬ進化論』の著者である溝口彰子もまた、今世紀になる以前からこのことに言及しているが、もし精査すればさらに遡ることができるかもしれない。

## 第三者としての俯瞰視点では何に「萌え」ているのか

　ここでひとつポイントとなるのは、ＢＬへ向けて第三者視線を送り俯瞰的にまなざした読み解きにおいては、読者は何にどのように「萌え」ているのか、その核心はどこにあるのかということになるだろう。「萌え」るとは、ＢＬなども含めたポピュラーカルチャーの創作物を消費するオーディエンスが（男女にかかわらず）、その描写内容から、自身の内から溢れ出てくるのを止められないほどの激しくエモーショナルな感情を抱くさまを、草木の芽が萌えいずる様子に喩えて表したと考えられる、いわば独特のスラングである。すなわちこの場合「攻め」と「受け」の両者による営為を、いわば神の視点から眺める読者に、並々ならぬ情動を生起させる、その源泉はいかなる事象なのだろうか。

　その答えは、やはりＢＬ作品群にフォーカスし、それらが読まれる場での読者どうしの相互作用に着目した東園子の研究の中にある。東は『宝塚・やおい、愛の読み替え』の中で「相関図消費」という概念を提示している。今日のＢＬ作品群の隆盛の歴史的ルーツには、かつて少年マンガなどの女性ファンがおこなった二次創作「やおい」があるのだが、そこでは作中の人物相関図から、任意の二者を切り取り、その２人の関係性に対して想像をめぐらせながら自分た

ち独自のアイデアを付加して再解釈するという作業が、その醍醐味だったの
だという。つまり原典では特段の恋人関係ではない（一昔前の少年マンガの男
性キャラクターどうしが恋人だという設定はめったにない）2人に対して深く親密
な関係性を見出して、そこに性行為も含めた描写をアイデアを凝らして創作し
提示し合うという知的なゲームが「やおい」であり、その真髄こそが特定登場
人物どうしの関係性にフォーカスし、その親密度の推移や互いの心の襞の動き
等々を味わう「相関図消費」だったとするのが東の分析である。

　筆者の知人のＢＬ小説作家もまた、作風や掲載媒体ごとの読者のニーズに
よっては性行為そのものの描写も決して軽視できない重要な要素であるものの、
登場人物どうしが互いの関係性をめぐって織り成す心の内面、その複雑な葛藤
の様子など、いわゆるキャラの心情をめぐる描写が、創作上の最も心を砕くポ
イントであると語る。いわば、性行為自体よりも、その背景としての人間ドラ
マこそが読者に求められているということである。

　こうした点が近年では意識されてか、広義のＢＬ作品であっても、登場人物
どうしが性的な関係にならない・性行為描写もないような作品も一定の地位を
占めているともいう。もとより「やおい」として二次創作される過程で性行為
描写は付加されたとはいえ、本来は元の作品にファンが魅力を感じたのは、少
年マンガであれば「友情・努力・勝利」の物語を通じた「男どうしの熱い絆」
である面も大きいだろう。

　この傾向は、男女二元的に言うならＢＬとちょうど対称の位置にあると考え
られる「百合」作品群であれば、より顕著であり、昨今の百合においては直接
的な性行為描写よりも、女性登場人物どうしの関係性を核としたドラマトゥル
ギーに読解の主眼が置かれることが主流化していると言える。明示的なエロ
ティックさは後景化して、登場人物間の親密性にかかわる物語進行のほうがメ
インに据えられるわけである。

　いずれにしてもこれらのことから、登場人物どうしの関係性自体が「萌え」
の対象になることがあるというのは疑いがないし、ＢＬ研究にて指摘された
「第三者としての俯瞰視点で読み解く読者」が、登場人物らの複雑にあやなさ
れた親密な関係性の相互作用に見出される物語をよすがとして感情移入してい
ると見るのも妥当だと思われる。

## 筆者とＢＬ読者がポルノへの視点で一致する

　女性がポルノを読み、そして今日において女性向けポルノグラフィとして機能しているＢＬ作品群の読み解きには複数の視点の置き方があり、中でも登場人物間の関係性に着目する読解は特徴的であったことは、それ自体も重要な知見である。そしてこれらが、先のホルモン操作後の筆者のマスターベーションが変化した結果のポルノグラフィへの向き合い方と突き合わせると、興味深いことに思いのほか顕著な符合が見出せることもまた間違いない。

　ホルモン操作を経て、女性登場人物のほうに自身の存在を重ねて感情移入することが前面に出てきたのは「受け」同一化視点。そして女性登場人物複数間の関係性をめぐる物語を読み解いて妄想を展開し、そこに性的ファンタジーを組み込むことで性的感情の刺激とする方法は、まさしく俯瞰視点での「相関図消費」であり、登場人物間の関係性に「萌え」ていたことに他ならない。

　あるいは以前の筆者が男性向けポルノグラフィを見るときには男性登場人物に自分を仮託しようとしていたのは「攻め」同一化視点だったと言えるかもしれないが、一方でホルモン操作後の時点でも、男性向けポルノグラフィとして制作されたものか、衣料量販店のチラシのようなものも含めた何らかの「百合」的な要素を持つ表現物かを問わず、複数の女性登場人物を俯瞰する際にはそのうちの誰かに「攻め」的な役割を設定して関係性の物語を架構する場合もあるとすると、男性向けポルノグラフィの制作や消費の場にある各種のしがらみさえ外されれば、「攻め」同一化視点もまた、女性の立場で感情移入する性的ファンタジーのバリエーションを豊富にするうえで大いに活用されうるものだったと言えるかもしれない。

　したがって、ホルモン操作後の筆者がポルノグラフィとなりうる各種媒体に対峙するときのスタンスは、一般的な女性読者がＢＬ作品群を読み解く際のそれと、きわめて酷似していたのだと言える。となれば、ホルモン操作後の筆者はやはり女性視点でポルノを読むようになった、そういうふうに変化したのだと捉えられるところは、たしかにあるだろう。

　このことは、さてどのように考察すればよいのだろうか。

　一般的なネイティブ女性であれ、ＭｔＦトランスジェンダーであれ、射精を

めぐる身体衝動に影響されない身体的セクシュアリティを持つ者がポルノグラフィに向かうスタンスはこのようになる、というある程度の共通性があるということなのだろうか？

　あるいは、それ以前の前提として、男性ホモソーシャルの規範から距離が取れていて、自身のセクシュアリティ探求への発想が自由になっていることもあるのかもしれない。女性に対する所有・優越・支配の欲求を称揚し、その確実な実践の度合いが内部での評価基準となるなどの、男性ジェンダーで生きる者にはなかなか避けがたい男性ホモソーシャルの規範を内面化していては、自分のセクシュアリティの捉え方も狭い範囲に囚われてしまうのも必然だろうから。

## じつは関係性に「萌え」る男性は台頭している

　むろん、間違っても「男はポルノを見る、女はポルノを読む」のような単純に過ぎる二元論に話を回収させてはならない（守如子も自著のタイトルがそうした対句的なニュアンスを意図したものではないと、以前筆者は本人から直接聞いている）。

　もとより多くの男性身体で男性ジェンダーを生きる人の間には女性化願望が広範に潜在しているのだとするなら、そうした人々がポルノグラフィに対しても専ら「攻め」同一化視点、つまりこの場合だと男性登場人物にのみ感情移入する形で向き合っているとは、むしろ考えがたい。東浩紀編『網状言論F改』内の「セクシュアリティの変容」で永山薫が述べている例をはじめ、男性が各種の表現物中の女性キャラクターに自分を同一化させて読んでいる可能性はほうぼうで指摘されている。

　さらには、ここ数年のアニメなどに含まれる百合要素に対しては、男性ファンによる「相関図消費」も目立って台頭してきていると言えよう。

　泉伸行は『ユリイカ 2016 年 9 月臨時増刊号　総特集＝アイドルアニメ』に寄せた論考の中で、メディアミックス展開されている人気シリーズ「アイドルマスター」が 2011 年にアニメ化された際には、男性視聴者が作中のプロデューサー役の男性登場人物に感情移入し、作中の特定の女性アイドルと特別な関係を結ぶことを夢想できるつくりになっていたのが、2015 年にアニメ化された新シリーズ『アイドルマスター シンデレラガールズ』では、そうした

プロデューサー役男性登場人物の存在まで含めて作中の人物相関図を俯瞰し、ユニット結成エピソードなどを通じて女性アイドルどうしのさまざまな人間関係のダイナミズムに第三者視点で接することを促す構成だったと指摘している。泉はこうした遷移の理由として、インターネットの発達による視聴環境の変化を挙げているが、それも含めた大きな変動が、これらポピュラーカルチャーのコンテンツのオーディエンスの中に男女を問わず今まさに起きている可能性も展望はできるだろう。

　男性ファンによる女性主人公コンテンツへの「相関図消費」の台頭が、広範に潜在している女性化願望を無意識に持つ男性らによる、いわば「女の友情ってステキねぇ」という憧憬の発露であるとしたら、かつてはそうした「本音」の吐露が厳重に隠蔽され、そのために（「やおい」として二次創作される原典となったような）熱い「男同士の絆」の物語を描いたコンテンツ群だけが前景化され、女性のほうをして「男の友情ってステキねぇ」と言わしめていた時代と引き比べて、これはフェミニズムの観点からも大いに評価できるものだろう。

　ともあれ、ポルノに向き合う視点として「攻め」同一化視点、「受け」同一化視点、俯瞰する視点があり、そのいずれであろうと、すべてを誰もが自由に使い分けてよいのだということは、広く世に知らしめられたいところである。

## 性的な嗜好はやはり単純に割り切れない

　以上のように、筆者のホルモン操作によって生じた変化は、この社会の人々の、性的衝動、性的ファンタジー、ポルノへ向ける視線や親密欲求といったものの深層とつながっていることが考察された。

　むろん、今回のホルモン操作を通じて得られたデータだけで、どれほどの敷衍が可能なのかについては留保が必要である。もとよりセクシュアリティはひとりひとり異なるのだという前提からすれば当然に、こうした考察を通じて整理された知見もまた、人を類型に押し込めるものであってはならず、あくまでも多様性を捉える補助線にすぎないことには注意を払い続けなければならないだろう。

　そのうえでひとつ確実に言えるのは、身体衝動であれメンタルな願望であれ、性行為や性的親密欲求にかかわる選好や情動といったものは、他のさまざまな

事柄がそうであるように、やはり単純に女か男かという指標で二分はできないということだろう。性差の身体的本質主義に還元しきれるものでも到底なく、社会的文化的なジェンダー区分によって構築された性別概念さえ超越していた。

　そして、そのように男女二項対立的な囚われから自由になることで、より豊かで、ひとりひとりにとって充実した性のスタイルも追求が可能となるのではないか。以て誰もが性的に疎外されることなく充足される世界が実現されうる展望も開けてくるだろう。本稿がその一助になれば幸いである。


## 4　美容整形とどこが違うのか

### ホルモンの成果の核心は「自己満足」

　さて、本章にて見てきた身体改造としてのホルモン操作であるが、そのおもな成果が、体毛の減少、乳房の膨らみ、性的欲求にかかわる変化の3点であったことはすでに述べているとおりである。それらがトランスジェンダー生活に対して利得をもたらすものだった側面が大きいこともまた間違いない。

　だが筆者のホルモン操作の記録を見直すと、これらの成果は、社会生活における対人コミュニケーションの場で画期的な改革をもたらすものというよりは、いずれも自己の内面の変化であり、第一義的には自分自身の身体に対する性的な自己満足の増大をもたらすものとして機能していたとも言える。

　体毛が減少した意義の重心は、自分自身の身体に対する満足度が向上したことのほうにあった。乳房も、他者からの外見上のことよりも、多少はふくよかになった胸のラインを見て、自らが喜ばしく思えるところに意味があった。性的欲求についても、射精衝動の支配から逃れられたことによって性的実存として安寧が得られ、自己の内的充足につながったことが大きかった。

　記録の中にも次のような一節がある。


　2008/06/14
　ともあれ、身体改造のキモは、自分自身の性的満足にあるのかも!?

　精神的あるいはその他の何らかの要素について充足され満足がいく状態になったことを「自己満足」と呼ぶことにするなら、こうしたホルモン操作による身体改造の成果の核にあったものは、まさに「自己満足」に他ならないだろう。

## 美容整形も「自己満足」

　興味深いことに、身体改造の核心に「自己満足」があるという分析は、谷本奈穂の『美容整形と化粧の社会学』で展開されている美容整形についての研究結果と奇しくも一致する。

　谷本は学生を対象におこなったアンケート調査で、髪や爪に手を加えたり美顔や美肌のケアをおこなうような一般的な身体加工と、いわゆる美容整形の範疇に入るとされる身体加工に分けて、それぞれをおこなう際の理由となるものを問うている。その結果、いずれにおいても最多の回答が「自己満足」であった。

　次いで谷本は美容整形の体験者へのインタビュー調査に移るが、そこでもインタビュイーの語りの中に「自己満足」に相当する内容が頻出する様子を紹介している。特に、手術部位の整形前後での変化が他者から見て顕著でないケースでも、整形体験者が大いに「満足」を感じているように語る事例などは注目に値する。

　むろん「自己満足」の中身についての慎重な検討は必要だ。谷本もその点には言及しつつ、しかしそうした語句が回答されること自体に着目する重要性を述べている。谷本は「自己満足」は「動機の語彙」であり、それが理由として許容される社会的な背景が肝要だろうと考えるが、その点が性別違和に起因する身体改造とどのように対照できるかも注意すべき点だろう。

　C.W. ミルズから連なる「動機の語彙」論にあらためて鑑みれば、性別違和を持つトランスジェンダーがホルモン操作や性別適合手術を受ける場合の動機もまた、世間一般が理解可能で納得しやすい言葉に変換されて語られていると捉えられる。しかしその際「動機の語彙」として選ばれる言辞は、ありがちな典型例としては「心と身体の性別の不一致を解消する」や「身も心も望む性別

になる」などであり、少なくとも「自己満足」ではない。

　だが一方で、身体改造・身体加工の成果の要にあるものが、髪や爪などの身体加工から美容整形までの一般的身体改造と、今般のホルモン操作や、おそらくは（次章で扱うが）性別適合手術の結果に共通して「自己満足」であるというのは、単なる偶然ではないのではないか。すなわち、おそらくは両者の社会的位相が思いのほか近いことを示しているのではないだろうか。

## 美容整形との間を分かつもの

　筆者はかつて『性同一性障害の社会学』でも、トランスジェンダーと性別適合手術について暫定的に考察した中で、人が自分の理想の身体に近づこうとするとき、それが最も適切で妥当な方法と判断されたときに外科的な手術も含む医学的な措置を求めるが、その点では性別適合手術も一般の美容形成手術も、本質的には同じ次元にあると述べた。性器を基準に人を男女のいずれかに分類しその境界線を越えることを簡単には認めない現行社会が、性別適合手術に一般の美容形成以上の意味合いを付与してしまっているのだとも。

　この考察内容は、基本的には現時点でも翻っていない。現行の社会体制は、人を「女」「男」という性別指標（とされるもの）で二元的に分断し、そこに異性愛規範を加味することで秩序づけられている。それが非常に強固であるがゆえに、ホルモン操作や性別適合手術といった性別越境を企図した身体改造には、一般的な美容整形とは異なる社会的意味づけが付与されるのだという視角は重要だ。

　だとすると、この機会に性別越境を企図したセクシュアリティにかかわる身体改造と一般的な美容整形とを対照しておくことは有意義となる。はたして、両者の差異はどのように構成され、あるいはその深層を究めることによってどのような共通点が見出せるのであろうか。

　谷本の『美容整形と化粧の社会学』をひもときながら、順に見てみよう。

## 身体加工の社会的意味

　まず谷本は、冒頭での確認として、すでに私たちの周囲ではさまざまな身体加工が一般化していることを述べている。髪の色を変えたりパーマをかけるこ

とは今どきごく標準的な行為であるし、ネイルアートなどもさかんである。ダイエットは一度ならず挑戦した人も多いだろうし、エステティックサロンやスポーツジムに通うこともまた身体改造の一種と考えられよう。たしかにそうしたことも範疇に含めれば身体加工・身体改造とは誰もが体験しうるものとなっている。

　また谷本は、各種の身体加工・身体改造が社会的な文脈と不可分であることも確認している。例えばタトゥーが魔除けなどの呪術とかかわったものなのか、同質集団の紐帯を象徴するものなのか、あるいは流行りのファッションにすぎないのかは、地域や時代などによって異なる。身体を改変した事実が提示されることへの、その社会での見方がいかなるものかは社会環境に依存するし、身体加工・身体改造の有無にかかわらず、各々の身体状況に対する社会としての意味づけは、その社会の価値規準に左右されるものなのである。このことは、身体的な性別違和を構成する要素として社会による意味づけがあった（本章第2節）ことを思い返すなら、当然に美容整形のみならず性別適合手術などにも共通して関係してくることであると言えよう。

　谷本は先行研究にも目を配りつつ、これら身体加工・身体改造や身体そのものが「社会によって意味づけられ、位置づけられている」ことを指摘し、さらに「逆に考えると『どういった意味づけによって身体加工を行うか』を検討することで、当該の『社会』を透かし見ることができる」「その社会を生きる人々のアイデンティティのあり方も浮き彫りにできるかも」とも述べている。

　そのうえで谷本はその前後の部分で、情報誌の記事などでは美容外科の各種サービスがファッショナブルなカフェへ行くのと同列の趣で紹介されていることを引きながら、少なくとも1990年代から雑誌でのこうした扱いは目立つものとなっており、現代では身体に手を加えることがすこぶる一般化し、意識がカジュアルに変わってきているのだろうと言う。身体にメスを入れる美容整形も今日では相応に許容される度合いが上がっているのは、こうした社会的な背景と不可分だろう。

　これらの「カジュアル化」は、ホルモン操作や性別適合手術を多くのトランスジェンダーが望んだり、あるいは社会のほうがそれらをするようトランスジェンダーに要求したりすることと、一定の範囲が重なっているだろうと考察

することは容易である。

## 美容整形をめぐる否定的言説

　次に谷本は多くの先行研究に当たることで、美容整形をめぐるさまざまな言説を、歴史的にふり返っている。古くは美容整形に対する捉え方の多くが否定的なものであったことが詳らかにされている。

　日本でも「親からもらった身体に傷をつける」ことのタブー感は根強い。儒教的な宗教観である。同様に、キリスト教圏では神が造りたもうた身体という考えがあるようだ。

　20世紀前半の欧米では、そんな状況の中でまず兵士の戦争での負傷により残った外見的な傷跡の治療として形成外科が発達したという。つまり傷病の治療という名目が整形の理由づけとして機能した、言い換えると、単なる美容のためではなく、そういった建前が必要であったわけだ。そのあたり、現代日本でもホルモン操作や性別適合手術の正規ルートは「性同一性障害という病気の治療」に位置づけられていることへと、そこはかとなく連想がはたらくところではないだろうか。

　20世紀半ばにさしかかると、美容を直接の目的とした施術にも取り組まれ始めるものの、やはり身体の美醜の問題に医療がかかわるための根拠は求められたらしい。いわく劣等感などのタームで表される概念である。劣等感という精神のトラブルを身体のありようを改変することで治そうという論理なのだろう。あるいは美しくない外見のせいで生活に支障が生じ幸福追求が阻害され異性にもモテない、その原因を除去する——。これらもまた「性同一性障害の治療」と類似するロジックだと思える。端的に言って性別適合手術を担当するセクターは美容整形と同じ形成外科である。部署としてのカルチャーや治療のコンセプトに相通ずる残滓が存在するのは、むしろ必然かもしれない。

　同時に、テレビのドキュメンタリー番組などで美容整形を受けた人に取材する場合、整形前には苦難や不幸が連続した人生がまずあり、劣等感に苛まれ、それを整形後に克服して幸福をつかむ物語として仕立てられるのが定石だとある。言うまでもなく、これもまた性的少数者を取り上げたドキュメンタリー番組で用いられる手法と同一であると強く感じられる。

　ここで谷本が釘を刺すのは、身体的に美醜の問題を抱えた人だからといって、それで苦難に直面し不幸になるのは、その身体そのものに瑕疵（かし）が内在するのではなく、学校でからかわれたり就職で差別されるなど、直接には他者からの行為に起因する点だ。そうした社会関係の中での取り扱われようが身体改造の動機となるとしたら、それは身体改造が社会的文脈の中にあるという先の話と密接につながっているだろう。

　そしてもし本当にこのような文脈での苦難や不幸の解消が美容整形の動機になっているのだとしたら、当人の身体には必ずしも改変を加えずとも、社会が変わることで身体改造の必要が解消するという側面も大となる。この「変えられるべきなのは本人の身体ではなく社会のありようのほう」という考え方が一面で成立する枠組みもまた、ホルモンや性別適合手術をめぐる問題と通底している。

## 美の神話と主体性
　ただ「社会が変わることで身体改造の必要が解消する」という主張は、生きづらさの原因をもっぱら個々人の内部に押し付けることで社会の改革が免責されるのは不当であるという訴えとしては有効だが、迂闊に強調すると本人が抱える生きづらさのリアリティを却下し、身体改造の積極的な意義・肯定的な意味の可能性までいたずらに否定する言説にも容易に回収されやすいことには注意が必要だろう。

　谷本が紹介する美容整形へ向けられてきた否定的言説の中には、同じ人が美容整形をくり返す行為を一種の依存症だというように解釈するものも見られるという。あるいは、美容整形を望むことのルッキズムとの連関も恣意的に捉えられるようで、美しい体はこうあるべきといった「美しさ規範」に沿った身体状況を求めることを美の神話に囚われているものとして断罪する向きもある。

　そういった観点が一方では重要であることは認められるべきだろう。しかし、身体改造をよからぬものと位置づけることが、当事者の主体性をないがしろにするところにまで及ぶのは、それ自体が個々人を社会的に抑圧する構造の一角を成すことであるだろう。

　谷本の論は、以後そのあたり慎重に目配りされながら進められていくことに

なる。

　そして、こうした議論の俎上から逆照射すると、やはり美容整形など美容に
かかわる身体加工と、ホルモン・性別適合手術など性にかかわる身体改造は、
かなり共通する位相にあると言えてくる。

## 美容整形への意識

　『美容整形と化粧の社会学』では、こうした身体加工と社会とのかかわりや
美容整形への否定的言説をふまえたうえで、谷本による学生へのアンケート結
果が紹介される。そしてそこで美容整形といった身体改造をおこなう理由とし
て挙がった最多のものが「自己満足」だったことは既述のとおりである。また、
「自己満足」と選択肢は分けられているが、第2位の「理想の自分に近づきた
いから」も、大枠としては同じ軸線上にある理由ではないだろうか。「劣等感
を解消するため」「異性にモテるため」的な動機は、まったくないわけではな
いとはいえ主流とはなっていない。

　谷本は回答者の他の回答とのクロス集計もおこなっていて、回答者自身の外
見が他者から高評価されることの有無による別を検証している。その結果は、
外見を他者から高評価されることがあまりない層には「劣等感解消」の理由も
残っているものの、外見が他者から高評価されがちな層は「自己満足」を挙げ
ている。これは一見たしかに当然ではあるのだろうが、重要なのは美容整形が
一般化し母数も少なくない今日の状況においては、そのメインストリームは外
見がすでに高評価される人が「理想の自分に」より近づいて「自己満足」を得
ることになっていると解せるところだろう。

　やはり「劣等感解消」「異性にモテる」は現代では美容整形の理由として主
流にはならない趨勢にあり、そのような他者からの評価よりも自分自身から見
た自己評価が身体改造の動機となっているわけである。

　これらの傾向は、谷本が美容整形の範疇にある身体改造と分けて質問した一
般的身体加工への意識から見ても地続きとなっていた。髪や爪に手を加えたり
美顔や美肌のケアをおこなうような行為もまた、「劣等感」や「モテ」を抑え
て前景化している動機として「自己満足」につながるような「理想の自分」の
実現が回答される。これはすなわち、髪型を工夫するような日常的な身体アレ

ンジの延長上で美容整形といった身体改造も認識されていることでもあるのだろう。今日的な身体意識の一端を示すものとして興味深いところである。

## ジェンダー差と異性

　谷本は回答者のジェンダー属性による差異もクロス集計していて、女子学生と男子学生の間でいくばくかの有意差が生じる項目も存在している点は紹介されている。

　美容整形の情報源として雑誌やテレビを挙げるのは女子学生に多いことなどは、メディアに接する諸々の環境が、女子学生と男子学生では異なる条件下に配置されているのだろうなと、納得できるところである。

　さらに顕著なのは「異性に好かれたいから」という理由を挙げるのが男子学生に多いことである。女子学生が同性の視線を意識したり、または自身が同性へ向けた視線がきっかけとなる理由を挙げる多さに比べると、かなりの差となっている。

　これらが動機の語彙である可能性を考慮すれば、女性は「異性に好かれたい」ことを公言しづらい立ち位置に配されがちだからではないかという解釈も成り立つ。しかし谷本は、後のインタビュー調査で得られた語りの中では男性のために整形するという動機は否定されていたことを引用し、女性が「男性にモテたい」とは言えないように社会化されているゆえの結果であると解することを戒めている。

　逆に筆者などは、むしろ男性ジェンダーに置かれている者のほうに他の理由が言いづらく、結果「異性にモテたい」が動機の語彙として好まれているのだという気もしないではない。身体を整える動機を「異性にモテたい」からと説明することが、男性ホモソーシャルの中では比較的周囲に受容されやすいという可能性はありそうではないか？

　谷本の最新の論文「美容整形というコミュニケーション」でも、じつはこのあたりはさらに詳しく究められている。

　そこでのアンケート結果では、美容について情報を交換し、外見を整えるうえでの有効なアドバイスをやり取りする相手として、女性回答者の多くが母や娘、同性の友人などを挙げていて、男性回答者との間で有意差を見せている。

さらに、美容整形を希望していたり実際に経験した女性回答者にあっては、その傾向が高まることも示されている。

　続くインタビュー調査の分析と合わせて谷本は、「身近にいる同性」とのコミュニケーションが女性にとって重要なものになっている様子を読み取り、女性どうしの日常的な関係性の中で交わされる、ファッションや化粧など美容に関する他愛のない話題の延長上に美容整形などの身体加工も立ち現れているのではないかと考察している。これは先の、日常的な身体アレンジと美容整形が地続きであったことと照応するし、そうした姿勢がおもに「女性」よって支えられていることをうかがわせるものとも言えるだろう。

　女性集団と男性集団での人間関係のジェンダー差の存在については、既存のさまざまな研究でも指摘されてきているのはあらためて言うまでもない。それらの一翼が、このように美容整形へのアプローチにも影響してくるというのは興味深い知見だ。

　これらが、ホルモン・性別適合手術などのセクシュアリティにかかわる身体改造にどのように敷衍できるかは、ここではわからない。異性・同性という概念を当てはめるのも、トランスジェンダーに対しては事情が複雑になる。しかし、少なくとも男女それぞれの属性が配置された社会的な位置づけが異なることがFtMとMtFとでの各種の相違につながっている点が多々あることに留意するための、よすがのひとつとはなるだろう。


## 周りの反応の薄さと「ビフォー／アフター」の意味

　『美容整形と化粧の社会学』でのインタビュー調査では、これらアンケート結果をふまえたうえで、実際に美容整形を体験した日本の女性インタビュイーのナラティブを分析していっている。そこでも注目されるのは、自分のために整形する、すなわち自己満足を前面に出した語りである。

　実際には整形したことを周囲には悟られることはなく、まわりの誰もがさしたる反応はしない。ごく一部の友人が「なんか感じ変わったね。メイクのやりかた変えた？」のようなことを言う程度。それでも「自分自身がうれしかった」という語りは象徴的だろう。中には自分自身でも整形前後で自分の顔がどのように変わったかは明確に認識せず、元からこんな顔だった・元の顔に味付

けしたような感じだと述べる人さえいる。

　そして整形前後での変化を語る言葉であっても、自分の根底が覆ったわけではなく、より自分らしい本当の自分になれたというような、自身の内面の変化に収斂する内容が中心だという。あるいは、一重まぶた時代は視界が狭い感じで違和感があったのが二重に直すことで解消したというような、身体感覚の更改を肯定的に受け止める声もあるようだ。

　そこには「劇的なビフォー／アフター」はない。整形手術の前と後の間を軽やかに跳躍していく様子からは、そこにライフヒストリー上の一大事としてのターニングポイントたりうるほどの重大さはうかがえない。恵まれない外見による忌まわしい日々に手術を通じて別れを告げ、生まれ変わって輝かしい新しい人生をスタートする！　……これらが、じつはどこにも実在しない、しかし一般には信じ込まれている「ビフォー／アフターの神話」ではないかとは谷本も言うところだ。

　そのうえで、手術前の身体への違和感、「本当の自分になれた」、そして「自分自身がうれしい」といった語りは、ホルモン操作や性別適合手術と対照するにあたって注目したいポイントだろう。これらのフレーズは、性別違和を持つトランスジェンダーから身体改造をめぐってしばしば発せられるものと相当に類似している。

　それも含め、以上のような、手術後の周囲の反応が薄いこと、「ビフォー／アフターの神話」、「自己満足」に集約される語りなどは、性別適合手術と重なる重要なところだと考えられる。これらについては、次章にて性別適合手術についての筆者のデータとも突き合わせながら検討を加えてみよう。

## 想像上の自己と他者

　美容整形が一般化した中では、その主要層は外見を他者から高評価されがちだったが、そのことは手術部位の変化が整形前後で他者から見て顕著でなくとも本人は大いに「自己満足」を得ていることともつながっているようだ。

　実際の他者の評価・他者からの言葉はあまり重要ではなく、あくまでも自分が自分自身に対してどう思うかが身体改造のモチベーションにつながっている様子もまた複数のインタビューの語りからうかがえる。いわば本人自身が考

える仮想的な他者からの評価をフィードバックして、本人自身が考える仮想的な自己を理想的に組み立て、その理想像に現実の身体を近づけようという取り組みと言えるのかもしれない。このあたりが、動機が「自己満足」と語られるゆえんなのではないか。

　谷本はこれらを「想像上の他者」「想像上の自己」と呼んで注目している。

　言われてみればこの「想像上の他者」「想像上の自己」は、たしかに筆者にも思い当たるところがある。性別移行時には自己イメージの中で自分の身体や外見を架構し、それに対する実際との乖離への他者からの評価を推測のうえフィードバック、そこにあるギャップをいかに埋めていくかというような作業をおこなったものである。性別移行初期には、女ものの服も化粧品も手持ちは乏しい中では、実際に装える自己像は限られている。またその時点では室内でひとりで取り組むことがおもであるので、他者からの反応は現実には受けることがなかったりもする。まずは脳内でのシミュレーションが先行するのは必然でもあるだろう。

　自分に対する他者の反応を「鏡に映った自己」として認識し、次の自己呈示にその情報を反映させることをお互いにくり返していくという、社会的相互行為の理論は社会学においてはごく馴染みのあるものだ。しかしそれが本人自身の頭の中でのシミュレーションのみでまずはひととおりおこなわれるというのは、ある意味これまでは顧みられなかった視点だと見受けられる。

　すなわち「想像上の他者」「想像上の自己」という概念は、本人と現実の生身の他者との関係性の間に位置する内的世界とでも言えるものなのだが、個々人の社会関係においては、実際の自己と他者のやり取りにおけるある種のバッファとして、じつは大きな役割を果たしているのではないか？

　そしてそうしたコミュニケーションの仕様は、こと美容整形の動機づけにかかわる要素に限らず、人間関係のさまざまな局面に幅広くかかわっているという推量も成り立つ。すなわち「性別」をめぐる対人関係にも大きな役割を果たしているとすると、トランスジェンダーの性別呈示実践でも、この「想像上の自己と他者」概念は無視できないものだとも考えられよう。

## リアルとバーチャルの間

　この、現実の生身の自己と他者に対置される「想像上の自己と他者」というのは、リアルとバーチャルの位置関係とパラレルにあると筆者には考えられる。

　インタビューでは「プリクラ」で撮影された自分の写真の写りが気に入らないと、いかに写実的に写っていてもそれは不要なものとなり、納得のいく写りのお気に入りのショットこそがまさに自分を表すにふさわしいものとなるというエピソードも紹介されている。そして整形前は気に入らない写りのことが多かったが、整形後は好ましく写ったと思えることが増え、プリクラや写真全般が楽しくなり、プリクラを利用する頻度も上がったという。

　この場合、実際の生身の自分の容姿よりもプリクラ写真に写った自分の姿という、いわばバーチャルな自分の重要性が高いということになるが、これが「想像上の自己」と対応するのではないだろうか。

　なお「プリクラ」とはゲームセンターに設置された写真シール機とユーザーがそれを利用して自分たちを撮影してプリントアウトした写真シールを意味し（谷本も注釈しているが）厳密には商標だが事実上一般名詞化している状況なのは言うまでもないだろうか。

　『美容整形と化粧の社会学』は 2008 年の初版なのだが、それ以後もこれら「プリクラ」など写真シール機は進化を続けている。自動的に美肌に補正されたり目元をパッチリと修正してくれるような機能も向上し、広く利用されているようだ。そうして撮影されプリントアウトされた写真シールは、もはや明らかに写実の域を逸脱していて、むしろ利用者の元の生身の実態からはかけはなれたフィクションだったりもするのだが、そちらのほうが本人らにとっては自分を表す写像としてリアリティがあるというようなこともあるのかもしれない。

　近年ではスマートフォンで利用するカメラや写真にかかわるアプリケーションソフトにも、こうした機能は搭載されており、より手軽に身近なものとなっているだろう。同時に、それはモバイルコンピューティングが普及しコミュニケーションの基幹に位置づいている時代でもあるので、そうやって撮影された写真がインターネット上のソーシャルネットワークサービスにおいてプロフィールの写真に用いられアカウントのアイコンとして使われることも珍しくない。

　つまるところ、そのように加工された自己像こそが「本当の自分」として、コミュニケーションの場に流通する。それらがすなわち「想像上の自己」が投影されたものだと考えると、非常に腑に落ちるところだろう。逆に、加工されたプリクラ写真での自分の写り方が「想像上の自己」へフィードバックされることもまたあるかもしれない。

　ビデオゲームではプレイヤーがサイバーな作中世界で行動するうえでのアバターが設定される場合が一般的だが、それらのゲームがコンピューターネットワークを活用したタイプの場合、アバターは他のプレイヤーからの見られる自分自身として機能する。そこにもやはり「想像上の自己」は投影されると考えるのは自然であるが、この場合アバターはコンピューターグラフィックの所産であるので、もはやプレイヤーの元の生身の身体とは無関係にデザイン可能である。実際、現実世界での年齢や性別とは異なる意匠をアバターに施しているプレイヤーも多いと聞く。仮想空間で「性別を変える」ことが性別違和の有無にかかわらず相応のニーズがあり、現に一般化してきている、その実相は、それ単体で検証されるべきテーマとして成り立つだろう。

　このように2008年以降いっそう身近なものになってきているサイバーな仮想世界での「バーチャルな自己」のコーディネートという事象であるが、そこに「想像上の自己」の件を当てはめることで、一定のパースペクティブが成立するのはたしかだろう。谷本の美容整形についての研究で得られた知見は、これらとかなり地続きになっているのではないだろうか。

　バーチャル空間でのアバターのコーディネートされ具合に投影されたものこそ、まさに究極の「想像上の自己」であり、そこに実在の肉体に左右されない理想の自己像があるのだとすれば、例えば美容整形は理想の自己像と実在の肉体の現実をすり合わせて折り合いをつける作業だと考察することも、逆説的に説得力をもってできてこよう。その延長上に「性別」もあるとすれば、これはなかなか示唆に富んでくる。

## ちゃんと化粧したい・この水着が着たい

　谷本のインタビュー調査では、こうした「想像上の自己と他者」のせめぎあいと、実際の生身の身体の改造へのインセンティブを媒介するものとして、

「モノの影響力」をうかがわせる声も拾われている。

　脚のレーザー脱毛をおこなったというインタビュイーが、直接的なきっかけとしてミニスカートやショートパンツなど脚を見せるボトムを履きたかったからと語る事例や、豊胸術を受けたのがカワイイ水着をカッコよく着こなしたかったからだというものもある。施術後はそれらを着こなすことが楽しくなり、ファッションへのスタンスが積極的になったとも語られる。

　あるいは二重まぶたへの整形が、自分が望む化粧をちゃんとしたい・自分がやりたいメイク方法に対応した目元にしたいという願望に後押しされて実行に踏み切られるケースも紹介されている。この場合も施術の後は化粧が楽しくなり、メイク方法のバリエーションが広がり、手元に揃える化粧用品の種類も増えたという。

　このような動機が美容整形にあるとすれば、それは単に流行のファッションに踊らされているだけではないかという指摘も成り立つ。しかしそうした側面にも留意は必要なものの、そうやって流行にも対応できる自分を「想像上の自己と他者」のやりとりにおいて肯定的に自覚でき、以て実際の社会関係の質も向上することが、まさに「自己満足」として語られるというのが谷本の分析だと読める。以前は流行への関心自体が薄かったのが、身体改造によって興味を持つようになったという語りもある。

　そしてそれをふまえて、この「この服が着たい」「ちゃんと化粧したい」などを、セクシュアリティにかかわる身体改造と引き比べると、やはりかなり類似していると言えよう。

　ＦｔＭでもＭｔＦでも、着たい服が似合うような身体になりたいという願望は当然にある。現状はそれが叶わないという事実が身体的な性別違和を構成することもまたありえる。しかしてそのことがホルモン、ひいては性別適合手術へのモチベーションにつながることは自然な流れである。

　ＭｔＦの場合、脚のムダ毛処理はネイティブ女性以上に切実であり、その問題と身体改造の動機づけとの間を媒介するアイテムとしてミニスカートやショートパンツの位置づけが非常に大きいことも想像に難くない。化粧の仕上がりを向上させたいことが、髭の低減や肌質改善を期してホルモン操作を欲させることも同様である。

　望みの性別での自己表現を始めたことで、従前は深い諦念の中で生きてきていたのが、多少なりとも自分が考える理想の自分に近づく方向での装いが実現可能となり、それが身体改造を後押ししたり、身体改造の結果としてのレベル向上がさらにそれを亢進させ、俄然おしゃれが楽しいものとなり、ファッション全般に関心が高まるということもまたある。

## アイプチから整形へ

　谷本は二重まぶたへの整形体験者における「アイプチ」の存在にも注目している。二重まぶたへの整形体験者の多くが、それ以前は「アイプチ」による暫定的な二重まぶたの自分を経験していて、それが整形に踏み切るきっかけになっているようにも語られているようなのである。

　「アイプチ」とは（これも厳密には商標だが類似品も包括した一般名詞的な位置づけになっている）糊状の化粧品で、まぶたの皮膚に用いることで一重まぶたを二重のように固定するものである。これを使用して一時的に二重まぶたの自分の顔を体験し、そのほうが好ましいと思うようになる、すなわち「想像上の自己」により近い理想の自分は二重まぶたの自分だと認識すると、以前は特に何も考えていなかった体験者であっても、これを契機に常に二重まぶたにしておきたいと欲するようになるという。とはいえ「アイプチ」はあくまでも糊。いつのまにか剝がれていることもあるのを、常に気にかけるストレスは小さくない。そもそも一日を終えて洗い流せば取れてしまい元に戻る暫定的なものでしかない。毎日の化粧の一環としていちいち施すのも面倒である。その部分へのアイメイクにも制約がともなって気を遣わざるをえない。そこで浮上するのが、それならいっそ整形で恒常的な二重まぶたにしてしまおうという発想だということのようだ。

　この「アイプチから整形へ」という流れは、道具を用いた代替的な措置を経て、医学に立脚した恒久的施術へ進むという順序でもあるが、これもまたホルモン操作や性別適合手術との相同性がうかがえる点であろう。

　異性装を開始した当初は、例えばMtFは胸はパッドを詰めることで見かけを整えたりもする。そしてやがてそれに基づいた外見こそが自分にとってふさわしい、つまり「想像上の自己」に見合ったものと思えるようになると、パッ

ドに依拠しない肉体としての胸が願望されるようになる。そこでホルモンをしてみようかという検討にも至るという経過をたどることは珍しくないだろう。補正下着でペニスを押さえ込んで服を着ることが日常化することで、補正下着によるイレギュラーな矯正への疎ましさが自覚され、ペニスの除去、すなわち性別適合手術を望む度合いが増すようなことも同様だ。

　あるいは、ホルモン操作の結果として起きた身体の変化を機に、さらに性別適合手術へ進む流れもまた同じベクトルにあると言えるだろう。

　加えて確認しておくべきは、そもそも「アイプチ」といった道具手段や美容整形などにせよホルモン操作や性別適合手術にせよ、それが今日において技術的な担保のもとに可能なものたらしめられているからこそ希望されるという共通項である。

　何らかの道具手段によって「できる」ことを知る。その先にも、より上位互換的な手段によって「できる」技術が存在し、それを選ぶことが「できる」——。技術的に可能であり、それが「できる」からこそ望まれうる。できないことであれば「しなくてもよい」し、「できる」ことであるがゆえにしないといけないのではないかという苦悩もまた生まれるのである。技術の発展が人の身体のありように大きくかかわってくる状況があることは、谷本も着目しているところなのである。

## 身体のマイナーチェンジという自己表現

　谷本の研究では、ここまでをふまえた考察として、各インタビュイーの身体観について、整形実践は元の身体の否定ではなく、また「想像」の中にある理想への過度の依存でもなく、むろん他者からの評価や流行への盲従でもなく、ある種の「身体のマイナーチェンジ」を通じた自己表現である様子を読み取ってもいる。

　整形実践者のボリュームゾーンは、元の状態がすでに他者から高評価される外見の者であったが、その場合、美容整形は元の状態にさらなる価値を付加する行為であり、そのバリエーションを楽しみながら試行するくり返しに意義があるのだとも言えるだろう。いわゆる整形などが、まずもって髪や爪に手を加えたり美顔や美肌といったところからの連続性が高いこととも、これは辻褄が

合う。

　この「身体のマイナーチェンジ」とつながってくるが、谷本の分析で、あとひとつ興味深いポイントを挙げるなら、身体加工の実践者が身体を加工する行為そのものに意味を見出し、自身の身体の変化自体を楽しむような態度を示す点を抽出しているところだろう。

　例えば前述の「アイプチ」であれば、当初はまぶたを二重に加工する行為が楽しく、そして自分の顔の二重まぶたへの変化が楽しく、それが整形によって恒久化するという変化が楽しいという、一連の状況の遷移自体が意味を持っているということになる。

　谷本が資料として入手したという、とある大学の実習で学生達自身によって作成された美容整形についてのアンケートでは、整形の理由を問う選択肢の中に「今の顔に飽きたから」や「1回くらい経験してみたい」というものがあるという。すなわちそうした理由を整形の動機としてありうるものとして思いつくほど、学生たちにとってはじゅうぶんにリアリティを持っているということなのだろう。

## 加工する行為そのものの意味、変化自体の楽しさ

　そこには、ひとところにとどまるよりは「変わること」を志向する姿勢が、それくらい若い世代の間で称揚されている一面が見て取れる。となれば、自己表現の一環として変化を演出することも、ある種のパフォーマンスとして位置づけられたりすることに不思議はない。「変わること」自体に価値を見出しているならば、たとえ誰かに気づかれて肯定的評価で明示的に承認されることがなくとも、そこに必要十分な「自己満足」が得られることとも辻褄は合う。

　そしてこれらもまたセクシュアリティにかかわる身体改造の場合と通ずるものは大いに感じられる。

　筆者のホルモン記録を読み直しても、ホルモン開始にともなって自分の身体に次々と引き起こる各種の変化の数々に対して、行間からは何やらドキドキわくわく感が伝わってくる。当時は間違いなく自らの身体が変化していくことが自覚されることに一種の「ときめき」があった。変化していることそのものが楽しかったわけだ。その意味では、本稿を執筆している現時点などは状況が落

ち着いてしまっていて、もはや大した感慨もないとも言える。

　こうしたことは、身体改造に限らず、社会的文化的なオペレーションも含めた性別移行の全体についても該当するだろう。性別移行を試行錯誤し、望みの性別での社会生活の経験値を集中的に獲得している最中は、たしかに不安定な状況に位置するがゆえのストレスもあるが、少しずつ望みの性別での生活に必要な知識・経験を増やし、しだいに自然にふるまえるようになっていく変化の日々は、やはり後からふりかえると楽しかったものとして記憶されている一面は否定できない。昨日は女性として買い物ができた。スカートをゲットした。今日は女性として外食をした。店員さんとフツーに会話できた。女性として仕事も決まった。名前も変えた。新しい名前で銀行口座やカードもつくった。明日は女性として運転免許の更新に行こう……。

　美容整形をめぐる言説には「ビフォー／アフターの神話」があったが、すなわち一般的には「ビフォー」の状態が更改された後であるところの「アフター」の状態にこそ意味があると信じられていた。しかしそうではなく、動的なアクションとしての身体改造の試み、つまり一定の方向付けにしたがって変化し続けていること自体に、社会へ向けての自己呈示として、じつは意味があったとすれば、これは重要な視点の転換ともなるだろう。これら、変化しているという状況そのものが内包するパフォーマティビティに意味があるという視点もまた、身体改造や、あるいは身体改造はともなわない何らかの自己改革であっても、その深層をひもとくうえで非常に重要なものとして留意したいところだろう。

## アイデンティティと身体

　さて、ここまで見てきたように、美容整形などの身体改造と、ホルモン操作や性別適合手術といったセクシュアリティにかかわる身体改造には、一定の相同性があった。それらを突き詰めると、さてどのような共通項に行き当たるだろうか。本節を俯瞰する限りでは、それは結局は身体とアイデンティティの関係にまつわる案件なのではないだろうか。

　谷本も調査結果をもとに展開している考察で、身体とアイデンティティについては相応に掘り下げようと試みている。特段の手を加えない生まれつきの身

体に合わせて常にアイデンティティが安定するわけではないし、そうあること
が理想と決めつけられるものでもない。しかし本節で見てきたことを当てはめ
れば、「身体を変えることで自分が変わる」というものでも必ずしもなくもな
く、かといって「自分の内面に合わせて身体を作り変える」というものだけで
すべてが説明できるわけでもなかった。心と身体を二項対立的に捉え、アイデ
ンティティはそのいずれに基づくのかという問題設定自体が実状にそぐわない。
それよりもむしろ、身体があり、自己の心の内的な世界があり、それをとりま
く他者やソーシャルネットワークシステムや各種の商品・サービスや医療・技
術といった社会環境があり、その相互作用のもとでの自己表現の実践の全体像
にアイデンティティが宿ると考えるのが、今般の一連の知見には適合的ではな
いか。

　ジェンダーアイデンティティが生まれつきの身体のみにもっぱら紐づくわけ
でもないし、心の性別こそがジェンダーアイデンティティという理解もまた単
純に過ぎる。社会関係のせめぎあいの中に「性別」があり、その中に自己呈示
を構成する一要素であるところの身体の問題も包含されている。そう考えるこ
とで、ホルモン操作や性別適合手術と一般的な美容整形などとの間にある相同
性の核心もまた浮かび上がる。しこうして両者に本質的な差異がないことも根
拠付けられるようになるだろう。

　身体改造がアイデンティティに身体を合わせるオペレーションである側面は
否定できない。だがそれが、ごく単純に改造の事後の状態が理想の完全体であ
り、それを獲得することで企図が完成することを意味するわけでもない。身体
状況というパラメーターを操作することで、自己のアイデンティティを社会的
文脈の中へ理想とする意図どおりに位置づけようとする実践という、きわめて
高度な関係性のコントロールなのではないだろうか。このことは、次章で性別
適合手術について検討していく際にも、忘れず基底に置いて留意していきたい
ところである。

## 身体改造は自身の満足のためであるべき

　以上のように、谷本奈穂による『美容整形と化粧の社会学』を参照しながら、
一般的な美容整形と性別越境を企図したセクシュアリティにかかわる身体改造

とを俯瞰的に視界に収めてみた。

　さまざまな共通性が複数の観点から確認されたにとどまらず、各種の有用な知見もあらためて得られた。一方で、両者を分かつものが何かとなると、今般の作業を通じて特に言えることが増えたということは本質的には見当たらない。結局は筆者が『性同一性障害の社会学』で述べた、性器を基準に人を「男」「女」のいずれかに分類し、その境界線を越えることを簡単には認めない社会構造が、ホルモン操作や性別適合手術による身体改造に単なる美容整形以上の社会的意味づけを付与しているのだという推論が、すでにすべてを語っていた感もある。

　動機の語彙としての「自己満足」は性別適合手術では出にくいことが、美容整形との社会的位置づけの差異を象徴しているところなのかもしれないが、両方に共通してその核心にあるのが「自己満足」という点は再確認され、その内実にも多少なりとも踏み込むことができた。

　身体改造が、自分に対する自身の満足のためであるというのは、むしろそうあるべきであるだろう。社会的価値観に自己を合わさせられているのではなく、実際の社会関係の中の他者からの反応に逐一振り回されるのでもなく、「身体改造によって生まれ変わった！」というようなビフォー／アフターの神話さえ跳び越えて、より自分が納得のいく身体、よりセクシーだと思える身体、よりなりたい自分像に近い身体を追求することは、じゅうぶんに主体性を保った行為である。それらの社会的な背景に対しては一定の慎重さは確保しつつも、身体改造によって希望が実現されることは悪いことではないと捉えるべきことは、共通認識として望まれる。

　これらをふまえて、次章ではいよいよ性別適合手術について見ていくことにしたい。

# 第3章　性別適合手術で何が変わり何が変わらないのか

## 1　性別適合手術の実相

**本章の構成**

　さて、それでは本章では筆者がホルモン操作を経た後の、いよいよ受けることになった性別適合手術の記録に沿って話を進めていこう。さしずめ「性別適合手術編」となるわけである。

　記録は引き続き、筆者が適宜書き留めたものを参与観察データとして用いる。2010年12月の本手術前後の期間、およそ1年にわたっての、実状や心情、その他各種の変化など気が付いた点が綴られているものである。普遍性・客観性やMtFのケースへの偏りなどへの留保は必要な点や、逆にリアルタイムでの本人による直接的な記録であるためインタビューを通じたニュアンスの変質がないなどのメリットは「ホルモン編」と同様である。

　本章の構成は、「ホルモン編」であった第2章とは若干パターンを異にして、まずは性別適合手術そのものの実相を分析する第1節である本節、および身体感覚の更改にともなって発見された「身体性とジェンダー」をめぐる事象について考察する第2節、外性器まわりの状態更新によって起こる性感の変容をセクシュアリティにかかわるイシューとして論じる第3節のそれぞれについて、これら記録の中から各節に関連するものを随時抜粋しながら書き進めていく。

　その後の第4節では、そこまでをふまえて「身体」と「性別」とのかかわりについて総括することを期している。

**本章における性別適合手術事例の確認**

　筆者が受けることになった性別適合手術は、性同一性障害自体の診断や身体「治療」の適応判定は大阪の大学病院の専門外来にて既済で、ホルモン操作も進められていたのを受けて、大学病院による紹介状を持参し、中京地方の実績

のある美容外科にて実施するものであった。トータルで国内の性同一性障害治療ガイドラインに則った形になっている。

　この美容外科だけでも基本的にワンストップで、最初の受診から診断を経て性別適合手術までおこなえる態勢は取られているが、総合病院でないことによる制約もあるし、受診者が中京圏在住でなければ頻繁に通う時間的金銭的コストは大となる。また筆者の地元の大阪の大学病院では性同一性障害の専門外来は設けられている一方で、諸般の事情から性別適合手術は現時点では実施されていない。日本国内ではこのように態勢が確立していないために、今般の筆者のような変則的な形式は珍しくないようだ。いわば大学病院が執刀のみ美容外科にアウトソーシングするようなものである。タイなど国外の医療機関で手術を受ける場合も大枠としては同様だろう。筆者の場合はまだしも地元の大学病院に専門外来があったが、性別違和を抱えたトランスジェンダーが地方在住の場合には、地元には対応できる機関がないという悩みはさらに深刻であろう。

　具体的な施術は、下半身について、陰茎と精巣を除去、陰唇様の外観を形成し、尿道口を整えるものであった。陰茎は単純な切除ではなく、神経などを残して陰核形成に活用される。

　美容外科の中には精巣除去の日帰り手術だけをおこなっているようなところもあるが、この美容外科では一定水準のニーズに応えるというミッションを相応の責任に基づいて担うレベルの施術をおこなっている。実績も蓄積され、国内での性別適合手術では最前線と評価できるだろう。

　そしてこのたびの筆者は、熟慮の結果「膣なし」を選択した。この美容外科では、希望すれば造膣をともなう施術も可能であり、実際に希望する人のほうが大半ではあるというが、筆者の場合は総合的に考えて必要度は低いという判断であった。

　また、全身麻酔で手術台に上ることになるこの機会に豊胸や喉仏除去などのオプションも、いわばついでに合わせておこなうという選択肢も用意されていたが、こちらも考慮を経て非選択とした。

## 「膣なし」という選択肢

　なお、造膣をしない施術について少し補足しておこう。

　世間一般に流通している情報の平均値からすると、ＭｔＦの性別適合手術では膣形成もおこなわれるものだと思われているかもしれない。ある程度詳しい人なら、除去した陰茎や陰嚢の皮膚を使って膣の内壁にするなどの知識も持っていることだろう。しかし、「膣なし」のメリットは存外に大きい。選択肢としてもっと積極的に検討されてよいのではないか？　造膣をしないことが（むしろ「しない」選択なのに）一種のオプション付加のような位置づけになっているのでは、いささかバランスを欠く状況ではないかと、筆者は思う。

　「膣なし」とは言っても小型バイブレーターの先端ほどなら入るくらいの陰唇は形成される。神経が造作され陰核形成もされるので性感の面でも遜色はないと言える。術後の状態が安定した後にはマスターベーションなどもじゅうぶんにおこなえる（本章第3節参照）。

　「性同一性障害者の性別の取扱いの特例に関する法律」、いわゆる戸籍性別を変更するための特例法での第三条にて規定されている「生殖腺がないこと又は生殖腺の機能を永続的に欠く状態にあること」「その身体について他の性別に係る身体の性器に係る部分に近似する外観を備えていること」という要件を満たすのにも不足はない。

　造膣した場合には自然治癒力などの作用で閉塞してくるのを防ぐために、施術後はダイレーションと呼ばれている作業が定期的に必要になる。これは、形成した膣内に器具を挿入して拡張を期し、造膣部の癒着を防ぐものなのだが、それを手術の直後から毎日おこなうというのは、かなりの負担であるのは想像に難くない。端的に言って痛いし、加減が難しくて不安だったり、面倒でもあると聞く。

　『花嫁は元男子。』著者・ちいのブログでも、この点について述べた記事があり、「内容が内容だけに、家族や友人に相談もできないし、ましてや診てもらえないし、正解が分からない！」「失敗したときや汚れたのを片付ける時の惨めな感じもたまらなくイヤで」「痛みや辛さがタイの時よりもはるかに強く感じて、泣きそうに」「初めから女性に生まれていれば、こんな苦労しなかったのに……と、もう思考もネガティブモード」「不安と苦痛に押しつぶされそうでした」など、なかなか凄絶なことになっている（ほどなくちぃ氏はなんとかコツをつかんだと続いているものの）。

　しかし「膣なし」であれば、そもそもこれは必要ない作業となり、そうした負担からは解放される。

　造膣をともなう施術と比べて、費用的にも、また身体的な負荷などの面でも、何割かは少なくて済むのも大きいだろう。これら負担の少なさへのニーズは多分にあるだろうから、選択肢は幅広いにこしたことはない。

　筆者の場合、将来において誰かのペニスの挿入をともなう性行為をすることになる可能性はきわめて低いと判断できたので、この「膣なし」を選択したのだが、その後本稿執筆の現時点に至るまで特段の不都合は生じていない。ペニスの挿入をともなう性行為をすることこそが大事であり意味があるのだというようなイデオロギーはもうちょっと相対化されるべきだとも思うところであるが、少なくともいわゆる性的指向が女性であるなど、筆者と類似した事情にあるケースにおいては、「膣なし」は視野に入れて検討する価値があるのではないだろうか。

## いざ、性別適合手術へ——
　ではまず手術に向けての準備から見ていこう。

　　2010/10/28
　　面談のため名古屋へ
　　2010/11/02
　　いろいろ心電図＆レントゲンとか面倒(^o^;)

　事前の問診・カウンセリングや、手術に向けての検査などがあり、やはりそれなりに大きな手術であるという雰囲気は否定できない。
　必要なプロセスでもあるが、記録の中では面倒だという感想が述べられている程度には負担感もあることになる。

　　2010/12/15
　　とにもかくにも、基本的に「手術」ということで、その点の標準的な不安はフツー

　　2010/12/18
　　荷造りなど準備進む。
　　剃毛したので、ヘンな感じ (^^ゞ


　筆者は過去には鼠径ヘルニアの手術の経験があるので、そのときと比較して
手術前の不安感などについて言及している。
　性別適合手術を受けることはたしかに大変な体験ではあるのだが、そのうち
の多くの部分は、そもそも他の大きな手術と共通する大変さであるというのも
また事実だと考えられる。
　剃毛もだが、次にあるように手術直前に下剤を服用して排便を済ませること
なども同様だろう。


　　2010/12/20
　　朝5時からニフレック (^^ゞ　（昨夜はラキソベロン）
　　スポーツドリンクっぽくて、噂ほど飲みにくくはないけど、味に飽きてくる
　　他のものは飲めないし
　　ただ「出」は、思ったより苦しくもなかったか。
　　ともあれ、いよいよです。


　当日の朝、手術前の最後の記録はこのように結ばれている（ニフレックやラ
キソベロンとあるのが下剤の名称）。

## 基本的には「普通の大手術」
　そして手術当日は以後は全身麻酔で手術台に乗り、その後もベッドの上で点
滴の針などをつながれた状態なので、記録を残すこともままならなかった。


　　2010/12/21
　　終わった…。
　　まだよくわからないけど。
　　当日夜はけっこうキツかったけど、1日経ってみた状態は、まぁこんなもんか？

　翌日の夕方になってようやくこのように書き留めているが、その間はやはり楽ではなかった。

　記憶をもとに補足するなら、術後の患部が執刀医の想定よりも腫れや出血がひどいという所見が伝えられて不安がつのったり、それに関連して執刀医と看護師が何か緊迫した言葉を交わしながら患部の処置を追加でおこなっているのを麻酔のせいで意識は朦朧とする中で感じたりと、医療ドラマのワンシーンになりそうな展開もあった。そうでなくとも、管をつながれてベッドの上に横たえられ、身体を動かす自由もままならない苦痛は並々ならないものである。

　ただ「まぁこんなもんか」という記述に表れているが、一方では思っていたよりは簡単に済んだという印象もまた真である。

　この美容外科では術中の全身麻酔と併用して硬膜外麻酔も用いており、これを適正にコントロールすることで全身麻酔が解けた後も痛みを緩和する機能を果たすことが実現されている。おおむね翌朝までは適宜この硬膜外麻酔薬が投入されていたようで、そのため術後の患部の痛みが最も激しく感じられて苦悶するはずの当日の夜も、じつは患部の痛みそのものはさほど意識することはなくて済んでいたのである。

　股間に大々的にメスを入れたには違いないのに、翌日夕方にはまがりなりにも立って歩くことができるのも、ある意味意外というか拍子抜けなところがなくはない。

　筆者が鼠径ヘルニアの手術を受けたのは、左側が1987年、右側が2005年と、じつは2回あったのだが、それらと比較しても、今回がことさらに突出してしんどいものだった印象はないばかりか、むしろ年を追うごとに手術にともなう苦痛は改善されていっていると感じられる。各種の術式は改革され、麻酔も含めてより良い薬剤や新しい医療用具が用いられるようになっているのもあるだろう。ここは医学の進歩に対し、素直に賞賛し感謝すべきところだと思われる。

　性別適合手術がそれなりの大手術であり、その事前の措置、術中術後の身体的負荷、および後述するような回復過程の各種の負担などを見ても、大変なことなのは間違いない。ただこうなると一般の手術と比較して、性別適合手術が

性別適合手術であるというだけで突出して困難な体験であるとは、必ずしも言えないことになる。

## 従来の体験談は誇張されている？

　となると、従来から体験談として流布されがちだった「性別適合手術は大変だった！」という言説には、一般的な他の手術と共通する要素をもきちんと切り分けられずに語られてきたところも多分にあるのではないかという疑義は出てくる。そのうえで性別適合手術ならではのものとして誇張された部分もかなりあると見受けられよう。

　例えば椿姫彩菜『わたし、男子校出身です。』の性別適合手術にいよいよ臨むあたりの記述に見られる＜「身体を直す」手術は、みんな人生や命をかけてやっていること＞＜「これに署名をしてください」　渡された書類の内容は、「手術によって万が一死んでしまっても構いません」というものだった＞＜やっとここまで来れた。こんな痛くて苦しい思いをして、ようやく手に入れることができた「女性の身体」。＞などは、いささか大げさに語られているに過ぎるきらいもなくはないと思えてくる。

　もちろん個々の体験者にとっての切実な思いは否定されるべきではない。本人が性別適合手術に際して感じたリアリティの表出がこのような形であるのなら、それは尊重しないといけない。

　しかし、世間一般で期待されるイメージというものもある。「ビフォー／アフターの神話」に則した「性別適合手術で生まれ変わった！」的な感動の物語を消費したいというニーズも巷間には根強い。それらに沿う形で、体験談の語り手がオーディエンスに対して忖度し（書籍化に際しては編集サイドの意向も介入し）、端々の描写がドラマチックにヒロイックに演出されてしまうような可能性もなきにしもあらず。そうしたプロセスがこれまで再三くり返されてきたという推測は成り立つところではないだろうか。

　筆者自身も自伝的な著作では読み物として適切に構成するために元となった出来事に若干の編集は避けられなかったので、性別適合手術に限定せずとも、何らかの「当事者」によるナラティブには、これはつきものであると言ってしまうと身も蓋もないだろうか。

　今般の筆者の施術は「膣なし」だったので、造膣を含む場合の負荷には多少の割増はあるかもしれない。むろんさまざまな個人差も存在しうる。それでも手術としての基本線においては、このあくまでも一般的な手術と同等の大変さなのであって、性別適合手術が性別適合手術であることによって特別に大変なわけでもないという視角は失念されるべきではないだろう。

　性別適合手術があたかも他の手術とは質的に一線を画するものであるかのような通念は、つまるところ性別適合手術に与えられた社会的な意味づけによってのことだと考えられる。そうした社会的なバイアスによって性別適合手術をめぐる語りが歪められることは望ましくない。

## 性別適合手術ならではの苦痛もある

　とはいえ一方では性別適合手術であるがゆえの特記事案もまったくないわけではない。

　例えば手術後のベッドから起き上がれない間などは尿管にカテーテルを挿入して排泄が管理されることは一般的なことである。しかし性別適合手術の場合、そのカテーテルを挿す尿の管のところというのは、まさに手術をおこなった箇所である。これは少なくとも泌尿器以外の部位の手術と比べていくらかはデリケートな要素として典型的に挙げられるところだろう。

　排泄にかかわる部位の手術であることは、術後のケアにも影響する。

　　2011/01/03

　　お正月は油断するとお通じが滞りがち

　　軟膏を塗るタイミングが難しい

　　排便後は、そっちにも負担がかかるのか、ソコの出血も増える？

　　オシッコも引き続き面倒

　　2010/12/25

　　今のところゲンタシン塗りとのかねあいで回数は減らしたいが、あまりたくさん溜めるのも怖い。かねあいが難しい

　　就寝時も気を遣う

　　どのくらいならガマンできるのかなどについては、今後の慣れとともに実地検証

でのデータ収集を待たねば

　このように記録にもあるとおり、排泄は小用も含めると1日に複数回あるものであり、そのたびに当該箇所の洗浄や清拭が必要になるものであるが、近接箇所には術後しばらくは軟膏（記録中のゲンタシンは軟膏の名称）を塗布しないといけない縫合部があり、かねあいが難しい。

　同時に「ガマン」と言及されているが、排泄に関連する箇所を手術した結果として、今後の排泄コントロールへの影響が心配の種ともなっている。

　以上のような、排泄にかかわる部位の手術に固有の、それ以外の手術にはない困難さは、性別適合手術にもついてまわることになる。

　また、手術部位からは手術後かなりの長期間（筆者の場合は半年ほどだった）出血や各種の分泌液の滲出がある。このため直後は大人用紙オムツの着用が必須で、それから段階的に軽装になっていくものの、日常生活に復帰してからも毎日の生理用ナプキンの装着が避けられない。

　　2010/12/22
　　この、今までなかった生理の分……みたいなのって必要⁉
　　2011/01/12
　　「短期集中生理」の出血は少なめになってきたか

　記録中では「短期集中生理」と形容しているが、定期的に月経と向き合っている女性の知人らに、後日この半年ほどの間ずっと生理用ナプキンが手放せなかった体験談を語り聞かせると、誰もが一様に「それはそれは大変だったねぇ」と同情を示したものである。

## 神経のつながり、そして「幻肢痛」

　性別適合手術は、手術が済めば病巣の問題がクリアされてコレで一安心というものではなく、逆に元々健康上は問題ないところにメスを入れるものであるとも言える。また、身体部位の形状変更は身体感覚の大きな変化をともない、特にMtFの場合はペニス等の存在感が消失する体験である。

　こうしたことが一般の手術と比べて手術直後のメンタルの不安定さを招来することもあるようだ。

　　2010/12/22
　　現段階では、まだ実感は…。
　　落ち着くまでは不安のほうが大きいのかも。
　　夜、不安も募る。早く安定したい。

　こうしたもっぱらメンタルな面での不安感もさることながら、性別適合手術が身体部位を新たに形成する外科手術であることに固有の問題も、不安を増幅することがある。

　　2010/12/27
　　まだまだ術後の微妙な疼痛なくならない
　　しかも、神経のつながり具合とかが怪しい？ので、
　　実際にどこがどう痛いのか定かでないのもなぁ…
　　2010/12/28
　　今日もいちおう大丈夫なものの、折にふれてあちこちなんとなく痛かったり
　　しかも、痛いと感じる場所と、実際に痛いことになっている部位が一致してない
　　かもしれない不安感…(^_^;)

　術後の手術部位に、ある程度は傷が安定した後にも折にふれて疼痛が感じられること自体はよくあることだろう。ただ性別適合手術では、このように手術直後には神経のつながりが不完全なままで、手術で形成された身体部位の一部分はほとんど感覚がなかったりもする。痛いには違いないのに、どこがどう痛いのかが的確に知覚できないというのは非常に心もとないものである。そうしたことから来る辛さは、この種の形成手術における固有性がかなり高いのではないだろうか。
　さらに、ＭｔＦの性別適合手術が、従前の身体感覚においては相当の存在感を示していたであろうペニス等の部位を除去するものであるがゆえに起きる、

術後の当該部位における不快な感覚もある。

　すなわち、いわゆる「幻肢」である。

　幻肢とは、簡潔に言えば事故等で腕や脚を切断するに至った人が、その失った腕や脚がまだ存在するように感じる知覚を言う。その幻肢として存在を感じる腕や脚のどこかが痛むように知覚する場合に「幻肢痛」と呼ばれることもある。

　要は脳が身体に対しておこなっているマッピングに対して、身体の実状が不一致であることによる一種の錯覚なのだと言えよう。

　とはいえ幻肢痛で痛みを感じるのが例えば失った腕の一部だったりした場合、その痛みに対して何かケアをおこなおうとしても、実際にはその部位はもうないので、どうしようもない。もはや誰も手を出せない仮想的な身体部位の痛みが患者の脳内で延々と続くのだとしたら、けっこう怖い話である。

　そしてMtFの性別適合手術の場合、この「幻肢」がペニスに対して起こるのだ。

　　　2010/12/29
　　　あと、メンタルな意味での喪失感はともかく、いわゆる幻肢の感覚は時折やってきていかんともしがたい
　　　幻肢痛みたいなの、も、実際にはどこかが痛いことになっているのでは⁉ という不安とあいまって、けっこう厄介
　　　幻肢痛ってーか幻肢"痒"の場合も (^^ゞ

　この日の記録では、このように直接「幻肢」という語彙を用いて述べている。

　すでになくなっているペニスが、いまだ元の位置に存在するような気がする感覚については、執刀医に訴えたところ、こともなげに「あぁ、みんなそう言うんだよ」とのことだったので、やはり多くの人に共通して起こることなのだろう。そして「まだある気がする」だけなら、それだけのことでもある。

　だが、その実際にはもう存在しない「まだある」気がするペニスのまわりに痛みや痒みがともなうのは、やはり不快であり苦痛である。

　単に痛い・痒いにとどまらず、もう少し複雑な苦しみもある。

　大人用紙オムツの装着が続いており、術部からは出血なども治まらず、軟膏塗りも続けないといけないようなときに、そこに手術前と同様にペニスがあるように知覚され、そしてあたかもその「ペニス」がパンツの中での位置が思わしくなくて不快なような感じがするのをなんとかしたい。いわゆる男性社会では「ポジションが悪い」と呼ばれている状況で「ポジションを直す」と呼ばれている操作をおこないたいというわけなのだが、しかしそのポジションの元となる実態はもはや存在せず、知覚は自分の脳内のみのものであって、物理的に直そうにも直しようがない。

　この隔靴掻痒感がくり返しやって来るのはかなりキツいものがあったと言わざるをえない。身体にペニスを具備している男性の知人らに、後日このポジションが不適切で心地悪いのを直したくても直せずに不快感が継続することに苛まれた体験談を語り聞かせると、誰もが「それはなんとも辛い……」と一様に青ざめたりもしたものである。

## 簡易なメニューもあってよい？

　他にも術後の痛みがある部位が陰部であることに起因して、座った姿勢をとることに問題が生ずるのも意外と悩ましい点だ。長時間のデスクワークが辛く、自動車の運転にも支障が出るとなると、生活がかなり制約されることにもつながりうる。

　　2010/12/28
　椅子に座るのは、椅子によっては調子悪い。円座と組み合わせてラクな姿勢をいろいろ探すものの…(+o+)。クルマも運転できるかなぁ
　　2010/12/29
　思い切ってクルマで出かけてみる
　やっぱ運転のための座位はやや辛いか
　　2011/01/12
　パソコン作業・デスクワークでイスにしっかり座るのが、円座を工夫しても、やはりしんどい

　記録にもこのようにあるとおり、筆者の場合、術後１カ月ほどのかなり痛い時期を乗り切るために、低反発ウレタン製の円座を複数あれこれ試行錯誤するなどしている。
　また次のような記述には、デリケートな箇所にメスを入れたゆえの、術後の状態に対してナーバスになりがちな様子が表れているとも読めるだろう。


　　2011/01/12
　　手術直後の術部の腫れはだいぶ引いてきたのかも
　　ただ、まだ糸が残っているあたり(?)が、突っ張る感じも
　　でもって、やっぱ炎症？　出来物（腫物）？


　筆者の場合は「膣なし」の施術だったので、前述したダイレーションにかかわる大変さは味わわずに済んでいるはずなのだが、それでもやはりこのようにいろいろある。造膣も含めた施術の場合は、筆者による記録を超える苦痛が体験されるであろうことは推測に難くない。
　記録の中には「膣なし」であった筆者でさえ、術後の不安定な頃合いにはいささか音を上げ気味に次のように記している箇所もある。


　　2011/01/06
　　陰唇部の腫物？　引き続き気になる
　　こーゆーことも考えると、「膣なしＳＲＳ」という選択肢には、もうちょっと簡易なメニュー（玉抜き後の袋の始末についてのみキチンとして、陰茎も切除後の切り株(!?)の相応の造形だけ…とか）も、もっとあっていいのでは？
　　たぶん特例法適用の申請の際に撥ねられないように、それなりの造形をしているみたいだけど、べつにそこまでしなくても"近似した外観"なのでは!?


　もっとも現時点からふり返ると、この記録内容はあくまでも直後の不安定な状態によるものとも言うことができる。やはり、あまりに簡便に過ぎる施術は後々に悔いを残すことにもなりかねないので、安易にラクなほうへ流れるのも考えものだろう。

　とはいえ選択肢は多いほうがよい。造膣もアリから「膣なし」、さらにはもっと簡易な施術まで、適正なインフォームド・コンセントを通じて、手術を希望するトランスジェンダーが、自分に最適な選択が無用のバイアスに左右されることなく可能な状況が望ましいのは言うまでもないだろう。手術内容が基本的にほぼ一択で、選べるオプションとして「膣なし」があるくらいな現状では寂しい。顧みられるべき今後の課題だと言える。

## 民間の美容外科での手術ということ

　現状の日本国内での性別適合手術ならではの困難として、さらに別角度から着目されるものに、手術の場所が大学病院など各種の診療科が整った総合病院ではなく、民間の美容外科になるがゆえのものも挙げられる。

　もちろん筆者の場合の美容外科では、必要な設備は整えられ、きちんと保守管理がなされていた。もとより執刀医の手技も一定の水準を満たしているところで、日々経験は蓄積されているわけである。手術がおこなわれる際には専門の麻酔科医も同席する。看護師についても、スキルや人数で一般の病院に比して遜色はなかった。設備や人員面で問題があると直ちに結論づけられるものでは決してないことはことわっておかねばならないだろう。

　そのうえで、それでもなお最寄りの総合病院での手術でないがゆえの不便・不利益が、手術を受ける立場にとっては若干の負担増であったり心理的な不安要素であったりする事項は、どうしても出てくるものである。

　筆者が手術前日に名古屋へ向かった際の記録には次のようにある。

　　2010/12/19
　　そんなこんなでスーツケース引っ張って、近鉄特急で名古屋入り。
　　ホテル周辺のコンビニもはしごしてチェック。

　スーツケースとあるのは、近場の病院での手術なら、家族が着替えの補充などを追加で持ってきてくれたり、逆に不用になったものは持ち帰ってくれたりもするが、そういうこともない「遠征」なので、荷物が大きくなっているという要因が表れている（他にも円座クッションなどのかさばる物品も含めた、美容外

科側から指示された持ち物リストに従うと、どうしても大荷物になる）。

　関西から名古屋へは近鉄特急や、もしくは新幹線で行くことになるが、こうした非日常の乗り物を利用することになるのも、気持ちのうえで負担増になる人はいるのではないだろうか。

　仮に国内ではなくタイなどの外国での手術を選んだ場合なら、スーツケースはもとより、乗り物は航空機となるうえに、現地では言葉の壁もあり、ホームシックになるようなケースもしばしば聞かれるところであるので、心理面での、さらには体力等々の負担はさらに大きいのではないだろうか（ただしタイの性別適合手術を実施している医療機関の「設備の整った総合病院」度は、国内の美容外科よりは高いと言えるだろう。その他タイでの性別適合手術の様子については、前掲ちぃ『花嫁は元男子。』など、体験者の手記を参照されたい）。

　さらに、「入院」が手術当日の1泊のみで、それ以降の数日間は美容外科から数百メートルのところにあるホテルでの滞在となり、診察は毎日1回受けに行く「通院」の形となるのは、なかなかの心細さであったと言わざるをえない。

　記録にホテル周辺のコンビニをチェックしたとあるように、到着初日のうちにコンビニエンスストアの所在具合を確認するのは、そんなホテル滞在生活中の便宜のために、手術前の元気に動ける身体のうちに情報収集をしておこうという企図である。そうしたことを含めて、相応の大きな手術であるにもかかわらず、手術後数日間のケアを病院に任せきれずに、食事等々自分でマネージメントしなければならないのは、通常はありえないことだろう。

　何より、不測の事態が心配であり不安である。もしもホテルの部屋でひとりでいる間に何かが起きたら、いったいどうなってしまうのだろう!?　術後の不安定な状態においてメンタル面でも余裕がない中では、そうしたネガティブな妄想が膨らむこともまた、余分にかかるストレスであるのは否定できない。

　むろん美容外科サイドとしても、実際に想定されるリスクはなおざりにしているわけではなく、24時間体制で連絡が取れる電話番号を用意するなど、可能な最大限のフォローはなされている。それでも総合病院に入院していればナースコールのボタンひとつ押すだけで同じフロアから看護師が駆けつけてくれる盤石の態勢が整えられているのに比べると、大きく不利であるのは否めまい。

　記録の中の術後数日間の不安感の吐露から、「入院」ではなくホテル滞在であることのみに起因するものは上手く抽出できないが、翌週以降の自宅に戻ってからの記述の中には、次のようなものもある。

　　2010/12/27
　自宅での3泊目終了。
　ともあれ、自宅で日常を過ごしていると気もまぎれるのか、ホテルの夜のような気持の不安定はないかな
　　2010/12/28
　やはり自宅で家族と過ごしていることもあって、気持ちが不安定になるほどのことはないか

　筆者の場合、家族からの物心両面の支えが得られているのもありがたいことなのだが、それゆえ余計に、遠征先のホテルのシングルルームへの孤独な滞在は、思いのほか負担だったのではないだろうか。
　あと細かいところでは、滞在中には使用済みの大人用紙オムツの廃棄が大量に出るのも、ホテルに対して心苦しく思えるところであった。美容外科側の説明では、そのホテルとはいわば事実上の提携関係のようになっていて、そのあたり了承されているから遠慮は無用とのことだったが、やはり気を遣ってしまうのは避けられない。
　手術当日朝に排便を完全にするための下剤も、通常の入院してのケースだと看護師による浣腸で済ませられるのではないかと思われるが、これについては、どちらが大変かは人にもよるだろうか。

## 健康保険の適用外
　以上のような手術に直接かかわる点の他には、性別適合手術は健康保険の適用の対象外となっていることも、一般的な手術との相違として挙げられる。すなわち相当な額に上る費用は全額が自弁となり、その経済的な負担は大きいものである。
　一概には言えないがイメージとしてはクルマが買えるくらいの金額を、すぐ

にポンと出せるような人はそうそういない。日本のＦｔＭのパイオニアとも位
置づけられる虎井まさ衛の著書などを読んでも、性別適合手術の費用を貯める
ために倹約に励みアルバイトに勤しんだ若い日々のことが綴られているが、同
様の事例は珍しくない。

　筆者もまた決して潤沢ではない貯蓄を切り崩して費用をなんとか工面したの
だが、まとまった額の定期預金をひとつまるまる解約するのは、老後や子ども
の進学などのライフイベントを予測するに、ファイナンシャルプランとして大
きなリスクを取る決断であったのは間違いないだろう。

　筆者の場合、記録には書きそびれているようだが、手術を翌週に控えた 12
月の半ば、所定の費用を一括で美容外科宛に銀行振込の手続きを取っている。
すなわち全額前払いである。美容外科としても決して不当な利益を荒稼ぎして
いるわけではなく、必要なコストは回収せねばならず、その点で確実を期す必
要があるのは、そちらの立場になれば理解できることである。したがってこれ
はいたしかたないことであるのだが、しかしやはり払う側としては、いささか
わだかまるものも拭いきれない。

　このような費用面での取り扱いは、性別適合手術が書類上は美容整形と同じ
位置づけに置かれる現状では、たしかに建前上は順当なのだろう。前章では性
別適合手術と一般的な美容整形とが、その内実においても近い位相にある様子
が詳らかになったので、性別適合手術が美容整形カテゴリの中のひとつとして
配置されることには、ますます妥当性は高いと思えてくる。

　しかし前章で見たように、一般的な美容整形も性別適合手術も、ひとりひと
りが自己の身体を自分自身の想像上の理想の自己とすり合わせ、社会的相互行
為のステージへ呈示する自己として適切にコントロールする作業の一環という
機能があり、その結果、アイデンティティが安定し、自分に対する自身の満足
度が高まり、以て本人のＱＯＬの向上が得られていた。これら精神的・社会的
な面での良好さもまた「健康」の範疇に属するのは、ＷＨＯの定義をあらため
て参照するまでもないだろう。

　健康保険制度の適用範囲をいたずらに狭い範囲に限定せず、より広く人々の
「健康」増進に資するという観点で、どのように設計するのか。中長期的には、
このような視点からも幅広い議論があってよいのではないだろうか。

　逆に、当面は健康保険の適用には保守的な体制を納得させる方便が必要なのだとしたら、前章で見たような「ビフォー／アフターの神話」に則ることも必要悪なのかもしれない。「性転換手術を望むのは性同一性障害という病気ゆえであり、心と一致しない身体のままでは精神的・社会的な面でも健康に支障が出る。その状態に加療する手術をとおして、患者は生まれ変わることができ、病気は治るのである。これはじゅうぶんに健康保険適用の対象としてふさわしいではないか」。このような論理展開は、守旧的な観念にコミットしている層に対して、わかりやすく訴求できるという点では大いに有効でもある。

　同性愛が、かつては強制的な「治療」の対象とされたような歴史もふまえて、現在では病気ではなく個々人の多様な個性のひとつだと位置づけられたように、性別違和も脱病理化していこうという流れは強まっている。個々人の自己実現の希望に対して無用の壁を設けてしまう社会のありようのほうが問題なのだとすれば、これは基本的には歓迎すべき風潮ではある。ただ、当面の健康保険の適用という実利を考慮するなら、「病気である」という名目上の理由もまた、存在意義が残されていることになるだろう。

## 性別適合手術の決意には葛藤もあった

　ここで時系列を少し巻き戻そう。

　ここまで見たような、やはり相応に負担のある大変な体験である性別適合手術を、今このタイミングで受けようという決意がなされる際には、どのような心情の動きがあったのだろうか。


　　2010/10/28

　　面談のため名古屋へ

　　新幹線の窓を流れる景色に、さまざまな思いは去来

　　とはいえ、意外と気分はアッサリ（そんな悲壮感はナシ）


　最初の記録がこれだけなので、その詳細は読み取りづらい。しかし記憶をたどってみると、当然に迷いがあったことは思い出される。

　身体にメスを入れるデメリットと得られるメリット。身体改造として性別適

合手術を経るか否かによって、自分のトランスジェンダー生活が現在から将来
にわたってどう異なっていくかのシミュレーション。手術を受けるならまと
まった費用を支出する必要が生じることによる金銭的な問題……。

　いろいろなファクターを天秤にかけながら、手術を選ぶべきか見送るべきか、
新幹線の座席から車窓を眺めつつ、名古屋に着くまで葛藤していた様子が、お
そらくは上記の記録の行間に込められている。

　「10年後の未来を覗ける魔法の双眼鏡があったら……」

　「この扉の向こうの誰も見たことない明日に答えがあるなら……」

　たしかあのとき携帯端末で聞いていた音楽は、そんな歌詞を唄っていた。

　もとより筆者の場合、身体的な性別違和は深刻ではなく、性別移行の優先順
位が社会的・文化的な要素のほうにあったことは、従前から述べてきていると
おりである。ただ、トランスジェンダー生活も久しくなり、その中で、やはり
身体的にも自分にとってより望ましい身体は、一般に女性の身体とされている
ものだという認識が強まり、できることならそこに近づきたいという願望も少
しずつ台頭してきたわけだ。ホルモンによる各種の変化が、さらなる身体改造
へのモチベーションを上げてもいた。

　たしかに機は熟していた。

　とはいえ、身体に大きな更改を迫る形成外科手術である。後遺症は、何らか
の悪影響はないのか、あるとしたらそれはどのようなものがいかばかりとなる
のか。あるいは、支払う金額が対価として見合うだけのものが、はたして期待
どおり得られるのか。手術というもの一般に言えることとして、万一の医療事
故のリスクもある。

　そうした相反するベクトルのせめぎあいには、なかなか決着はつけられるも
のではない。

　そんな中で、手術をする方向へ背中を押したのは、どちらかというと瑣末な
要素の積み重ねだった。手術が決まり日取りも迫ってきた頃合いの記録で、あ
らためて次のように述べられているのは興味深い。


　　2010/12/11

　　あと、やはり思いのほか大きいのは、

これで温泉も苦労しないで済む…
とか
タイトなパンツなど服選びの幅も広がる
など
けっこう細かい外的な要因だったり

　外的な要因というのは、すなわち本来はトランスジェンダー当人が身体を改造するよりは、社会のほうが変わるべきと言える案件において、その社会の現状と自身の身体のありようとのすり合わせが簡便になるというメリットということである。

　上記の温泉や服選びの幅などの他にも、いずれ特例法の適用を受けて戸籍性別の変更を考えた際の要件をひとつ整えておくというのもないではなかった。2010年現在で、特例法にて求められている未成年の子がいないという要件に対し、筆者の子が20歳に達するまでに10年を切っていた。決断するタイミングは意外と限られている。

　例えば、もっと先の老後において施設入所となったような際に、望みの性別で介護を受けることができるのかといったことまで勘案すると、現状では戸籍変更の効果は大きいと言わざるをえない。

　そして特例法要件で最も高いハードルとも言える性別適合手術を受けるとしたら、体力面など健康上の問題からも、もはや年齢的にタイミングはあまり後ろ倒しにできる余地はないと思えた。

　まさに本質的なところというよりは、これらさまざまな雑事が、勘案すべき要素について拮抗している天秤を、一方へ傾ける力となりえたわけだ。それが良いことなのかどうかは、単純にはジャッジできまい。ただ、性別適合手術の決意に至るまでにも、個々人の体験として、このようにさまざまに複雑な思考はたどられるものなのではないだろうか。

## 手術前にはいくばくかの感傷も

　性別適合手術の体験談が語られる際には、社会に根強い「ビフォー／アフターの神話」に合うように当事者のナラティブが改変される危険性があった。

そのため「性別適合手術を経たことで本当の自分になれた」「ついに性別移行が完成して生まれ変わった」といった言説が一般には印象が強くもなりがちだろう。

　その意味で、筆者の性別適合手術体験を公平に評価すると、そこまで言うほどの強大なイベントとまでは位置づかないように思う。記録の中でも、手術を控えたある日の思いとして、次のように綴られている。

　　2010/12/10
　　「コレで生まれ変われる！」ってゆーよりは、
　　やっぱ生まれかわったのは、1997 年秋以降から 1999 年 7 月あたり？

　すなわち、社会的・文化的な性別移行を開始し、いちおうのフルタイム化が成されるまでの期間、そこにこそ人生上の大きなターニングポイントとしての「性別が変わる」という事象があったのだという認識である。トランスジェンダーとして一歩を踏み出し、性別を移行するオペレーションに取り組み、以てトランジションを実現させた（つまり「生まれ変わった」）時期としては、そちらのほうが印象が強いと言い換えることもできよう。

　このあたり要は、ライフイベントとしての重要度が何になるかは、個々人の人生によって異なるということにすぎないだろう。それをトランスジェンダーの場合には、きっと性別適合手術であるに違いないと、傍から断定されてきた状況のほうが不適切だったというのは、くり返すまでもないだろう。最大の転機が性別適合手術であったトランスジェンダーも少なくはないだろうし、筆者の場合はたまたま社会的・文化的な性別移行のほうにトランジションとしての主観的な重心があったというだけのことだ。

　ただ、だからといって筆者にとって性別適合手術がまったくの消化試合であったわけではなく、大きな節目のひとつであったこともまた間違いない。その証拠に、手術を控えた時期の記録からは、自身の身体の様相が近日中に大きく加工され、現況とはお別れになることに対する複雑な思いが読み取れたりもする。

2010/12/12

とはいえ "現状" のほうも、長年の付き合いなので、愛着がないではない。

「あと少し」「もう少しだけ」ってところか

2010/12/14

でも、やっぱりもうジャマ……だったり。

2010/12/16

ともあれ、この身体状況でのマスターベーション、今日もラストラン (*^_^*)

　社会的・文化的な生活は女性ジェンダーのものへと移行し、身体もまたホルモン操作による変化を経たこの時点においては、手術後の身体への期待も昂じている反面、長年の付き合いである現況の身体に対する愛着から、名残を惜しんでいたりもする。その存在ゆえに男性ジェンダーを割り当てられる根拠となったペニスには、そがゆえの複雑な思いが収斂しているはずだが、そこを用いたマスターベーションの機会を最大限設けようとしているのも、そうしたある種の惜別の念を整理する儀式を持ちたいといった気持ちが背景のひとつなのだろう。

　同時に、近日手術によって除去される予定であるペニス、それがその存在ゆえに男性ジェンダーを割り当てられる根拠となった身体部位であることから、そんな男性として生きた半生を顧みて、いささか感傷的になっている様子もまたある。

2010/12/17

いざその日が近づくと、やはり無意識に感慨深いのか

さだまさしの歌ではからずも落涙

ってーか「たしかに自分で選ん」でないって！

だいたい、ゲーム開始時の初期設定時点で、主人公の性別が自分で選べないって、そんなバカな話があるかっ!?

　この記述などには、まさにペニスゆえに望まないコースで半生を歩まされたルサンチマンが滲み出ている。

## 自分で選べなかった主人公

　この「さだまさしの歌」というのは、具体的にはさだまさしの代表曲のひとつ『主人公』であった。この件については、ちょっと補足が必要かもしれない。

　『主人公』は、現在では小説家としての活動やテレビ出演等もこなすマルチタレントとしての活躍が知られるシンガーソングライター・さだまさしが1978年に発表したアルバム《私花集》に収録されている楽曲で、ファンからの評価も高い名曲である。

　その歌詞の要諦はと言えば、タイトルにも表れているとおり「自分の人生においては自分が主人公だ」というものになっており、その趣旨が多くの人の心に響いているのであろうことは想像に難くない。2番の導入部では「時をさかのぼるチケットがもしあるのなら欲しい気もする」というようなくだりがあり、続く部分では「しかし現在がいくばくか不本意な状況でも、たしかに自分で選んだ結果なのだから、せいいっぱいがんばろう」という内容も歌われている。そうしてそれを受けて「自分の人生では自分が主人公」だと直接言及する箇所へと至るのである。

　だいたいにおいて人が過去に戻りたいと思うのは、ある種の決断を下した分岐点における選択をやり直したいという気持ちだろう。そして実際にはそんなことは不可能だし、間違った道に迷い込んだとしても、そんな中での悩みや葛藤自体が、後の自分にとって大切な体験として生きてきたりもするものだ。その意味でこの『主人公』は、まさにすべての人に向けた人生応援歌として機能するとも評価できるだろう。

　筆者はかつて高校受験での選択の誤りから不本意ながらも実質的な「男子校」に1年間通っていたことがある（やはりどうしても馴染めず1年後に共学校に入学し直している。詳細は『女が少年だったころ』に書いたとおり）。この経験は今にして思えば、望まぬ性別を割り振られていたがゆえに、進みたい方へは決してつながらないコースに組み入れられていたことに起因し、性別違和が大人への階段を上る最初のライフイベントに影を落とした出来事だったのだが、当時は受験時の選択がもしも別のものであったならと悶々としながら日々を過ごしており、特に更けゆく晩秋の情趣の中では、その悔恨も頂点に達していた

ものである。そして、そうした折にFMラジオから流れてきた『主人公』を聴いて勇気づけられのは、何を隠そう他ならぬ若き日の筆者自身の体験でもあったと言える。

　じつはこの性別適合手術を控え『主人公』で思わず落涙したと記録されている時期は、それからちょうど30周年にあたっていた。そのため、ペニスを基準に男性ジェンダーを割り当てられて生きた半生へのルサンチマンを顧みるにあたり、気持ちのチャンネルは『主人公』の楽曲にもチューニングが合っており、だからこそちょっと聴いてみようという流れにもなったのだ。30年の人生経験を重ねた時点で聞き直してみるのも、歌詞の内容に鑑みると意義があることに思える。

　ただ、このときの筆者の心に最も刺さったのは、歌詞中の「確かに自分で選んだ」の箇所だった。

　筆者のその後の人生においても、進学や就職、あるいは恋愛などに関して、自分で決断し、ある種の選択を自己の責任でおこなったことは多々ある。そうして本当に「自分で選んだ」のであれば、その結果の如何についても、納得はいこうというものである。だが、性別違和に由来するルサンチマンの根源である、社会的に割り当てられたジェンダー属性、それはたしかに「自分で選んだ」ものではないのであった。「男性」という社会的ジェンダー属性は、自らの意思での考慮を経て選択する以前に、すでに何者かによって決定されてしまった状態で人生がスタートしていた。だから、どんなに個々の事案は自分自身で決めたつもりでも、そのすべてが、いつのまにか乗せられていた「男」というほうのプラットフォームの上にあるわけなので、どうあがいても望ましい結果にはたどり着けるはずもなかったのだ。そのせいで、あのときも、このときも、あんなことや、そんなことまで、すべてが上手くいかず、悩んで、苦しんで、充たされることなく、しんどい日々を通り過ぎてきた——。

　ふと聴いた『主人公』で、はからずもむせび泣くことになった理由は、その後のライフストーリー展開へ大きな影響を及ぼす重要な選択に対して、現行の性別システムでは自己の意思での決定権が剥奪されていて、そのせいで自らの主人公性が侵襲され、各種の理不尽に苛まれてきたのだということに、あらためて気づいたことで感じた切なさだったのだ。

　そのことに、間もなく手術によって除去される予定となっていたペニスという身体部位への感傷がかかわっていたのは間違いないだろう。主人公の「性別」設定を他者が勝手に判定して割り振る、その根拠とされている身体部位である。そうした意味で、性別適合手術を控えた時期に、半生をふり返りながら数々の思いが去来することは、やはりしごく自然なことだったと言えるだろう。

　ちなみに「主人公の性別設定」は、ゲームに例えれば後々のシナリオ展開が大きく変わってくるような重大な属性決定である。それがプレイヤーの意思ではどうにもならないというのは、不条理なプログラムだと言わざるをえまい。性別属性をしかるべき時点でプレイヤーが自由に選べるゲームシステムに改良するか、さもなくば性別属性がどのように設定されてもゲームの進行には影響がないのが望ましい。ゲームの例だと、そのあたり腑に落ちやすいが、つまるところ現実でもそのようにすべき・あるべきだということではないだろうか。

## 手術後には相応の感慨もある

　さて性別適合手術が相応の節目であり、いろいろと思うところも多いことについて、手術直前の記録から読み取れるところは以上のようになっていた。一方、手術の後に感じるところについてはどうなっているだろうか。

　　　2010/12/22
　　　現段階では、まだ実感は…。
　　　ただ、あったものがなくなっているのもたしか。
　　　外を歩いてみると、世の中には「ペニスのある人」と「ない人」がいるんだよな
　　　…って妙な実感？

　このように手術直後は、いまだその感想は漠然としている。ただ、「あったものがなくなっている」と記されているように、手術直後の痛みや違和感のうちにも、いわば付いていたものが取れたような感覚はあるし、夕食を取りにホテルの外を歩いた際、街路ですれちがう仕事帰りのサラリーマンの姿を眺めながら、あの人たちはこの身体変化の感覚を知りえないのかななどとも考えていたことも、この記述に反映されている。

2010/12/22

でもって、本当にコレでよかったのか

例えて言うと「子どものころ住んでいた家が取り壊されてもうない」みたいな？

今の自分を形成している

現在の自分に至るまでの

その良くも悪くも大きかった要素にアクセスできなくなってしまった喪失感??

　同日の夜になると、付いていたものがなくなった感覚に対する若干の整理が、このように試みられている。昔住んでいた家に喩えられているように、実務上は重要ではなく、存在する事実が不利益になることもあるものだとしても、懐かしさや愛着といった観点から、いくばくかの喪失の感覚はないわけではないということだ。

　続いて翌日には、喪失感の内実を表す比喩として「卒業」が提示されている。

2010/12/23

何かは確実に失われたけれど、

その代わりに得られたものが、今後少しずつ顕現してくるのかもしれない

ある意味、これって「卒業」だね

「生まれ変わり」とかじゃなくて

だからこそ、この感覚も「もうセーラー服は着れない」みたいな

　用いられている例はなぜか「セーラー服」だが（残念ながら筆者自身は高校時代を女子生徒としてセーラー服などの女子制服で過ごした経験は持たないのに）、高校生が卒業に際し母校の制服を着用して通学する日がもう終わるという事実へ抱く一抹の寂しさ、これはたしかにこのときの気持ちを的確に喩えられるものだ。「卒業」が別れと同時に新たな出会いをともなった旅立ちであり始まりであることも、上手く照応すると言えよう。

　また性別適合手術を現に経た後であるこの時点でも、「生まれ変わり」については明確に否定している。性別移行をどうしても「生まれ変わり」と呼ばな

いといけないのであれば、それは筆者の場合９０年代の社会的・文化的なトランジションのほうだというのは、確固とした実感なのである。

　その次の部分では、これらの何かを失くしたという実感が、性別違和を持たない一般の男性が、自分の男性としてのアイデンティティの象徴的身体部位であるペニスを事故などで失った際に直面するであろう混乱や喪失感とは、確実に異なるものであることも分析されている。

　　　2010/12/23
　　　まぁ一般男性のようにナニが自己のアイデンティティの根幹を成していたわけではないので、その意味で、男性自身が失われてどーしたらっ!?
　　　…てゆーような喪失感ではないし、

　この日の記録の中での考察はなかなか鋭いので、付け加えてコメントすることはほぼないと言えるかもしれない。以下のようにまとめられている記述も、おおむね核心を突いた内容となっているのではないだろうか。

　　　2010/12/23
　　　他にも昨日まで自分の身体にくっついていたものが今はもうない…ケースとしては親知らずを抜くなどというのは一般的だけど、親知らずと違って、ナニは日常（排尿など）的に手を触れるモノだし、場合によっては他者とのある種のコミュニケーション（性行為──マスターベーションのような性的自己対話の場合も）における重要なアイテムなので、自己の記憶や体験と密接にかかわっていて、それゆえに、失くした際には何らかの missing 感は必然なのでは？

　社会が各人に性別を割り振るにあたって、ペニスなど身体の特定部位が根拠にされている以上、性別適合手術によるその部位の形状変更が、結果的に相応に大きな意味を持つイベントになってしまうのは必定である。そのことが、ジェンダーやセクシュアリティをめぐる一定の知見と語彙を持たない層においては、「本当の自分に」「身も心も女に」「完全に生まれ変われる」といった言辞への依存をもたらしている可能性はじゅうぶんに考えられる。もちろん、そ

ういう個々の事例自体は責められない。むしろそうした言葉を翻訳していく作業は、クィアスタディーズにおける社会学的なアプローチに課せられた重要な役目なのだ。

　性別適合手術で変更が加えられる前の身体に対して、各人がもっぱら忌避・嫌悪しているというのも、おそらくは一般社会が期待する形に単純化された物語だろう。肝心なのは、ここまで本稿で見てきたような、性別適合手術が個々人にとってどのように重要な意味を持つのか、そのことと社会におけるジェンダーやセクシュアリティをめぐる諸相がどのようにかかわり、相互作用を起こしているのか、という事実関係、そこにこそ着目し、有用な知見を抽出していくことだろう。

## ２度の尿道口閉塞と修正手術

　さて、手術直後の苦痛が一段落すると「あとは慣れ」だという側面もしだいに大きくなってくる。実際のところ予後はトータルで見れば順調で、大きなトラブルはなかったと解してよいだろう。

　　　2011/01/24
　　痛いのとか、日に日に改善している感はあり
　　　2011/01/27
　　ま、ある種、手術のダメージから身体が回復してきている証拠か
　　たしかにこのところ、術部に気を遣うのが、だんだん面倒になってきているかも
　　　2011/01/31
　　ともあれ「日にち薬＆慣れ」は進行中
　　ナプキンも新規購入分をグレードダウン
　　　2011/02/05
　　手術から帰ってからの初宿泊の福岡出張
　　新幹線はもとより、円座ナシでもだいたい大丈夫に？

　記録の中でもこのように余裕を見せる日も見受けられる。「日にち薬」という表現は関西方言だということなのだが、要は「時間が経過することで自然治

癒力が効果して傷病が回復する」といった意味合いであり、言い得て妙であろう。

　ところがやがて厄介な事態が発生する。

　2011/02/12
　2〜3日前から、なんかオシッコが細い感じ、膀胱までは異常なさそうなので、尿道⁉ 大丈夫か？
　2011/02/16
　やっぱなんか排尿に詰まり感　オシッコも近い感じ
　うーん、なんのかの、問題発生するなぁ (>_<)

　このように排尿が細くなり、膀胱に溜まった尿の排出が日に日に困難になっていく。これにはさすがに不安のレベルが跳ね上がった。やむなく執刀医がいる名古屋の美容外科に電話連絡を入れることとなった。

　2011/02/20
　オシッコの出があまりにもヤバイので、名古屋に連絡
　尿道口が閉塞気味なのではという回答で、曰く「ありがちなこと」だとか (^_^;)

　ＦｔＭの性別適合手術の場合は尿道自体を人工的に延長するのにともなう術後の不具合はより起きやすいと聞くが、ＭｔＦの場合、尿道はいわば「余分を切る」だけなので、その点のリスクは小さいと言える。ただそれでも尿道口は手術で形成した部位となるわけである。したがって傷の治癒と同時に閉塞してくるようなこともよくあるというのである。

　記録中でも触れているとおり、こうした事態も起こりうることは、性別適合手術を決意するにあたっては、じゅうぶんに考慮に入れる必要があるだろう。なお、肛門のほうは手をつけていないので、排便については今回は特に問題が生じることがないのは、まだしもラクだったのだろうか。

　結局このときは相談の結果、翌々日に修正手術を施すことに決まった。時間や労力の面で余計なリソースを割くことになったわけだし、余分に痛い目にも

遭うわけで、いろいろ面倒だし理不尽でもある。

> 2011/02/22
> ということで、また新幹線に乗って名古屋へ
> 軽い処置で済むのかとも思いきや、かなり本格的な"手術"になって、それでも
> なんとか修正完了
> 局所麻酔だったので、けっこうキツかった (>_<)
> これで、しばらくはまた出血と付き合うことに…
> ＆局所麻酔が切れてくると、ビミョーに痛いし
> 全体的な回復も、ちょっと巻き戻されたってことか
> 　2011/02/23
> 術跡がビミョーに痛いの今日も引き続き (>_<)
> 座るのが辛いのでパソコンの作業とか滞る

　こうして、おおむね順調だった回復過程も、いったんは巻き戻されることとなった。その後しばらくは順調に回復しているようで、気持ちは再び日常の中で「日にち薬」を営んでいた。
　しかし１カ月ほどが経過した頃、再び異変が感知される。

> 2011/03/23
> 若干 尿の出が細くなったような…　もしかして再発の兆し？
> 　2011/03/31
> やはりオシッコの出がかなり細くなってる
> しょーがないので名古屋に電話して診察予約

　執刀医が言うには、再発の可能性自体は否定できないが、それはそういうものだから、気をつけながら付き合っていくしかないのだという。

> 2011/04/04
> とりあえず来週また修正手術ということに

（前回局所麻酔で痛かったので今度は麻酔科の先生呼ぶので来週）
　　2011/04/10
　昨日今日で尿道口の閉塞が進んだ感じ
　トイレ間隔も早くなって、こりゃまた明日の名古屋への道中が大変か？

　こうして、トイレが近い状態では長距離移動にも不安がともなう中で一度名古屋まで往復し、しかも再修正手術は翌週ということで、さらなる1週間を排尿の困難を抱えながら過ごすことになった。
　日に日に細くなる排尿。膀胱の膨満感。それでも尿の排出がじゅうぶんにおこなえないために常態化する尿意。トイレに座り、そんなジレンマの中で下腹部の苦痛に苛まれれば、心も折れそうになってくる。
　いったい自分はどうなってしまうのだろう。なんでこんな目に遭わないといけないのか。
　そんな絶望感と、なんとか折り合いを付けること7日。そうしてようやく再修正手術となる。

　　2011/04/11
　というわけで再び名古屋での修正手術
　麻酔を硬膜外麻酔にしたので、先生も思い切った執刀方法を取れて、にもかかわらず術中は快適(!?)だったが、その分、本格的な"手術"になって、術後もれっきとした「一日入院」(^^ゞ
　　2011/04/12
　修正手術翌日の状況としては、前回の2011/02/23〜とほぼ同様か
　　2011/04/21
　というわけで手術後の状況も落ち着いてきたか
　回数を増やして再発を防ぐって、ホンマかいな？　とりあえず、お茶・コーヒーを心がけたり(^^ゞ

　そんなこんなで、再手術自体はつつがなく施され、結果的にはその後の再発などはなく、尿道口も含めた術部全体として、順調な経過が得られて今日まで

至っている。

　しかし本手術だけではなく、その後の追加手術も珍しくはないというのは、語られる機会が意外と少ない、しかしけっこうシビアな現実だろう。問題が発生している最中は精神的にも追い詰められるし、再手術のための時間的・労力的な負担も大きい。このような点についても事前のインフォームドコンセントは確実におこなわれてほしいところだとも言えるだろう。

　筆者の場合はこの程度で済んだが、もっと重篤な事態だって起こらないとは限らない。そういうリスク想定もまた、性別適合手術を選択する場合には考慮しないといけないポイントだろう。

## およそ半年の不自由

　手術直後の苦しい期間を過ぎ、2度の尿道閉塞の修正手術というクリティカルな事態も乗り越えると、状況はおおむね平穏なものとなっていった。全般的な体調は基本的に手術前と同様の水準に回復し、日々の生活は通常のものが営めるようになった。

　むろん先述のとおり「短期集中生理」状態が続いているのでナプキンは毎日手放せない。通常だと生理用ナプキンは連続でも1週間程度なところを、その想定を大きく超えた長期連用となるためか、周囲に若干のカブれも発生する。

　あるいは術部の状態が安定しない間は、やはりむやみに触ると痛い気もして性感の模索などもままならない。ホルモンによって変容した性的欲求は、手術に踏み切る動機の大きなひとつとなっていたが、手術後しばらくはそれらに関連した試行はペンディングとならざるをえないわけである。

　そんな中で風邪などで体調の水準が下がると手術の傷跡のダメージ感も再燃したりするなど、各種の不自由が折に触れて綴られている様子は、記録から何度も抽出可能だ。

　　2011/04/27
　　手術後の状況、総体的には落ち着く方向なんだけど、どうもここ数日、傷跡の調子がイマイチな感じ (>_<)
　　加えて風邪気味⁉　にて身体全体に倦怠感でダウン

やば手術本チャン以降、不安定な要素が多い中で、風邪なんかが来ると、容易に
閾値を越えてしまうのか

こーゆー体調不良が続くと、身体に対する自己肯定感も下がっちゃうねぇ (ﾟoﾟ)

　2011/05/02

尿道口自体は順調なものの、その周辺の皮膚がカブれてるか何か？

まぁ手術本チャン以来ずっとナプキン生活だし…(-_-;)

そんなこんなで、いろんな意味で、まだ自分の身体にはなっていない…って感じ
か

　2011/05/14

時期的に見て、やっぱ出血的なモノの出は収束か

ここ2～3日は、ようようおりもの状態（しかもかなり少な目!?）

ナプキンもおりものライナーで充分

ただし引き続き周囲のカブれ等 (´_`;)

　2011/05/21

周囲のカブれも、とりあえず小康状態

そして、おりものもほぼなくなり、試しにおりものライナーもやめてみる

問題ナシ!?

でもって、やっぱり下着だけでOKってスッキリ軽くて快適 (^^)

　2011/05/29

ナプキン・ライナーなし標準化。おおむね大丈夫

尿道口も特に異常は認められず

＆夜中就寝中にオシッコが溜まって、夢の中でトイレに行っても、特段モンダイ
なく、旧来どおり

このまま安定するとイイなぁ (^^)

　2011/06/10

全体としても、かなり落ち着いた感はアリ

思えば本オペから、すでにかれこれ半年かあ (^^ ゞ

　2011/06/21

いつの間にかオペ本チャンから半年が過ぎる！

いろいろあったけど、まぁやっぱりかなり慣れたし、術部も落ち着いたって感じ

か

股間には、いわゆる以前の勃起感に相当する感覚が、さすがに半年経過後だけ
あって、けっこう来る

試しに下着の上から少し探ってみると、イイ感じのポイントも見つけられそうな
具合

少なくとも、次がようやく見えてきたかな


　このように、全体的な手術後の安定が得られ、生理用ナプキン装着の必要か
らも解放され、次のステップが見えてくるまでには、おおよそ半年の経過が必
要だったことも読み取れる。もし尿道の修正手術を要することにならなければも
う少し早かったのかもしれないが、こればかりはなんとも言えない。しかしそ
うした追加手術などの可能性も織り込んだうえで、性別適合手術を経た他の知
り合いの話なども総合すると、この半年というのはおおむね妥当な代表値とい
う感触はある。


　　2010/12/23

何かは確実に失われたけれど、

その代わりに得られたものが、今後少しずつ顕現してくるのかもしれない

　　2011/01/20

まぁこの先2～3カ月くらい身体も落ち着いたら、また新たな評価も可能になる
だろうし、

この先で手術の成果がどのような展開につながっていくのかも、それ以降に顕か
になってくるのかも

　　2011/04/11

まぁとりあえずこういうことも繰り返しつつ、少しずつ安定していって、そうし
て新しい境地に到達していくんだろうけど、そのためには、多少の長いスパンで
の捉え方が必要ではあるのかも


　手術直後から何度か記録の中で言及されているように、性別適合手術を経る
ことで一気に何もかも変わるというわけではなく、相応の時間をかけて、少し

ずつ馴染んでいく。そのための中長期的な展望は不可欠だという点は、忘れられるべきではないだろう。

## 胸や体毛はどうなった？

　ホルモン操作の開始時には、髭などの体毛や乳房の膨らみなどが特徴的な事象として報告されていたが、この点は性別適合手術を経た今般はどうだっただろうか。結論から言って、それらについてはホルモンの時点で主要な変化は出尽くしていて、今般は補足的な事項にとどまっている。

> 2011/06/30
> 元々ホルモンで少し胸が出てきたとき、左よりも右のほうはイマイチ大きくなり方が少なかったのだが、ここ最近どうも同じくらいになってきたような…
> 何の影響？
> 2011/07/09
> 胸、やはりオペ前よりも大きくなり方が、質・量ともに変化??
> さしあたり「揺れ〜る♪」感が顕著に感じられることが頻繁
> てゆか、全体として皮下脂肪が増加？

　乳房関連では記録に見られるのはこれくらいである。そしてこれ自体このときの偶々の体感にすぎず、その後は言及もないように、特に性別適合手術後の変化として注目すべき事項ではなかったと見てよさそうである。
　ただ、皮下脂肪の増加については、ホルモン操作の際にはあまり自覚がなかったのが、今回は意識されるに至っていると見ることもできるだろう。

> 2011/09/28
> でもって、やっぱ脂肪がつきやすくなってるような感じはホルモンバランスの変化のせいとみてよいか？
> それから重い物を運ぶ際などには筋力低下も実感
> 単に昨今の運動不足説もないではないが、体感的にはソレ以上に低下

　別の日には、こうして筋力低下の体感にも言及しており、いわば女性ホルモンを外部から摂取することのみにとどまらず、男性ホルモンを分泌する元の器官が切除されたことによる大幅な体内ホルモンバランスの変化が、こうした身体状況の細部にも影響を及ぼしているということはあるのだろう。

　とはいえこれについての真偽のほどは医学的な精査が必要なものなので、本研究のデータのみでは推測の域を出ない。

　他方、髭については、基本的にはホルモン操作の際の「冷戦終結後の核兵器」状態（「減った」ことは喜ばしいが「まだある」ので本質的な解決ではない）ではあるものの、毛質の変化には着目され、限定的ながらノーメイクのパスも実現可能性が展望されている。

　　2011/01/05
　元を絶ったうえでプレマリン再開もしたのに、ヒゲの伸びるペースは手術前と大差ナシってのも期待外れか
　　2011/01/12
　ところで、ヒゲの伸びるペースは、ノンホル・ノンオペ時代基準で半分程度に思えるけど、よく見ると、ちょっと毛の質には変化アリか???
　　2011/01/16
　それからヒゲはやはり質的に変化があるみたい
　剃った直後なら完全ノーメイクパスOK？
　まぁ手術から4週間経って、直前まで分泌されていた男性ホルモンが尽きてくるのがそろそろなのだとしたら、元を断った成果が表れるのはこれからかも??
　　2011/01/24
　ヒゲの具合も明らかに変化アリ
　剃った直後ならノーメイクパスOK??(^^ ゞ
　　2011/05/25
　明日は温泉に入る予定があるのでムダ毛の処理
　でもやっぱり脛毛とか細くなった感が大
　処理するのも早く簡単になったし、そもそも剃るのをサボっても誤魔化せる度が上昇

　　ただ顔は顔だけにレーザーとかしないと厳しいなぁ (´_`;)
　　ヒゲはやはり特異点？
　　　2011/05/27
　　もういちど朝風呂へ (^o^;)
　　(& ヒゲも薄くなったことで、じつは今般は入浴はノーメイクも敢行！(^o^)ノ)
　　やっぱ解放感があって気持ちイイ
　　　2011/06/07
　　脛毛がマシになったとはいえ、1週間以上も放っておくと、かなり見苦しいレベル
　　女の子のたしなみとしては、コレを未処理なままの足出しファッションは、やは
　　りアウトか (^^ゞ
　　とはいえ、最低限のパッシングという意味では、必ずしも致命的な状態でもない
　　(パスの成否は個々のパーツよりも全体のトータルなバランスとはいえ)
　　両者の基準は、ビミョーに一致していないということか


　　記録ではこうしたことが報告されているが、髭以外でも他の体毛が全般的に
より薄くなったという体感は事実と考えられる。
　　最低限のパスが実現可能なレベルと美容上望ましい最低限度の水準が別個で
あるという指摘も興味深いが、ホルモン以前には脛毛を剃るのは不可欠だった
のが、しなくてもごまかせなくはなくなったというのは、トランスジェンダー
生活をより簡便にするのに資すること間違いない。
　　なお記録では注目から外れているが、頭髪の質についての変化で、ホルモン
操作の時点から起きていると思われる事項がある。筆者は年少の頃は柔らかめ
の直毛だったのが、第二次性徴のときに扱いにくくカールしたくせ毛に変わっ
た。端的に言って男性ホルモンの作用のせいではないかと推察されたのだが、
これが性別移行を開始し生活に変化が生じたことと相前後して多少はマシに
なったことは、『性同一性障害はオモシロイ』で少し触れたとおりである。そ
してその後ホルモン操作を経て、今般の性別適合手術も終えた後には、扱いに
くいほどのカールはすっかり解消し、部分的に跳ねやすい程度のことはあるも
のの、基本的には直毛と言える様相に回帰している。つまるところ体内のホル
モンバランスの変化が頭髪の質に表れているのだと考えられる。個人的には、

扱いづらいくせ毛がストレートに戻ったことは、自分の望むヘアアレンジがやりやすくなって、やはりありがたいと感じられるポイントとなっている。

　このように、体内ホルモンバランスがホルモン操作や性別適合手術の結果として本人がより好ましいと思う状態になるということで、当人の生活満足度の向上につながるのなら、それは身体改造のひとつの意義として評価できるだろう。

　いずれにせよ筆者の場合、社会的・文化的な性別移行がまずあり、やがてホルモン操作がおこなわれ、それからしばらくした後に性別適合手術へと進められているため、こうした身体変化の細部については、手術のみに直接由来するものを切り出すのが容易な面もあれば、逆に難しいところもあるだろう。

## 美容外科、繁盛する

　性別移行の順序といえば、人によってさまざまなパターンがある中でも、性別適合手術の位置づけが偏重されているケースは、やはり実際にあるのではないだろうか。

　特例法の要件として求められていることは、性別違和を抱えるトランスジェンダーに性別適合手術へのインセンティブをもたらしている。半面、性別適合手術を実施している国内機関は限られている。そんな中で、国内で手術を望む人は、それを実施している美容外科へと集中的に増加している印象についても記録中で触れられている。ちょうど２度目の尿道閉塞再手術の日付である。

　　　2011/04/11
　　そういえば、なんか今日は病室も満員で、手術が目白押しって感じだった中に、トランス前のＭｔＦさんと（カーテン越しに）推察される人がいたけど、その意味では、まず手術からってのはやはりどうなのだろう？　と思ってしまう
　　人それぞれの思いや事情はあるだろうけど
　　（ともあれＧＩＤ医療のニーズは思った以上に高いという現実が、こうした場所では垣間見えるのだろう）

　性別適合手術のニーズがあり、しかるべき医療機関がそれに応え、結果とし

て双方に益があることの表れであるなら、このような美容外科の繁盛の様子も悪いこととは言えない。しかし性別移行の取り組みの順序が、まず手術からという人もいるとしたら、はてさて本当にそれで大丈夫なのだろうかという心配は禁じえない。この記録の内容は多分に推測もまじえられているが、そこにある身体改造への期待はいささか過剰なのではないかという危惧は拭いきれない。

　本書でも述べてきたとおり、社会的に女性として生きることを目標にするのであれば、そのために重要となるのは、それらしい立ち居振る舞いが総合的に身につくことなどをはじめ、女性として接してもらう環境の醸成につながる、周囲との関係性形成にかかわる側面が非常に大きい。すなわち身体改造は必須ではないし、性別適合手術で形状が変更される部位というのは通常の社会生活では服に隠れた非露出部位なのである。

　そうしたことも勘案すると、性別適合手術は、すればその瞬間から望みの性別での人生に切り替わるようなものではなく、あくまでも性別移行のためのさまざまなオペレーションのうちのひとつにすぎないことは再確認されるべきところだ。そこをあたかもバラ色の魔法であるかのような誤認が拡散するとしたら危険である。この美容外科でも受診者ひとりひとりに合わせて適切なインフォームドコンセントはおこなわれているものと思われるが、これは今後とも確実が期されるべき事項なのは言うまでもないだろう。

## 「戸籍変更はまだ？」

　特例法の要件ということで言えば、大半の事例では性別適合手術が済めば特例法適用ともなるのだろうか。ほとんどの人は、ついに念願の手術を済ませたそのタイミングで戸籍性別変更の申し立てへと進む、それはたしかに理解できることでもある。

　ただ筆者の場合は、未成年の子がいる。成人年齢に達する時点までは特例法適用要件は満たせない。他に配偶者とのペーパー離婚も必要で、こちらもいざするとなるといろいろと面倒なのが否めない。

　しかし巷間そういうイメージは希薄なのか、筆者が手術を済ませたという情報をもとに、戸籍性別変更について尋ねられるケースは少なくなかった。手術後の半年ばかりの間にもそんなことがくり返されて、いささか辟易している様

子も記録から読み取れる。

> 2011/06/24
> そういえば手術済ませたのを受けて「戸籍変更は？」と尋ねられること多し
> 子どもの成人待ちやっちゅーねん (^^)
> とはいえテキトーな時期に可能なペーパー離婚とちがって、子の年齢は地道に待つしかないわけで、コレはやはり、若いトランスにとっては、子を作らないインセンティブになってしまう（本来は個々人の自由なのに）という点で、特例法要件はモンダイやなぁ (~_~;)

　性別適合手術が済んだことがすなわち特例法適用・戸籍変更だという認識は、はたしてどこから来るのだろうか。一般的には医療機関でガイドラインに則したケアを進めた場合、性別適合手術が済む時点では性同一性障害の診断をはじめ、他の要件もあらかたクリアできているケースがほとんどというのも一面の事実だろう。だがそこで忘れられているのは、そもそも戸籍変更は必ず望むべきものなのか（変更しなくても大丈夫な社会状況こそが真に求められるものだろう）という件もさることながら、性別適合手術を受けるトランスジェンダーにも「婚姻している」「未成年の子がいる」可能性だ。

　筆者のようにトランジションを実践しつつ、結婚生活を継続し、子どももうけている事例は決して少なくないはずである。しかし、そのイメージが世間一般では欠落し、ガイドラインや特例法をめぐる運用の現場で軽視されがちだとしたら由々しきことであろう。一口にトランスジェンダーと言った中にも多様性があることはもっと顧みられたい。

　同時に、記録の中でも述べられているとおり、特例法要件の「婚姻」「未成年の子」についての定めははたして妥当なのかについては不断の再考が求められよう。誰と結婚するか、あるいはしないのか。子を持つのか否か。これらの自由な選択は本来的には個々人の権利である。性別移行が実践され公的書類の性別表記も生活実態に沿ったものへの変更が望ましい状態のトランスジェンダーが「婚姻」や「子」といった指標で分断されることへは、疑問の声も絶えない。熟考の末に性別適合手術を希望した人には、スムーズに医療的措置が提

供されたうえで、その先の法制度においては「婚姻」や「子」といった条件で差をつけない。それはそんなに難しいことだろうか。

　もちろん、特例法要件を再検討しだせば、性別適合手術が必要なこと自体が疑義の対象となる。本人に特段の身体的性別違和がない場合でも特例法要件クリアのためには手術が必要となる状況には問題があるし、トランスジェンダーを安易に性別適合手術へ誘導したりする風潮とも通底しているだろう。

## 性別適合手術はバラ色の魔法ではない

　さて、ここまで見たように、やはり性別適合手術を受けるということは、相応に心身への負担のある大変な体験であることは否定できない。

　尿道口が手術部位であることによる面倒事や「短期集中生理」、ペニスの喪失に対する「幻肢痛」、総合病院での施術ではないことによる気苦労などは、ある種の特徴的な負担感であると読み取ることができた。同時に、人生におけるそれなりの節目としても機能することで、メンタル面への一定の影響が、正方向にも負方向にもありえた様子も。

　その一方、世間一般にありがちな「命をかけておこなう大変な大手術」といったイメージは、実情とは乖離がある誇張された側面も大であることが確認できた。

　手術そのものの体験をはじめ、手術直後しばらくは術部の痛みとつきあいながらの生活になったり、その後も安定するまでには一定期間を要するなどは、外科手術というもの一般について共通して見られることであって、性別適合手術に固有のものであるとは、必ずしも言い難い。再手術になる可能性もある等々、各種のリスクについてもしかり。

　そうした中で、全般的な医学の日進月歩もあるだろうし、性別適合手術を執刀する各々の医師が経験を積むことで向上し蓄積されるノウハウもあることだろう。性別適合手術を受けることの負担が、そういった要因で年年歳歳しだいに減少していくこともじゅうぶんに考えられる。

　「性別適合手術で生まれ変わった！」的な、手術を経ることで本物のその性別になれたと本人が思うかどうかも、個々人のライフヒストリーや身体的な違和感の具合、性別移行に対する考え方しだいだと言えた。そのあたりは千差万

別、一概に性別適合手術こそトランスジェンダーの人生の最大の節目だとは決めつけられないことには注意が必要なのである。

　しこうして、性別適合手術の実相を一般に思い込まれがちな「ビフォー／アフターの神話」に基づいた感動の物語という形に惑わされずに冷静に見極める作業は、性別違和と医療のかかわりを社会的アプローチで研究する際には、今後とも不断に心がけられたいところである。本稿がその一助になれば幸いである。

　同時に、トランスジェンダーが性別適合手術を受けるかどうかを検討するときにも、これら性別適合手術の実相は的確に考慮して判断したい。

　くり返しになるが、性別適合手術は受ければたちどころに性別違和にまつわる懊悩が雲散霧消するような、あたかも魔法的なソリューションをもたらすものでは決してない。社会に存するジェンダーイメージと距離を置きつつもコミットし、そこでの自己の社会的実践を試行錯誤しながら調整していく作業の数々のうち、自身の身体的な事情に応じて選択を考えるもののひとつにすぎないことは、しっかり認識したい。社会がその性別として望ましいとみなす身体に自己を適合させるために外科手術を選ぶということには、得られるメリットもたしかにあるが、そのことを各種のリスクと引き換えられるかなど、慎重に検討されるべきポイントは少なくないのである。バラ色の人生は自身で作り出すものだという自らの主人公性は、手放さないようにしなければなるまい。


## 2　身体変化をめぐる「身体性とジェンダー」

### 身体感覚の差異がジェンダーを構築する

　性別適合手術は、おもに外性器まわりについての身体感覚に大きな変更を迫るものである。それは言い換えると、いわゆる一般的なネイティブの「女性」と「男性」とでは、生まれつき異なる身体感覚を生きているということになるだろう。しかも通常は一般的ネイティブ「女性」「男性」は、その男女を分かつ根拠とされる身体の違いによって、そうした身体感覚のリアリティに差

異が生じているということ自体を、なかなか実感を持って知りうる状況にない。

　こうしたことが、社会的・文化的なジェンダーのありように何らかの影響を与えている可能性はすこぶる高い。本節では今般の筆者の記録を顧みることで、これら「身体性とジェンダー」にまつわる各種のイシューへのヒントの析出を試みてみることにしよう。

## はじめての排尿にうろたえる

　手術から３日ほど過ぎ、直後の最も不安定な状況がさしあたり落ち着いた際の、最初に記録されている身体感覚の大きな更改の自覚に、排尿にまつわるイベントがある。

　この時点では尿道の閉塞などはなく、排泄自体はつつがなかった。しかし排尿という行為の、その身体感覚の大幅な相違は、劇的な印象をもって語られている。

> 2010/12/23
> 今朝の診察終了
> 尿道のバルーン（カテーテル）も抜去。
> これで手術にともなって挿入された管が全部抜ける。
> で、ソレはイインだけど、とゆーことは以後はフツーに排尿か（^o^;!）
> いや、ちょっと待って、心の準備が（^^ゞ
> というわけで「おんなのこ初！生オシッコ」（!?）
> 感想は……
> ぅぅーん、まだちょっとわからない。
> しかし、従来とちがう身体感覚なのはたしか。待て！　続報!!
> とりあえず排尿困難とかの問題はないみたい。
> ただ、尿道口の位置って、コレでいいの??
> 「おんなのこ生オシッコ」は、慣れるまで当分はなんか怖いなぁ…

　念のために言っておくと、これは「社会的な性別移行をおこなって、かつては公衆トイレではいわゆる立ちションをおこなっていたのが、小用でも女性用

トイレの個室に入るようになったことによって排尿時の身体の姿勢が立位から座位に変わった」というような話をしているのではない。

　性別適合手術の前後では、オシッコが出る穴の位置が変わるのだ。

　記録では省かれているので補足すると、まずもって新しい「穴」からの排尿がいったいどんなものなのか、そうした新しい尿道口からの排泄を新体験することで、いったい何がこの身に起きるのか、意を決してトイレに入るまでに、その不安にひとしきり逡巡しうろたえたりもしている。

　そして尿道口の位置を気にする記述が記録中にもあるように、いよいよ膀胱に溜まったものをリリースする瞬間には、そのスポットから尿が排出されるという事実の身をもってしての体験に、新鮮な驚きととまどいを覚えている。言い換えれば「女の人の排尿って、ぇぇっ!?　ここからこんなふうにオシッコが出てたの!?」という驚愕でもある。実際、ペニスというホースの先端から放水していたときと、何やら体表のどこかよくわからないポイントからしずしずと液体が流出してくる様相では、身体の知覚として相当に異なる体感であった。こうした性別適合手術の結果としての排尿にまつわる身体感覚の激しい変化は、記録中で「おんなのこ初!　生オシッコ」と表現されるほど、相当にインパクトがある事象だったということになる。

## たかが「排尿」、されど男女で異なる

　このことを一歩引いて見てみると、すなわちこれは、男性ジェンダーの根拠とされる身体と女性ジェンダーの根拠とされる身体とでは、たかが「排尿」と思いきや、そこには身体的に大きな相違があるということだ。誤解を恐れずに極論すれば、同じ「排尿」でも男女ではまったく別の行為であり、異なる身体的意味を持つ日常動作なのである。

　「ちょっとトイレ行ってくる」と部屋を出ていった人が、戻ってくるまでにおこなっていることが、その身体的男女差によって、ぜんぜん違う——。

　むろん身体的な差異に由来して、衣服の着脱や便器に対峙する姿勢の違いなど社会的・文化的要素も派生するが、それらも包括して、そこにそうした相違があるということは、意外にもこれまであまり知られてこなかったのではないだろうか。否、「意外にも」は妥当しないだろう。その違いを、自分で体感的

に比較できるというのは、今般の筆者のように性別適合手術を受けでもしない
と不可能なのだから。

　フィクション作品では、男性登場人物と女性登場人物の身体と中身が入れ替
わってしまうという展開が、しばしば扱われる題材であるのはよく知られてい
るところだろう。そのような場合、物語の中では性別・性差をめぐるあれこれ
をあらためて意識させるようなプロットも少なくなく、そこが作品の面白さの
ひとつとなっている場合も多い。しかし、身体が入れ替わった男女がトイレで
排尿をめぐって戸惑うような場面は、排泄というデリケートな行為は描きにく
く、特に映像作品だといろいろ制約もあることを差し引いても、せいぜい表層
的な描写であることがほとんどではないだろうか。あまつさえ、尿道口の位置
が違うことから来る排尿の身体感覚の違いに驚愕するなどという掘り下げ方は、
まず見当たらない。

　それだけ、実際に体験せずに想像の範囲で創作している限りは、非常に思い
つくことが困難な案件なのだと言うこともできるだろう。


## 慣れることで新しい身体に馴染んでいく

　ともあれ性別適合手術の結果、排尿に関する身体感覚が大きく更改されたの
は事実である。

　記録中では尿道口の位置を気にしているように、しばらくの間は排尿のたび
に体感される新しい感覚に馴染めずにいる。しかし、逆に言えばこうした身
体感覚もまた慣れの問題だという側面は大きい。場数を踏むことで、新しい体
制に適合していくものである。


　　2010/12/23
　「おんなのこ生オシッコ」3回目。
　旧来とはやはり明らかに違うこの感じ、どうやって慣れていくのだろう
　　2010/12/24
　「おんなのこ生オシッコ」もすでにカウント不能なほど場数は踏む
　　…なれど、ホテルの部屋以外で初は帰りの名古屋駅高島屋、
　　2回目は地元駅前、3回目が自宅1F。

2011/01/18

外出先のトイレも、すでに慣れたか

2011/04/11

そういや「おんなのこ生オシッコ」自体には、すっかり慣れたか

このように、カテーテル抜去後の翌日には身体の新しい体制での排尿体験の回数も重ねられ、気持ちのうえでも新しい位置の尿道口との折り合いを探っている。実際この後はどんどん慣れていくので大きな問題になることはなく、「オシッコが出る穴の位置が変わ」ったこと自体への戸惑いや混乱の様子は記録中にも見られることはない。

ただ、そうした手術直後のプライマリーな驚きが一段落した後には、もう少し掘り下げたレポートも見られるようになる。

## 排尿のためのホースとしてのペニスの優秀性

狭義の「立ちション」は屋外のトイレではない場所での放尿を指し、これは日本では軽犯罪法に抵触しうる行為だが、フィクション中では男どうしのホモソーシャルな絆を確認する儀式として描かれることもある。広義に排尿時の姿勢に重心を置いた用法でも、やはり公衆トイレでの並んだ便器に沿って肩を並べて排尿しながらのコミュニケーションは、男性社会では軽視できない意義を持つことがあるだろう。

「立ちション」をめぐって、そうした各種の社会的な意味づけがあることにも留意が必要なのは言うまでもない。しかし「立ちション」を物理的に可能にしているのは、ペニスが持つ排尿のためのホースとしてのはたらきなのもまたたしかである。立位のまま排尿できることを筆頭に、男性身体の生活者にとって排尿がさしたる面倒のない簡便な作業としか実感できないのは、ひとえにペニスが優秀なホースであるおかげなのではないだろうか。

それゆえこの排尿時のホースとしてのペニスが筆者から失われた今般、トイレでの排尿という行為が従前に比していちじるしく不便になったことは、やはり重要な体感として報告されている。

2010/12/25

いずれにせよオシッコは圧倒的に不便 (文字どおり！(^^ゞ) に

2011/01/09

相方が娘と用事で外出した後、帰ってボヤいていた「ＪＲ某駅のトイレには紙が備え付けられておらず、自分がポケットティッシュを持っていたので事なきを得たが、子どもだけだったら大変なことになるところだった」という内容が、以前に比して実感を持って理解できる

やっぱ今となっては、油断するといろいろ飛び散ったりしてお尻が濡れたりして、いゃー大変 (^^ゞ……ってのが毎日のことなので

あらためて、オチンチンというのが排尿時のホースとしては非常に優秀な器官だったことを再認識⁉

2011/03/29

あとトイレが現状では和式しかないところは困るので、その点で行き先に対する不安があるのは、むしろ行動が不自由 (+o+)

　オシッコが意図しない方向に飛び散る。排尿のたびにお尻まで濡れることがある。「大」ではなく小用にすぎないのにトイレットペーパーがないのが大問題となる。

　こうしたことは男性身体ネイティブの人にとっては想像しにくいことだろう。だからこそ筆者にとっても、手術からほどないこの機の体験が新鮮なものとなっているわけである。

　筆者がこの時点で和式トイレに難色を示しているのは、ひとつには穴の位置が新しくなってからの経験値が洋式トイレに比して蓄積されておらず、ありていに言って慣れていないというのもある。しかし、これら飛び散り・お尻の濡れとのかねあいというのも重要なファクターである。洋式トイレのほうがまだしもそのあたりコントロールしやすいし、また事後において使用すると快適な洗浄機（いわゆるウォシュレット）が装備されていることが昨今の公衆トイレでは増えているというのも大きい。

## 行き先でのトイレの心配の男女差がつくられる

　こうして見ると、やはりペニスが具有されているほうが排尿は圧倒的にラクなのである。まさに優秀なホースに他ならない。洋式トイレに着座するときにはペニスと便座がコンフリクトを起こすことがあるのが不快だという問題もあるにはあるが、それはここではあくまでも第二義的なものである。ペニスのおかげで、尿は無秩序に湧溢するのではなく、ノズルの先端から合理的なコントロールで放出できる。この一点がじつに大きいということなのだ。

　さらにはそこから派生して、社会生活上のさまざまな場面にも差異が生じることはある。

　　2011/04/13
　　毎春恒例の山行き、途中の尿意に不安
　　去年までならイザとなったら、そのへんの物陰でする際に便利なホースがあったのが、今年からはないからねぇ…(´_`;)
　　ネイティブ女性はそもそもハイキングなどで、かような心配がデフォルトなのか??
　　となると、そのあたりも「誰も知らない、じつは、男女間での認識の差」なのかも

　ハイキングなどの野外活動では、トイレがある場所が限られているケースは珍しくない。もしもトイレが近くに存在しない場所で尿意に見舞われたら……!?　そうした不安はむろん誰にでもつきまとうものだが、しかし男性身体の生活者であれば、最終手段としての野外放尿が、まずもって物理的に簡便である。加えて男性ジェンダーの生活者が「立ちション」という行為に及ぶことに対しても、女性ジェンダーでの野外放尿と比較すれば社会的な許容度は相対的に大きいと言えるだろう。何より女性身体で女性ジェンダーを生活している人がトイレではない場所で排泄行為をおこなうとなると、安全・安心のためにクリアすべきハードルが高くかつ数多いのは男性の比ではない。

　したがって「行き先にトイレがないかもしれないことへの不安」もまた、こうしたことに由来して差異が構成されていることになる。そして、そうした差異の存在自体がほとんどの人には自覚されていない。少なくとも女性サイドの

心配の大きさを男性サイドが実感をともなって理解していないことは、筆者自身が性別適合手術の前後を比較してあらためてこの件に気がついたことからも、じゅうぶんに推察可能だ。

　それゆえに、男女混成のパーティで何らかの野外活動をおこなう場合には、トイレをめぐって両者間で認識のズレが生じ、このことが両者間の相互不理解につながることもあるだろう。それが社会的に性別・性差を強化する方向へと力を及ぼしているとも考えられる。

　またこれら一般的な男女間の対立のほかにも、性別適合手術をしていないMtFトランスジェンダーが、女性どうしの関係性の中ではしなくも馬脚を露わしてしまう危険性にもつながるかもしれない。

## 検尿の難易度

　外出先での尿意への心配事のほか、記録では検尿についても言及されている。

　病院などで採尿を指示されたような場合、女性身体を基準に置くなら、その難度が男性身体ではペニスの存在によって大きく下がっているということも、やはり多くの人は知らないのだと言える。

　2011/04/22
　娘の学校が新学期なのの一環で、検尿の提出アリ
　——なんだけど、よく考えると「ホース」なしだと、紙コップに尿を採るって大変では!?
　自ら「おんなのこ初検尿」の際は、どうやってするか心の準備が必要かも

　幸か不幸か筆者自身の「おんなのこ初検尿」の機会はいまだ訪れていないのだが、想像する限り相当に難しいことである。

　となると例えば医療機関で男性医師が女性患者に尿検査のための採尿を指示するような場面でも、その難易度についての意識のズレは起こりうる。そのせいでラポール形成に支障が出るようなことは、じつはわりと頻繁に起こっていたりするのではないだろうか。

　検尿は、その機会が誰にでも日常的にあるというものではないにせよ、集団

での健康診断の際には同級生・同僚などとともに受検することにもなるだろう。そうした機会に、採尿の難易度という身体由来の差異が、男性集団・女性集団という二元的性別区分の形成に作用するひとつの力となることもあるのではないか。結果として、各々の集団内での異なるジェンダー規範も形成されるわけだ。

## トイレをめぐる男女別カルチャー

そもそも、普段の男女別トイレ内での、各々男性集団と女性集団のトイレでのコミュニケーションをめぐるカルチャーとして、異なる様式が発達している一因にも、排尿姿勢は影響しているだろう。

男性用トイレの小便器に向かって肩を並べての「立ちション」を紐帯とした、なにがしかの男どうしの絆と呼べるものがたしかに存在するというのは、そうした「立ちション」を体験した人たちの間では多く共有されている皮膚感覚だろう。

一方で女性用トイレの個室文化と、逆にそれゆえの洗面台の前での相互作用というものもまた独特なのかもしれない。

このように、男女の行動様式の分化や相互不理解の発生の背景にある身体性の差異として、排尿をめぐるものは見過ごせない水準にあると考えられる。こうしたことの積み重ねが、男女という集団区分の強化に一役買っているのはじゅうぶんに考えられるだろう。今後のこの点にフォーカスした研究も待たれるところである。

なお少し補足するなら、ペニスが排尿のためのホースとして優秀というのは、当人が健康で支障なく日常生活が送れる場合の話であって、何らかの介護などが必要になった際には別の見方ができる点にも注意したい。

当人が寝たきりになったときなどは、ケアを担う者にとってはホースとしてのペニスの存在に大した意味はなく、むしろ清拭すべき表面積が大きくなるなど余計な手間を増やしているだけだということもあるだろう。寝たきりにならないまでも、通常の日常生活の中で軽い尿もれなどがあるようなケースでは、尿もれパッドの装着は効果的な対策だが、その場合でもペニスは邪魔になりうる。実際そうした差異に対応して、その種の商品もまた男性用・女性用と

して分けた展開になっている。そして女性身体でずっと生きてきた人にとっては、特に初期の軽度尿失禁用のパッドであれば生理用ナプキンと同じ感覚で装着でき、導入のための心理的抵抗感も少ないだろう。

　こうしたこともまた身体的な差異がジェンダーのありように影響を及ぼす事例のひとつと言えるかもしれない。

## 生理という名のイニシエーション

　さて、男性身体の生活者には決して体験しえない女性身体の生理現象としては月経があった。女性ジェンダーの生活者どうしのコミュニケーションでは、そうした月々の生理にまつわる共通体験が、ある種の女性ホモソーシャルな結束の紐帯として機能していることもあるだろう。

　これもまた身体的性差とされるものによって身体感覚の体験に差異が生ずることによる、ジェンダー属性の分化が補強される一例かもしれない。

　その場合、ＭｔＦトランスジェンダーにあっては、これら月経は自身の身体には起こらない生理であるため、女性ジェンダーのコミュニティに属する際に、一種の疎外感を抱かされる要因にもなりえた。社会的な性別移行を済ませて女性として社会生活を送っている場合、ふとした機会に月経を話題としたトークになったりすると、内容についていけずに話の輪から外れざるをえなくなることもある。トランスジェンダーである事実を周囲に開示していないケースだと、さも本当に生理があるかのごとくごまかすために虚偽の発言を強いられることになり、これが心理的なストレスにもなりうる。それゆえか「生理の話題はできるだけ避ける」が、埋没派ＭｔＦトランスジェンダーのライフハックとして語られているのもときおり見かける。これらはそもそもがデリケートなテーマであり、トランスジェンダーのよくある困りごととして語られる例としては上位ではないかもしれないが、筆者が自分のトランスジェンダー生活を顧みても、たしかに一定の頻度で起こることだという実感は否定できない。

　しかしそう考えたとき、筆者が記録中で「短期集中生理」と呼んだ、性別適合手術の直後の陰部からの出血期間は、まさに疑似的に女性身体の月経にかかわる不便について、ある程度の実感を体感できる機会ともなるのである。

2011/01/01
一昨日から昼間は普通ショーツ＆昼間多い日用ナプキンにしてるのにつづき、昨夜から夜もオムツはやめて生理ショーツ＆夜用ナプキンにしてみた。
基本、コレで大丈夫か
　2011/01/06
ＳＲＳ手術後の陰部からの出血期間が、いわば「短期集中生理」なのが、なんてーか女性どうしとして認められるための一種のイニシエーションとなりうるのも言えるかも
実際、生理中の不便等々が多少なりとも疑似（本物の月経とは完全にイコールではなかろう）体験できるし、店でナプキンを買う際の微妙な気恥ずかしさというのも、なんとなく実感できるようになったりと、その身体性ならではのモロモロを共通理解として持てるという側面はたしかにあるみたい
　2011/02/24
仕事もはかどらないし、まさに生理中気分…と言っていいかも？？

　このとおり、すでに記録中でも「イニシエーション」という言葉を使って考察が試みられている。

　毎日のナプキン装着の面倒はもとより、出血量の変化を見計らってナプキンのサイズを調整する試みなどは、まさにネイティブ女性の毎月の営みを経験していることになる。買い置きのナプキンを店舗で購入する際に、なんとなく気恥ずかしくて周囲の視線を気にしてしまう体験も、実際に必要に迫られておこなうようになってはじめてその実相を理解できるところが少なくなかった。

　むろん、子宮の奥から湧き出ずるような不快感とも聞き及ぶ、月経の苦痛のすべてが体感できているわけではない。「短期集中」と形容したように、半年ほどのその期間が過ぎれば、同様の身体現象はもはや原則として再現されることもないので、ネイティブ女性身体を生きる場合のように文字どおり毎月の定期的に訪れる事象ともならない。そのあたりは、フィクションの世界での魔法的な手段での性転換のような生殖機能なども含めた女体化ではない、現にあるテクノロジーに基づく医療行為である性別適合手術の限界である（そこを月経の不快感には煩わされずに済むと見るか、それすら体験したいのに叶わないと思う

かは、人それぞれだろうか）。

　それでも、毎日のナプキンの面倒など、月々の生理にかかわるあれこれが、いわば擬似的にであれ自らの体験として獲得できる意義は大きいと言える。月経にかかわる身体感覚のことが部分的にであっても理解でき、女性ジェンダーのコミュニティにおける共通の話題として日常会話の俎上にのぼっても、いちおうの参加が可能となるわけなのだ。

　そうした事実がＭｔＦトランスジェンダーとしての生活に自信をもたらし、醸し出される雰囲気の安定にもつながり、女性どうしのコミュニケーションのさらなる円滑化が達成されるということもあるのではないだろうか。

## 産婦人科の診察台に乗せられる

　他にも通常はネイティブ女性のみが想定されている体験をする機会が、性別適合手術を経たがゆえにめぐってくることはある。

　　　2011/01/20
　　　手術１カ月目の診察で朝から名古屋へ
　　　やっぱあの診察台は心理的にナニなものがある？

　この日は記録にあるとおり１カ月検診だったのだが、それがいわゆる産婦人科によくある診察台に乗せられて陰部を観察されるものだったのである。

　この産婦人科の診察台とは、電動で昇降し、被診察者の開脚まで自動でおこなう椅子状の設備のことである。診察する側の医師にとっては、容易に対象部位を観察や処置をしやすい位置に持ってくることができ、被診察者の体位も合理的に保持できる。被診察者にとっても医師が診察しやすい体位をとるために余分な力を入れる必要もなく、ラクだというようなメリットもあるだろう。しかし一方では、身体が電動で自分の意思にかかわりなく強制的に動かされる、そしてそうやって取らされる体位が羞恥心を激しくそそられるものであるなど、この診察台に対する不評の声が女性から上がっているのを見聞する機会も少なくない。つまり自分の身体が主体性を奪われモノ化されているような感覚を抱かされる、それが特にデリケートな身体部位についておこなわれるのが心理的

154

苦痛だ、といった訴えである。

　こうしたこともまた、いわゆる歯医者の椅子が強いて言えば部分的に類似しているくらいで、ネイティブ男性にとっては体験する機会がなく実感がわかないものなのではないだろうか。筆者も、この日に初体験して「あぁ、こういうことだったのか！」と得心が行くと同時に、かねて伝え聞いていた女性の意見を従前は無意識のうちに他人事として軽んじていたことを悟った形である。

　しこうして、ここでも性別適合手術を経たことで、通常なら知りえない女性ならではの体験に参画し、その際の心情を理解する機会が得られた。このようなことは、疑似的な生理の体験と同様、女性社会でのコミュニケーションが円滑になるなどして、ＭｔＦのトランスジェンダー生活がより安定する効果につながることもあるだろう。

## 性器の形をめぐる「思春期の悩み」

　他にも、身体の外観が女性身体に近似していくことで、いわゆる思春期に女子が自己の身体をめぐって思い悩む要素を追体験する機会もめぐってくる。

　ホルモンで乳房が膨らんだ際も、そうした身体変化に対する各種の思いが思春期女子のものの追体験であり、いわば「気分はアラフォー（around fourteen）」だったとは本書第２章の第１節で述べたが、さしずめそれの性別適合手術版である。

> 2011/02/25
> 陰部全体の不安定感が、若干あるか
> 当初の手術直後のやつのちょい軽めって感じの
> あと "性器の形が変わった" 印象もあるの、今後どうなっていくのか ??
> 性器の形で悩んで、いわゆる思春期女子の定番かいな (^o^;)

　この日は例の尿道閉塞に対する１回目の再手術の翌々日にあたる。ゆえに再手術の結果として性器の形が変わった印象があるというのが記録の直接の趣旨だろう。しかし本手術の後の術部の腫れも引いて少し落ち着いた以降のわりと間もない頃にはすでに、形は本当にコレでよいのだろうか、みんなと違うの

では、オカシクはないのだろうかという不安を抱いていたこともまた記憶の糸からはたどられる。

　むろんそのような性器の形に対して不安を抱く瞬間は思春期には男女を問わず訪れるものだろう。筆者もまた10代の頃には、自身のペニスがクラスメートの男子たちと比して適切な実状なのかどうか、内心いろいろ気にしていなくはなかったものである。

　そしてその同じ時期に、本来生きたかった性別である女子なら感じていたであろう自分の女性器の様相にかかわる心配。そう、女性器という点では、ＭｔＦは同様の体験を思春期には経ていないのだ。しかしそれがこうして性別適合手術によって追体験されることで、ひとつには望みの性別では生きられなかった青春時代に対するルサンチマンの恢復の一環を成すことにもなりうるし、やはり成長後の女性社会において構成メンバーに望まれる共通認識を獲得できることになる。これもまた身体性の更改にともなって、個々人の社会性にアップデートが加わるポイントのひとつと言えよう。

## 身体的男女差・体験の相違をこえて

　ともあれこのように、こうした性器の形への悩み、あるいは産婦人科の診察台体験、そして「短期集中生理」たる疑似的な月経の不便や苦痛の体験などが、ＭｔＦトランスジェンダーにとって、性別移行のうえで身体に起因する不足していた要素を補完し、女性としての同性集団との社会関係をより深化したり、本人の気持ちの中でも女性どうしの関係性へより深くコミットするための一種の儀式として成立することはじゅうぶんにありうる。本人がそうした変化を遂げたことを周囲の女性集団がスムーズに受容できる契機とするということもあるだろう。その意味でもＭｔＦトランスジェンダーにとっての性別適合手術は、まさに女性社会へのイニシエーションとして機能する機会のひとつだと言うことは可能だろう。

　同時に、トランスジェンダーにとってはかかる意味が生じるくらいに、一般的にはやはりこうした身体的な男女差による社会体験の相違に由来して、さまざまな認識の男女間のズレが発生し、各種のジェンダー問題につながっているのだろうと慮ることも大切だろう。

　互いに知りえないでいるものがあることを意識的に自覚し、想像力をめぐらせることで互いの状況について補完する。そうした態度は、いわばいまどき必須の人としてのマナーであるとも言えるし、それがいわゆる男女共同参画社会の理念を実現していくためにも、望まれる姿勢なのだと思われる。

## 臭い飯を食った仲⁉

　ＭｔＦトランスジェンダーにとって、その集団内の成員どうしのコミュニケーションの基底となる共通体験といえば、前述のとおり女性集団内でのものが第一に重要ではある。一方で、例えばセクシュアルマイノリティどうしの結びつきにおいて、共通の課題となる体験というものも存在する。

　カミングアウトの困難などをはじめ、性的少数者全体に共通しがちなものも少なくないが、セクシュアルマイノリティの細かなカテゴリ各々内での「あるある、そういうこと」というような事象の共有もまたある。ＭｔＦトランスジェンダーという括りであれば、例えば「はじめて化粧したときの高揚感」「最初のスカート外出のドキドキ」などがわりとありがちな例となるはずだ。

　そして、そうしたうちのひとつのジャンルには、性別適合手術を経たことに連なる体験のあれこれも位置づくことになる。

　手術室へ入るときの感慨や不安感、手術直後のベッドの上での難渋苦悶、その後しばらくの期間も続く痛みや「幻肢痛」に日常生活の不自由、しかしそれでも身体感覚の更改によって感じられる新鮮な驚きや発見……。

　これらが性別適合手術を済ませたＭｔＦトランスジェンダーの間では、そうそう自分もそうだったと相互に思える事項として成り立つ。それが共通体験となり、仲間意識や結束の強化をもたらすことも起こるだろう。同種のことはおそらくＦｔＭの性別適合手術においてもあるのではないか。

　　2011/01/06
　このように痛くて苦しい一連のプロセスが、オペ済みトランスの共通体験なのだとしたら、これを経た者どうしの間に、何らかの連帯感って、やっぱ生まれちゃうのは必然か
　いわゆる軍に徴兵された経験者どうしの「臭い飯を食った仲」みたいな

　　イイことなのかどうかは一概に言えないだろうケド

　記録中でもこのように考察されている。

　つまるところ手術組トランスジェンダー間での、いわば「痛い目に遭った者どうし」の連帯感などが成立しうるのだと言えよう。

　しかし逆に性別適合手術という共通体験の有無が、トランスジェンダーどうしの間に分断や亀裂をもたらすことも起こりうる。手術を経た一団と、性別適合手術はしない・する必要はないと考えるトランスジェンダーらの間で、意見が噛み合わなかったり方針が相違したりということは、ふとしたきっかけで立ち現れる。

　もちろん、性別適合手術はトランスジェンダー生活のために必須ではない、本人が希望するならおこなえばよいもの、にもかかわらず世間一般の風潮としてはすべきもの・するのが普通だとなっている……などは既述のとおりである。

　トランスジェンダーどうしが性別適合手術をめぐって何らかの軋轢を生じさせ、むやみに諍うのは無益でしかない。無用の対立を回避する心がけは相互に求められるところだろう。そしてその際、背景にはこれら性別適合手術をめぐる共通体験の有無による意識の相違がひとつあることを理解することは、存外に有用なのではないだろうか。

## 温泉・公衆浴場での圧倒的メリット

　日常の社会生活は着衣でおこなうため外性器は非露出部位であり、トランスジェンダー生活が必ずしも性別適合手術を要しないのは、前項に至るまでにも何度も述べた。自分の身体状況を詳密に開示するシチュエーションといえば、例えば特定の親密な関係性のパートナーとの性行為などの限定的なシークエンスに絞られると言える。それゆえ相手方は限られており、自分がトランスジェンダーであるがゆえの事情については個別の交渉しだいということにもなるだろう。

　しかし例外的な場面もたまに訪れる。日本文化圏でさかんな形式の公衆浴場は、その代表事案である。全裸で湯船に浸かる方式の入浴であり、エリアは性別二元論に基づいて男湯・女湯に二分されている。不特定多数の相手に自らの

裸体を晒すことになり、外性器まわりの身体状況に応じて「性別」が認識される。しかもその認識の結果が適用されることで、自分がその当該エリアにふさわしいか否かが判定されてしまう。性別適合手術をしていないトランスジェンダーにとっては、困難な場面の筆頭となっている場だと言っても過言ではあるまい。

　そして、だからこそ性別適合手術を受けた成果が絶大な効果を発揮するシチュエーションでもあるのである。

　　2011/02/05
　　手術から帰ってからの初宿泊の福岡出張
　　そして、ホテルでは大浴場デビュー！
　　まぁ完全初というわけではないけど、やはり手術後の身体では、めちゃ気楽と言えるか

　手術後はじめての公衆浴場体験であった出張先でのホテルの大浴場については、このように記録でも「めちゃ気楽」とレポートされている。

　手術未済の時点でも性別移行後には女湯を利用したことがないではないのは、拙著『明るいトランスジェンダー生活』にも記したとおりだが、そうしたケースではやはりいろいろ気を遣わざるをえず心理的にも落ち着けなかったし、局部を目立たないようにテーピングしたりするほか着替えの所作などにもコツを要するなど何かと面倒だったものだ。それに比べると、たしかに手術後は格段にラクになったのは否定できない。

　　2011/05/26
　　というわけで遠征講演の行きがかりで宿泊先には豪華!?　露天風呂天然温泉(^^ゞ
　　女湯にもはや堂々と入れるのは面倒はないし気苦労もない
　　ヒネた言い方をすれば、このシチュエーションだけが大きなメリット

　２度めの出張先での公衆浴場体験であるこの日にも、このように記録されている。「堂々と入れる」「面倒はない」「気苦労もない」といった言葉が、自

分がそうありたい望みの性別に応じたエリアをあたりまえに利用できるように
なったことへの安堵感を物語っている。
　「このシチュエーションだけが大きなメリット」とまで言い切ってしまうの
は、さすがに身も蓋もない気はしないでもないが、それだけ平素の着衣の日常
生活の場面に比して、これら公衆浴場のような服を脱ぐシチュエーションでは、
性別適合手術の成果に対して圧倒的なメリットが実感されるということでもあ
るだろう。

## 「女湯にも入れる身体」がもたらす安心感

　そして、このように女湯にも特段の困難をともなうことなく入れるように
なったという事実が、平常の着衣での日常生活にも及ぼす効果があるようだ。
すなわち、服の下はもはやそういう身体になっているのだという秘めたる真実
それ自体が、社会と自己の位置関係を折り合わせ、以て心理的な安定につなが
るのではないだろうか。

> 2011/03/08
> やはり公衆浴場での心配が払拭されたし、トイレなどでも、とにかくもう身体が
> こうなってしまっているので、こっちでないとダメ……という点で、保守的な人
> をも納得させられそうな安心感は、たしかにある
> でも、それってやはり、本来的には「そのために変えるべきは本人の身体ではな
> く、社会のありよう」である事項なんだよねぇ (´_`;)

　社会が、個々人に付与する性別属性の根拠として出生時に目視した外性器ま
わりの身体特徴を重用している以上、着衣での日常生活でのジェンダー表現が
どうあれ、外性器にフォーカスされる身体特徴の如何が「本当の性別」だとみ
なされるという実態はある。そんな中では、その「本当の性別」にかかわる身
体形状までが、社会からその性別について要求される仕様を満たしているとい
うのは、大きな後ろ盾として機能するのではないか。いわば、身体を基準に付
与された性別属性こそが個々人の「本当の性別」であると頑迷に固執する保守
派に相対する機会が到来したとしても、そんなイザというときには「もう身体

もそうなってるんだからしかたないダロ！」のように相手を納得させられる根拠となるだろうと予想できることによる安心感である。

　したがって公衆浴場などはもとより、トイレなど基本的に着衣でも男女別にエリア分けされている場にアクセスする際の、気持ちのうえでの平穏もまた性別適合手術によってもたらされると言うことはできるだろう。

　もちろんこれは本来は、トランスジェンダーの本人の意思よりも出生時の外性器に即した性別属性のほうを公式なものとみなす社会システムと、それを信奉する保守的な考え方のほうがあらためられるべきものであり、この点は上記の記録中でも言及されているとおり、筆者はかねて訴えているところである。

> 2011/05/27
> ホテルで就寝中の夢、なんか詳細は不明なものの、女性として生活している仲間うちで「性別」がモンダイになる事態が発生するも、べつにノープロブレムと平気でいるという内容
> 今まではよく同じような場面で「どうしよう…(^_^;)」と内心焦るパターンだった（ハイ、じつはそういう夢って見るんですヨ♪）のだが…
> もしかして昨夜の女湯でのリラ〜ックス！が影響している⁉
> 自分的には身体改造がほんの美容整形(⁉)のつもりであったとしても、少なくとも「社会から本物と見られる」ことのメリットは、じつは結果として大きいものになってしまっている現実は、思いのほか広範に存在しているか…
> なんてことを考えながら、もういちど朝風呂へ (^o^;)
> （& ヒゲも薄くなったことで、じつは今般は入浴はノーメイクも敢行！(^o^) ノ)
> やっぱ解放感があって気持ちイイ

　それでもこの２度めの宿泊先での温泉体験の翌日にはこのように記されているように、従前は本人が自覚している以上の心労があったこともうかがわれる。この《自分的には身体改造がほんの美容整形(⁉)のつもりであったとしても、少なくとも「社会から本物と見られる」ことのメリットは、じつは結果として大きいものになってしまっている現実は、思いのほか広範に存在している》というのは、まさに正鵠を射た分析ではないだろうか。

2011/03/08
新幹線、新車両、新開通の話題続々！
ということもあって、夏休みの旅行の計画も構想が膨らむ中、満咲が【温泉】を
楽しみに (^^)
もとより風呂好きなのに加えて、去年までは、ワタシとの旅行では大浴場は、イ
イのがあっても避けられていたからねぇ (^^ゞ
てゆか、満咲的には「お父さん」のそういう変化は、いちおー歓迎事項ってことか

　このような家族旅行のプランニングにおいても、従来はあった数々の制約が
払拭されたことがわかる。
　記録中の「満咲」は筆者の娘の名前で、この時点では小学5年生、旅行する
夏には6年生になっている。実際8月になると青森方面へ2人で赴き県内の温
泉地で宿泊、ヒバの香りの露天風呂なども満喫できた。以前であれば、親子3
人揃っているときはまだしも、相方の仕事の都合で筆者と娘の2人旅のことも
多く、大人が筆者だけのところへもしも何かあったら（つまり筆者が女湯に侵
入した男性として通報され逮捕されてしまうなど）と考えると、さすがに「女湯
チャレンジ」ははばかられたものだ。
　ちなみに上記の記録内容からもその一端がうかがえるように、筆者の娘が持
つ性別をめぐる観念や、筆者に対する姿勢などは非常に興味深いところである。

## 身体とジェンダー区分
　こうした、その性別での社会生活にについて、社会がふさわしいと信じてい
る身体状況を獲得することが、トランスジェンダー生活をより円滑にするとい
う効果は、実際にあるという現実は認めざるをえない。
　そして、これら温泉での絶大な効果や、そこから連なる着衣の場にも及ぶ安
心感は、掘り下げると、トランスジェンダーと性別適合手術というテーマのみ
に収まらないところと、やはりつながっている。すなわち、ひとりひとりの外
性器にまつわる身体状況が、各人が男女別に分けられたフィールドにコミット
する際に、それぞれの心理状態や、社会との関係性に影響を与えているという

ことにもなるからだ。いわば「この身体の自分がこの場にふさわしいと認知される
から、自分の性別はこうなのだ」という意識の誕生である。言い換えると、
身体的性差がもたらす各自の身体状況の、社会からの要請との適合具合の如何
によって、社会への参画の過程で再帰的に身体について性別にかかわるアイデ
ンティティが派生するということでもあろう。

そしてそれは「男女の差」と解釈されるものの一要素を生成する方向にも機
能する。それぞれのプロセスは、各人の割り当てられたジェンダー属性に応じ
て社会的に分割された男女いずれかのカテゴリに置かれるからである。そがゆ
えに大まかには男女二分的に傾向の差異を生成し、結果としてさまざまな「男
女の違い」を構成、それはまた男女に二分化されたジェンダー属性の隔離を促
す方向にループする。

しかして身体差が社会的・文化的なジェンダーの一要素となっている、とい
うようなことは、あると推論することが可能だと筆者には考えられる。少なく
とも、こうしたメカニズムが存在すること、その可能性自体もまた、ほとんど
の人にとって気づきにくいものになっているのではないだろうか。


## パンツのおまたスッキリ

ところで、通常は着衣でおこなう日常生活となると、その衣服のほうはどう
だろうか。

サイズの問題などいろいろ課題はあるにせよ、基本的には男性身体の人が女
物の服を着ることに、物理的な直接の障害はない。その意味で、一定水準の性
別移行が実現した暁には、ＭｔＦトランスジェンダーはほぼ問題なく自由に服
装が選べるのだと言える。あるいは逆に性別移行を相応の段階まで至らしめる
ためにも、さまざまな女物の服を試行錯誤して、コーディネートのセンスを磨
くことも大切だろう。

ただ、女性向けを念頭にデザインされる衣服は、ピンポイントで男性身体と
コンフリクトを起こすこともある。タイトなスキニーパンツスタイルの股間が
問題になるなどは想像しやすいだろうが、それ以外でもいろいろ細かな案件は
ないではない。

　2010/12/24
　ちなみに部屋着はここ数年はずっと女物だったが、やはりオマタのところはスッ
　キリしなかったのが、それがかなりはきやすくなったのはまがりなりにも実感

　このようにむしろ在宅時のリラックスなニーズに向けてゆったりめなつくり
である部屋着であっても、女物であると股間にペニスなどが出っ張っていない
前提で布地が裁断・縫製されているのだろう。全体的なサイズは合っていても、
その部位については着用したときにはやや窮屈だったのが、手術後にはその現
象がなくなったという趣旨が記録では報告されている。
　あるいは下着についても、本来は女性身体に向けて設計されているものに対
して、手術後の身体が従来よりも適合的になるのは、むしろ最たる例だろうか。

　2011/09/21
　猛暑シーズン終了に伴い、在宅時の下着を女性用ショーツに戻す。
　基本コレのほうがしっくりくる（物理的に）と言ってよいか。

　夏の蒸し暑い期間には在宅時の下着として、かつてメインで着用していた男
性用トランクスを活用するのだが、これは盛夏にあっては風通しがよくて涼し
いというメリットがある一方で、この年はじめての手術後のシーズンにあって
は、どこか手術後の身体と合わずに不安定感も感じていたようだ。それが秋に
なって在宅時の下着も女性用ショーツに戻した機会に、あらためて自覚されて
いるのである。
　これは女性用ショーツのほうが適切に身体にフィットし、しっくりくる身体に
なったということに他ならないが、逆に言えば、手術以前の時点でのトランス
ジェンダー生活においては、女性下着の着用には、多少の身体上の無理をして
いたということでもある。
　こうした例のように、性別適合手術を経た身体が、常用する衣服の類との適
合係数を上昇させることが、トランスジェンダー生活の負担を減らす方向に作
用することは、ままあるだろうと考えるのが自然である。
　むろん挙げた事例の限りでは、対人関係に大きな影響を与えたりはしない案

件であり、社会生活上の深刻な要素ではないとも言える。あくまでもごく個人的なアメニティの問題ではある。それでも、こうしたことがささやかに本人のＱＯＬを向上させる利得は軽視すべきではないだろう。

　そしてこれもまた、本来はまず衣服のほうが男女身体それぞれの特性に合わせて設計されているのだろうが、それを着用し、現に自分の身体がその衣服に適合する感覚を反復的・継続的に体験することで、再帰的に自己の身体が社会的な意味づけに則して解釈され、各々の身体も視野に入れたジェンダーアイデンティティがひとりひとりに醸成されるという事実の存在を示唆していまいか。簡単に言えば「自分は女だから女物の下着」から「自分の身体は女物の下着が適合するから自分は女」へのシフトが、どこかで起こっているのだ。そうしてそれが「男女」それぞれに起こるとき、おそらくはその内実に何らかの「男女差」が派生することもしかり。

　であれば、性別適合手術を通して見ることで、この衣服に適合する身体という事案からも、身体に由来する男女二元的なジェンダー差異が社会的に構成されている一端が、あらためて可視化されたことになる。

## 社会生活に変化はない

　以上のように、おもに外性器をめぐる身体状況が性別適合手術で改変された結果を通じて、各種の知見が得られた。

　その基底には、性別適合手術による身体状況の更改は、やはり当人の身体感覚に少なからず影響を与え、そのことと社会との相互作用の様相は、この社会におけるジェンダーをめぐるあれこれと密接に結びついているということがあると思われた。

　ただ本節で詳らかになった事柄というのは、「言われなければわからない」「なるほど、ソコはそうだったのか」といった細かな点の再発見だったとも捉えられる。つまるところ、本人の日常の社会生活の総体を見た場合、その大半の場面では、性別適合手術のその前後でのなにがしかの劇的な変化というものはなかったということでもある。

　2011/01/17

　ともあれ阪大の仕事も今日から再開。

　しかも、手術後に以前からの知り合いと会うのは（家族を除くと）コレが初とは
いえ、べつに何も変わっていないし、皆さんも特に何も感じなかったのでは⁉

　このように、以前からの知り合いとの関係性には変化がない旨が記録でも述
べられている。

　この当時の筆者は大阪大学の社会学の研究室で事務補佐の任を務めていたの
だが、先生方も院生のみなさんも、手術後に初出勤した筆者が以前とは特に何
かが違っているという認識は持てなかったようである。元々社会学系の研究室
でジェンダー関連にも造詣が並々ならず深い人材が集まっている場であり、筆
者がトランスジェンダーであることも理解されたうえでそのまま受容される環
境ではあったが、だからこそ、性別適合手術を受けることも事前に知らせてあ
り、手術後の初出勤がいつかも周知されていた。そのうえで、いわば「拍子抜
け」だったということになる。

> 2011/01/31
> 阪大とか会う人のほうも慣れてきた…というか、そもそもフツーに会う人にとっ
> て、つまり社会的には、手術で変更された部位がどうなっているかは、ほとんど
> 関係ないってのは、やっぱたしかかな

　この術後初出勤から２週間が経過した後の記録でも、基本的な社会生活全般
における日常の対人関係は手術の前後で変化がないと暫定的に結論づけが試み
られている。

　性別適合手術を終えて戻ってきた人が、そのことに直接に起因して「なるほ
ど、性別が変わった！」というような変化を遂げているというのは、すなわち
現実的でない、いわば都市伝説のようなものなのではないだろうか。

　もちろん、性別移行という取り組みの全体像を鳥瞰するなら、その前後にお
いて本人の為人が大きく変化しているのは必然である。しかしそれは本人によ
るさまざまな自己像の試行錯誤や、周囲の人たちとの社会関係の調整など、身
体改造以外の因子も含めて、ある程度長いスパンで見てのことだ。

　これらのことから、結局は「ビフォー／アフターの神話」はどこまでもあくまでも「神話」であり、身体改造の主たる成果は本人の自己満足にあるのだという「ホルモン編」での考察と同じところへの帰着も見ることになる。

　よってさしあたり、社会生活を送る人間であるところのトランスジェンダー当人にとって性別適合手術にはどんな意味があるのかという問いの答えは、本節をふり返った限りでまとめるなら、性別適合手術で形状変更される非露出部位が、日常の社会生活に直接に大きな効果を及ぼすことはないが、その部位の社会的意味とあいまって、個々人の中での身体感覚の革新が何らかの自己と社会との間の意味の変容をもたらすことはありうるのだ、ということになるだろう。

　そしてそうなると、では社会生活におけるひとりひとりの「性別」の本質とはいったい何なのか、そこでは「身体」はどんな意味を持つのかといった、かなり根源的な問いが浮上してくることになる。その点の考察は本節以降にゆだねることにしよう。

## 3　性感と身体的セクシュアリティ

### 物理的な性器の除去から何がわかるか

　性別適合手術によって性をめぐる身体器官である外性器付近の身体状況が更改されることは、個々人のセクシュアリティを大きく変容させることにつながるものである。ＭｔＦであればペニスや精巣・睾丸の撤去によって勃起や射精は、そもそもそのための身体器官がなくなるわけなので、ホルモン操作の効果でそれらが機能的に困難になることの比ではない影響があるのは想像に難くないだろう。

　ホルモン操作の効果として起こるさまざまな変化は、すでに第２章で詳述したとおりであるが、では、そこへ性別適合手術による物理的な身体改変が加わったとき、個人の身体における性感、ないしは身体的セクシュアリティについて、はたして何が起きるのであろうか。

　本節では、筆者の性別適合手術での記録データから外性器まわりの状態更新
によって起こる性感の変容にかかわるものに着目し、これらをセクシュアリ
ティについての案件としての観点を主軸に分析して、性をめぐるイシューの考
察への接続を試みることとする。

## 夢で逢いましょう

　手術後のセクシュアリティと言っても、直後のいろいろ痛かったり出血も激
しかったりといった不安定な時期にはそれどころではない。

　　　2011/01/12
　　　いろいろイメージが膨らむと、股間に充血感(?)
　　　つまり、かつての勃起感ってことなんだろうけど
　　　ただし、今はソレが来るとまだ痛い
　　　こっち方面はまだまだ今後の課題かな

　このように痛さが先立って、自ら進んでのセクシュアリティの追求は保留さ
れている。
　ただ、そんな中でも無意識下では性的なイメージが再編されていたような痕
跡も残っている。

　　　2011/01/01
　　　なんか夢でエッチなことも考えてるみたいだけど、さりとて、もはや夢精のしよ
　　　うもないのネ (^o^;)

　それはやはりこのように睡眠中の夢の中に立ち現れることになるようだ。ま
ずは無意識が夢の中で実践を始めるということだろうか。そうしてやがて起き
る現象は、手術前の夢精にかかわる体験を引き継いだものとして語られている。

　　　2011/01/26
　　　今朝がたは"夢精の夢"を見る

　……心理的にはやっぱ溜まってきているのか??

　しかしもういくら夢でどうなっても、もはや出ないものは出ない (^^ ゞ

　まぁある意味パンツの汚れる心配とかなくてイイというべきなのかな

　とまれ、ぼちぼちエッチなこととかとも、いろいろ試行し始めてみる時期かも

　　2011/01/27

　昨夜もまた淫夢 (^^ ゞ

　……溜まってきてるのかなぁ、やっぱり、精神的に

　ま、ある種、手術のダメージから身体が回復してきている証拠か。

　要は睡眠中の夢の中でオーガズムに達するわけであるが、それまでの夢精体験に連なるものとして位置づき、かつそれゆえに今般は実際の射精が起こらないことによる従前との違いが、性別適合手術を経たことによる変化として認識されている。

　なお「夢精」という言葉が出ているが、いわゆる男性の夢精のメカニズムについてはよくわかっていないところが多いとされている。通説のように単純に物理的に精子が溜まり、その貯蔵容量の限界を越えるからというわけでもないという。

　その意味で、このときの筆者にあっても、もはや物理的に精子が溜まることもなくなったことも含め、身体状況は従前から更新されているのに、こうした睡眠中の夢の中での性的体験が、主観的には夢精の延長上で体験されるというのは興味深い。

## 「究極の理想のセックス」夢精 !?

　こうして、しばらくの間はもっぱら夢の中が性的実践の主たる場となった。現実の身体が外科手術のダメージからの修復中で使用の任に耐えない以上、イマジナリーな性的実践が先行するのはもっともなことであろう。

　ただ、性的快感もつまるところは脳が感じているのだとしたら、さて、性的な実践に身体は必ずしも必要なものなのだろうか?　という疑問も再発見される。記録では、この時期の夢の中でだけの性体験に対して、積極的に肯定した考察もおこなわれている。

2011/02/18

今朝がたはまたぞろ"夢精" (^^ゞ

てゆーか便宜上、代替表現がなくてこう表記しているものの、なんか考えないと…

なんといっても「射精感」──というか単にオルガスムス(!?)──自体が夢の中だけだし

まぁ見方を変えると、夢の中という究極のインナースペース［内的宇宙］における至高の性体験なのかも!?

夢の内容を自由にコントロールできさえすれば、これぞ理想のセックス!?

2011/03/09

久々にまた軽く淫夢 (^^ゞ

だんだん愉しみかたがわかってきたかも

どんなに気持ちよくなっても、出るものが出ない（寝具や下着を汚す心配がない）

安心感も、無意識下で自覚できてきつつあるような…

ノンオペ時代の夢精の場合、途中で「ヤバい、コレは夢だ！」と気づいてしまって、快感も半減ということがあったことを思うと、ある意味おトク？ (^^)

　射精をともなわないことは寝具や下着を汚す心配がないというメリットとして語られ、それゆえに夢の中で夢だと気づいても安心して続きを見続けられるとしている。そうして夢の世界での性的体験を遠慮なく展開できることで、それがむしろ身体のありようにも拘束を受けずに、他にない快感を実現する可能性も展望されている。

　究極の性体験、至高のオーガズム。

　それがじつは身体の存在を超越した地平にこそ存するとしたら、それは皮肉なことだと思う人も多いだろうか。だがこの視座は思いのほか重要かもしれない。自己の理想の身体イメージを描き、それがあたかも世界と一体化するような充足感を得ることは、通常は実際の肉体に大いに制約を受けているだろう。そう考えると夢の中だからこそ身体をともなう実存としての立場を離れて、思い描くとおりの自己を忌憚なくエクスタシーへと導くことがしやすいというのも必然である。

そして生身の身体が、意識が思い描く自由な自己像に対して、現実世界で行動するうえでの枷になっているというのは、何も性体験に限らないはずだ。

## 女性に「夢精」はないのか？

ところで「夢精」を女性がする場合の代替表現が既存の日本語にない件も、あらためて気になる案件である。

知り合いのネイティブ女性何人かに照会してみたが、淫夢は見るものの、そこでのオーガズムについてはあまり意識されず、通常の夢との区分も特にされていない、との声が大勢であった。やはり夢の中でのオーガズムの結果としての射精というわかりやすい指標の有無が、現象としての認識に「男女差」をもたらしているのだろうか。

これもまた、身体的な差異がジェンダーを構築する一例と言えるかもしれない。

ただジナ・オグデンのアメリカでの研究によると、被験者らからの聞き取りで、複数の女性が睡眠中にオーガズムに達する経験を語っているという。オグデンの『セックスを愛する女たち』では、人によって頻度が異なることも含めて、そうした女性の睡眠中のオーガズムについての具体的な声が紹介されている。

そのうえでオグデンもまた、男性の夢精を意味する表現は（やはり英語圏でも）男性に起きる現象を指すものとして流通し、夢精に照応する女性のその現象を固有の言い回しで名付けて対象化した先行研究事例も見当たらないことを訝り、そうして既存のセクソロジーが男性中心の視点ないしは問題関心でフレーミングされてきたことに憤っている。

科学が男性身体で男性ジェンダーを生きる学者たちに専有され、女性性が彼らに都合よくバイアスをかけられてしまう問題は、いわば古くて新しい。特に性科学についてはその弊害も大きいものになる。この点は研究者が各自じゅうぶんに留意すべきことだろう。例えば赤川学の大著にして必読の書とも言える『セクシュアリティの歴史社会学』でも、赤川はそうしたジェンダー非対称性に言及しつつ、いかんせん歴史も社会もその非対称性の只中にあるため、どうしても当該書自体が男性セクシュアリティの話に傾斜しがちになるリスクを踏

まえ、全体としてフェミニズムないしジェンダー研究の観点から相当にセンシ
ティブに筆を進めている。

　ともあれ『セックスを愛する女たち』では、他にもさまざまな被験者らの事
例を紹介しながら、特に女性を抑圧することにはたらきがちな既存の性規範を
見直し、限られた形に押し込められたひとりひとりの自由なセクシュアリティ
実践を解放、多様なスタイルとそこから得られる豊かな快楽がもたらす幸福を
追求できるようにしていくべきと訴えられており一読の価値があるだろう。

　そんな中でオグデンはさらに、睡眠中ではなく覚醒中でも想像のみによって
オーガズムに達することができる女性被験者を紹介し、彼女との対話を通じて、
想像の世界が持つ可能性や、それらイマジナリーな性体験がセクシュアリティ
の主体としてのひとりひとりをエンパワーしうることを展望している。

　これらを勘案すると、今般の筆者の記録から読み取れることと合わせて、
個々人の精神で営まれる内的宇宙でのセクシュアリティ実践が占める位置の大
きさは、なかなか侮れないものがあると判じられる。この点に照準した研究が、
今後さらに広がりを見せることを望みたい。

## 再生するペニス

　さて、この「夢精」体験としての淫夢、回を重ねるうちに、あるモチーフが
何度か反復されていることが記録に見られる。夢ごとにパターンは異なるが、
何らかの形でペニスが再生するのである。もしくは復活している、まだある・
ずっとあるものとして登場する、と言ってもよいだろう。

　　2011/03/30
　　淫夢の一環か、ペニス再生の夢 (^^ゞ
　　いや、べつに後悔しているわけではないはずなのだが、現時点では性感とか、新
　　たな発展はまだなので、その点でちょっと懐かしいのはたしかかなぁ
　　2011/04/07
　　また夢でペニス再生⁉
　　2011/04/28
　　風邪気味だったりすると眠りが浅くてヘンな夢を延々と見がちだけど、そのせい

でか、また淫夢

で、今回は妙に具体的——というか、なんか夢の中で意図的に快感を模索

特にやはりペニスの痕跡を刺激しようとする

てゆか、夢としてはほぼペニス再生??

まぁペニス再生願望は、男性としてのアイデンティティ云々と言うよりは、単に性感としてネイティブな部分だったところ……ってのが真相だろうけど

　2011/05/03

途中から夢の中でコレは夢だろうなと慮って、まさか射精して寝具を汚してないかと確かめようとしたら、なんと埋めてあったペニスが出てきちゃってるのを、また押し込んで戻した……なんて夢オチ的な夢の続きも (^^ゞ

　性別適合手術によって外性器の形状が変更されることをめぐっては、それなりの感慨や複雑な心情はあったものの、それらが性別違和なぞない一般男性が事故などでペニスを喪失するケースとは、やはり同列に語れるものではないことは本章第1節でも述べた。手術後の記録の全体像を見ても、筆者がペニスを除去したこと自体への直接的な後悔の念などはないと言ってよい状況である。

　にもかかわらず夢の中での性的実践ではペニスが再生するというのは、なかなか不思議な事態ではある。

　つまるところこれは、この記録中でも軽く考察されているとおり、ペニスの再生を「願望」していることの表れではなく（せいぜい新しい身体状況が性的な営みのためにはまだ稼働できないゆえの次善の策としての旧体制への回帰願望）、それよりも単にその身体部位が元々の性感の中核を成していたときの情報が、夢の中では継続して用いられているだけだろうとは思われる。いわば、いまだ脳がペニスを覚えているのである。

　脳が身体部位を把握するマップ上に記録されたデータは、すぐさま最新のアップデートが完了するわけではなく、古い情報と最新情報が混在する状態が、わりあいと長い間にわたるものなのかもしれない。むしろ、その錯綜する度合は漸減させられつつも、一生続くと考えてもよいだろう。

　幻肢の感覚の件ともつながるが、脳がいかに身体図式を作成し、どのように適宜の書き換えをおこなっているのかは、医学・脳科学の素人の立場からも興

味深く感じられるところだ。そして、それらが社会において他者とせめぎ合う
際の自己像にどのように影響するのかというテーマとなると、これは社会学が
究めるべきものでもあると思う。メルロ゠ポンティによる身体論などは、その
いとぐちのひとつになるのではないだろうか。この点は次節での考察に含めた
い。

## 遥かなるフランクフルト

　一方、性別適合手術でペニスを除去したことへの後悔などはないとはいえ、
それが意外なところへ心理的な影響を及ぼすこともあるようだ。

> 2011/05/28
> そういえば遠征の道中フランクフルトを食べる機会が複数あったのだが、
> 最近――、自分にペニスがなくなってから、どうも、フランクフルトやバナナを
> 食べるとき、妙に意識してしまう (*^_^*)

　フランクフルトソーセージやバナナが、その形状からペニスの暗喩として用
いられることは少なくない。筆者が若い頃に観たアダルトビデオでも、そうし
た表現はしばしば描かれていた。ハードコアなアダルトコンテンツよりも、む
しろソフト路線のもの、あるいは直接的には性描写を目的とせずアダルト指定
もないような表現物でこそ比喩表現が望まれるとも考えられる。したがって、
ソーセージやバナナをペニスの暗喩として用いた描写は相応に用いられる機会
が多いし、それゆえにそうした比喩表現からペニスを読み取るという解釈コー
ドは広く社会的に共有されており、筆者もまたそのコードをそれなりに深く内
面化していると言えるだろう。
　しこうして、おそらくは多くの人がそうであるように、筆者がフランクフル
トソーセージやバナナなどに相対した際にペニスを密かに連想することは、特
段に不思議なことではなくもある。ただ、そうは言っても以前はそれほど生々
しくペニスのイメージが思い浮かぶことはなかった。ところが性別適合手術を
経て、自らの身体からはペニスがなくなって以降、なぜかソーセージやバナナ
等々の表象を目にした機会にはペニスとの連関を強く意識してしまうように

なった。というのが、この記録の趣旨である。

　フランクフルトやバナナからペニスを連想する度合いの個人差についての何らかの先行研究なんてものはさすがにないようで、適当なデータが見つからず正確なところはわからない。それでも筆者のケースで、自分の身体に本物の現物が具備されていたときはメタファーへの反応が鈍く、それが実物の自己供給ができなくなると同時に、比喩先の表象に対して敏感になるというのは面白い現象だと言うべきだろう。

　やはり人は自分にないものに対しては何らかの憧憬や羨望を抱くものなのだろうか。もちろんこれをもって、人は自己とは異なる性器を持つ他者に性的に惹かれるのだというような本質主義的異性愛主義に陥るべきではないのは言うまでもない。

　この件については、別の日の記録の中で軽くおこなった考察が、おおむね正鵠を射ているのではないかと思われる。

　　　2011/04/30
　　　以前はペニスが自分にあったので、それが邪魔であった半面、ペニスや射精の自己供給が可能であったため、他者のソレを強いて必要としなかったところ、現状になってみると、ちょっとソレらにロマンを感じる気持ちが台頭しているよう
　　　ただ、その気持ちがイコール「男性」への憧れではなくて、やはりそのペニスの持ち主は（以前からも述べているとおり）カワイイ女の子がイイのは変わらない。百歩譲って美少年 !? (^o^;)
　　　つまるところ、性器と自己の性別をめぐるアイデンティティが社会的に構成された思い込みだ──ってのはもちろんだけど、例えば恋愛にかんする萌えの対象（の性別）と、その対象者の性器がどうなっているかなども、じつは相互に独立した、背反しない事項なのでは !?　という視座は非常に重要だね

　要は、じつのところ筆者はペニスが好きなのだろう、性的に。いわば、してみたい性的行為としてはクンニリングスよりもフェラチオが好みだったりするのかもしれない。

　ただそれはあくまでも外性器というパーツの水準でのハナシ。そのパーツを

持つ相手方として誰がよいかとなれば、あくまでもいわゆるところの「性的指向は女性」である点も揺るがないところであり、親密欲求は女性ジェンダーの人へと向いているのである。

　こうして見ると、個々人のセクシュアリティはやはり多様にして複雑な内実を持ち、紋切り型の類型では割り切れないものなのだ。「好みのタイプ」の相手方について、その身体パーツの水準と、全体的な為人について、それぞれの「性別」が一致していないケースもあるとなれば、事情は非常にややこしく混沌としていることになり、単純に「性的指向は女／男」と表現することも枝葉を捨象したわかりやすさ優先の言い回しだということになる。

　そんな中で今般の筆者は、従来は自分自身にペニスが具備されていることによってペニスへの欲望は知らず知らずのうちに充足されていたのが、性別適合手術を経たことで、その自給自足システムの円環が破れ、結果としてペニス的なものへの渇望が無意識下で台頭したということなのではないだろうか。

## 性的ファンタジー超進化

　このように、性的な身体としてのそのパーツが自己供給可能か否かが、各種の事物の認識にも影響を与えるとなると、そこからさらに、なにがしかの性をめぐる観念ないしは性的ファンタジーへの作用もあると考えるのが自然だろう。

　もちろん、これらの点を詳しく究めるなら、長期的な観察も必要になる。逆に大枠としては、筆者の場合のおもな変化はホルモンの時点であらかた出尽くしていると見るのも、あながち間違いではなさそうではある。ホルモン操作が進んだ段階でのマスターベーションでは、むしろ自身のペニスの存在意義がほぼ喪失していたりもした。

　少なくとも、この時期の記録に見られる内容では、夢の中で無意識が模索している対人性行為にかかる性的ファンタジーは、ペニスを必要としない方向へよりいっそうシフトしていたりもする。

　2011/05/03
　淫夢シリーズ（もはや「シリーズ」かよ（^o^;)）
　昨夜は、誰か女の子と（具体的に誰かではなくて、単に好みのタイプのイメー

ジ……しか覚えてない) 股間を融合 (⁉) させて、そして、そのままイッちゃった
……みたいな⁉

この方向性は新機軸⁉

実際の身体は、まだまだ使えない段階なものの、気持ち的には、やはり新しい身体状況に見合ったところを、無意識に模索しているのか⁇

　これなどは、世間一般に流布する膣ペニス性交に対する至上の価値の信奉を相対化する、画期的にして示唆深いとも言えるイメージである。

　いわゆる同性間（異性間でも）の膣ペニス性交に回収されない性的営為にはさまざまなアイデア・多数のバリエーションがありうることは、もっとオープンに追求されてもいい。特にイマジナリーなフィールドであれば、各種の超常的な現象すら織り込める。その意味でも、今般の筆者の夢の中のような例はひとつのたたき台として有用ではなかろうか。

　ともあれ、おそらくこの時点の筆者の無意識は、もはや自身の身体にはペニスは装備されていないという新しい情報をもとにした部分において、その身体状況により適合的な性的ファンタジーの具体的イメージ例を編み出しているのではないか、とも受け取れる。

　こうして、夢の中でのさまざまな試行錯誤は重ねられた。

　なおこの４月５月の時点までは、いまだ身体の回復はじゅうぶんではなく、実地で身体を使った性的な試みには時期尚早なようである。

　　2011/04/03

　ちょっと思い立って昔のエッチ本、引っ張り出して見てみる

　…ものの、こういう体調ともあいまって、なかなか盛り上がらず

　この点は、やはり長期的な課題か

　これはちょうど２度めの尿道口閉塞のタイミングなので、「こういう体調」というのもそれにともなう不調を指している。

　「昔のエッチ本」で「盛り上がら」ないのは、そもそもホルモンの時点でそうなっているのだが、案の定このときも不発に終わった形である。

　2011/04/30
　ふとしたいきがかりで、鏡を見ながらいろいろエッチなこと考えてムラムラ (*^_^*)
　ちょっとミニスカートにしてみたり (^^ゞ
　勢い余って少しバイブなども当ててみる
　…が、やはりまだ局部はどうしても痛い傾向が強いので、本格的な「開発」には
　着手するのは時期尚早か
　この件はやはり長期的な取り組みになるかな
　(まだこの先どうしていけばいいかは読み切れないものの、今回のように鏡とバイ
　ブ、そこへコスプレ系の要素を入れるのは、思いのほか有効っぽいかも)


　少しずつ方向性が見えてきているのもわかるが、しかしそれでも、このとき
もまだ局部の痛さが、踏み込んだ試みを妨げている。
　身体の新しい態勢が万端整い、忌憚なく性的行為に臨めるようになるまでに
は、一定の月日が必要というのが、やはり性別適合手術の現実だということに
なる。

## これが勃起感相当事象か
　尿道口閉塞などの問題も一段落し、手術から半年が過ぎると、しだいに身体
が回復し、ようやく次の段階が姿を現し始める。記録の内容も６月のものにな
ると、手術後の身体に合わせた性的事項の試行錯誤は、それまでのもっぱら夢
の中での無意識の模索だったところから進んで、少しずつ現実世界の実存と呼
応するようになってくる。

　2011/06/21
　一方、先日某所でミニスカート女子のパンチラを期せずして目撃し──
　(思えば、生活上のジェンダーを男性でおこなっていたときよりも、女性ジェン
　ダーで生きるようになってからのほうが、ソノ機会が相当に増えたというのは、
　やはり先方の警戒感とかの要因があるだろうことなど、この点も極めるといろい
　ろ興味深そうだケド、それはまぁまた別のお話)

──たのをきっかけに、ちょっと妄想が亢進 (*^_^*)

で、いろいろイメージをふくらませると、股間には、いわゆる以前の勃起感に相当する感覚が、さすがに半年経過後だけあって、けっこう来る

試しに下着の上から少し探ってみると、イイ感じのポイントも見つけられそうな具合

夢の中でなく覚醒状態でのマスターベーションでイケる日ももう夢ではない⁉

少なくとも、次がようやく見えてきたかな

　2011/06/23

イイ感じの女の人を見ると、ちょっと股間がまたキュっ (*^_^*)

　このように、外出時などに性的にエモーショナルな事象に出くわすと、精神的に刺激を受けるのみならず、身体もまた反応を示し、そしてそれを自らの身体生理として受容する余裕も見られるようになってきている。

　特に、この「股間がキュっ」も言い得て妙なのかもしれない。先に紹介した記録中では「股間に充血感」とも表現されていたが、性的刺激への身体の反応として、手術後の新たな外性器部分に何か大きなエネルギーが集中してくるような体感があり、それを従来のペニスの勃起に相当するものという解釈がおこなわれているわけだ。記録では明記されていないが、記憶をたどるなら、そうした勃起感相当の感触に、従来のペニス勃起との差異を確かめながら、驚きかつ感嘆していただろうと補足できる。

　何か性的な刺激を受けてペニスが勃起していく身体感覚というのは、男性身体のセクシュアリティを生活している人にとってはごくありふれたあたりまえのものだろう。それが女性身体のセクシュアリティにおいては、ではどのような身体感覚に照応するのか。その一端がうかがえるデータだとも言えよう。むろん、あくまでも性別適合手術で擬似的に女性身体に改造された筆者のケースが女性身体ネイティブの場合とどこまで同等なのかについては留保も必要だ。しかし、女性身体と男性身体で異なる身体的リアリティを生活している事項が、例えば排尿にまつわるものなど多々あったことを考慮するなら、それらに起因する相互不理解を少しでも埋める一助として、この件もまた有用なのではないだろうか。

　余談ながら記録中で触れられていた「ミニスカートの女性のパンチラ」を街で目撃する機会が目撃する側のジェンダーに応じて異なるという件も、掘り下げると意外と深刻なマターかもしれない。これはつまり女性の側が周囲の人物に対し、その男女属性を見分けながら警戒レベルを変えているという結果であり、それ自体は性的被害から身を守るための正当な行為であり、しかしながら男女二分的なジェンダー構造をなぞるものでもあり、結果的には人と人をジェンダー属性で分断する遠因として再帰し、第2章で述べたような女性化願望を持つ男性には疎外感や絶望をもたらし、めぐりめぐってはミソジニーや性犯罪の動機にもつながる……とも考えられるからである。

## 射精をともなわないオーガズム

　その後も現実世界のイメージを取り入れつつ、実際の身体へのはたらきかけは、あれやこれやと試されることとなった。ある意味、こうした行為もまた「around fourteen」、思春期女子の追体験であったかもしれない。

　　2011/06/25
　　デスクワークの合間に、股間をあれこれ探ってみてマスターベーションの具合をいろいろ試してみる (^^)
　　……コレもやっぱり思春期の女の子やナ (^^ゞ
　　2011/08/14
　　股間のいじり方もだんだんコツがわかってきた⁉
　　意図的にイクことにも目星はついた感じ

　そして多くの思春期女子が実際にそうであるだろう、寸暇を活用した局部の探索をくり返すうちに、クリトリスの刺激のコツなどを理解し、自分なりのマスターベーションのスタイルを会得していくことにもなる。
　なお筆者の場合、造膣なしの性別適合手術だったので、この時点での取り組みでは、特にクリトリス刺激が焦点になった。除去するペニスから必要な部位と神経を残しクリトリスを形成する施術は、ここへ来て大いに意義を持つことになる。

　膣あり手術ではまた様相が異なるところがあるのだろうが、膣とクリトリス、どちらのほうが感じるかなどは、ネイティブ女性まで含めて、個人差も大きい話だろう。膣なし手術だったとはいえ筆者の場合では、ローションを利用し小さめのバイブレーターを割れ目に挿入することは可能で、そうしたマスターベーション方法もまた採用されることになるが、それはまたもう少し後の時点のことになる。実際にはマスターベーションの際に用いられるイメージとしての性的ファンタジーは、第2章で詳らかにしたような変化を遂げているので、それに合わせてディティールが調整されていくことになる。

　ともあれ、クリトリスまわりへの刺激にイメージを合わせるシミュレーションを重ねた末に、ついにオーガズムへ達することに成功する体験を得る。新たなマスターベーションメソッドの開眼である。

　　　2011/09/06
　　　何度かイッた
　　　射精に収斂する「男性の」オーガズムよりも緩い？
　　　一方で、より全身的な感覚という気もする
　　　が、まぁネイティブ女性身体ではないし、どこまで普遍化できるかはギモンか

　記録ではこのように、その際の体感が従来とどのように違うのか、当座の感想も述べられている。快感が射精に収斂されない分、穏やかで深みがある全身的な感覚だというのは、その後のマスターベーションでの実際と合わせても、ほぼ的を射た指摘であると言えるだろう。

　森岡正博が『感じない男』で呈したような、男性の射精体験に比していちじるしく激しくも豊かな快楽なのではないかという疑問に対しては、この筆者によるデータだけでは断言できない。これについてはネイティブ男性身体とネイティブ女性身体の両方を同じ人物が体験することは、現実的に不可能であることの限界としてあきらめるしかない。

　それでも、今般の性別適合手術後のマスターベーション実践を通して、この女性身体の身体的セクシュアリティに則したオーガズムには、射精という身体反応に回収されがちな男性身体におけるオーガズムとは、似て非なる快感の海

が広がっていると感じられたのは間違いない。

　ちなみにこの段階になると、もはや言うまでもないという認識だったのだろう、記録では言及されていないが、「夢精」の段階と同様に射精による精液の放出がないことに対しては基本的には後始末がラクで周囲を汚す心配もないことをメリットとして受け止めていると捉えてよいだろう。

## ひとつではない女の性

　前述のとおり性別適合手術後のマスターベーションで得られるオーガズムへの所感は、射精に紐付けられた男性身体のオーガズムよりも緩やか・穏やか、かつ深みがあるというものであった。いわば後者がある種の瞬発的で直射的な外へ向かうベクトルを持つのに対して、前者ではどこかしら内省的で充足的・貯留的なニュアンスを体感することができるのである。

　新たな身体体制でのマスターベーション経験がそれなりに積まれた9月時点での記録では、そこまでの経過も踏まえたうえで、あらためて外出先での「勃起感」に言及し、そうした性別適合手術後の擬似的な女性身体のセクシュアリティにおける性的興奮感覚の総体について、肯定的に総括しようとしている。

　　　2011/09/08
　　　出先でイイ感じの人を見かけると、股間がキュンと感じる
　　　いわゆる男性身体時の勃起感に相当？
　　　しかしソレに比べると、穏やかで緩やかで、それでいて深みのある感じ
　　　この感覚自体が味わい深くて幸福感がある
　　　これらを積み重ねた総量は、一瞬の射精の快感よりも多くなりうるかも
　　　いわんや質的な相違をや
　　　女は常に自己に触れ、自己の中で感じることができる——
　　　たしかイリガライあたりが言ってたのでは？

　これは福音である。元々の身体とそれに応じて割り振られたジェンダー属性に対して当てはめられる望ましいとされるセクシュアリティとは上手く折り合えない当事者においては、自らのセクシュアリティが希望する性的実践に見

合った身体状況を獲得することは、性的実存としての安定の大きな一助となる。ホルモン操作の段階でも同様のことが考察されたが、性別違和を持つトランスジェンダーが性別適合手術を受ける意義として、ひとつこれは大きな点であろう。少なくとも筆者にとっては、性生活について安らかな日々が訪れることになる、その希望が見えたわけだ。このことが、男性身体で男性ジェンダーを生きる人にあっても、自らのセクシュアリティにかかわる懊悩を超克するヒントとして有益な補助線となりうるのは疑いない。

　同時に、上記記録が示唆する内容は、女性身体のセクシュアリティを生きる人にとっても、自らの性を肯定的に語るうえでの、ひとつのリソースとして用いることができるものではないか。

　女性ジェンダーで生きる人が積極的に性について、ことに自らのセクシュアリティに引きつけて表明することは、21世紀に入った今日においてなお、まだまだ障壁があり、その難度は男性ジェンダーの場合よりもどうしても高くなっていがちである。もとより性の主導権が男性に簒奪され、性を語る言葉も学究的知見も男性中心に組み立てられ、女性の性が不可視化されてきた経緯がある。このことは前述のオグデンの研究でも問題関心の基底に置かれていたが、フェミニズムの歴史を少したどればよりいっそう明白になる。その意味では記録中でL.イリガライの名が挙がるのは必然だったかもしれない。

　L.イリガライの『ひとつではない女の性』は今日ではもはやフェミニズムの古典と言ってもよい書だが、その要諦のひとつは、やはりフロイトら往年の男性学者たちが構築した性にまつわる言説への異議申し立てであり、膣もクリトリスもペニスの能動性を軸にして語られることへのオルタナティブの提案だったと言えるだろう。

　そうしてイリガライは言う。

「女の自体愛は男の自体愛とはきわめて異なっている」

「女の方は、媒介を必要とせず、また、能動と受動とのあらゆる可能な区別以前に、自己により、自己の中で、自己と触れ合う」

「女性性器は絶え間なく口づけしあうふたつの唇でできているからである」

　これなどは性別適合手術を経た後の筆者には非常に実感をもって納得できるものである。しかしこれは一方で、一般的な男性身体のセクシュアリティを男

性ジェンダーで生きる人にとってはとらえどころがなくピンとこないものである、ということもまた自身にもそういう時期があった筆者にはよくわかる。

　その点でも、女性身体のセクシュアリティについて女性ジェンダーを生きる人の口から語られることは、男性のそれと対等なものとして位置づけたうえでの、いままでおざなりに扱われてきた領域に光を当てて詳らかにする意義があり、ひとりひとりの多様なセクシュアリティの尊重が実現した社会の実現につながるものだと思える。

　したがってその文脈において、筆者の男性身体のセクシュアリティを生きた体験と、擬似的であれ女性身体のセクシュアリティを獲得した後との比較が、有意義な情報として機能するなら幸いである。

## 「オチンチンの有無」のインコレクトネス

　ここでひとつ告解しておきたい。

　それはかつて筆者が、ヒトの生殖にかかわる身体特徴を人間社会のジェンダー概念に則したコードで解釈した場合に立ち現れる大きく分けて2つのタイプについて、便宜上「オチンチンの有無」と表現していたことである。

　いや、もちろんこれは通例としてはシンプルに「女」「男」とだけ呼称されるところを、性の多様性にこだわって（本書内でも文脈に応じていろいろとこだわった言い回しをしている）工夫した言葉選びをした結果でもある。かつ、あくまでも便宜上の言い回しとして、ある程度のわかりやすさも担保した、その絶妙のラインを狙ったと自負している。いや、そのつもりだった。

　だがどうだろう？

　オチンチンの「有無」だと、どうしても「有」るほうを基準として「無」いほうには何もないということにしてしまわないか。

　すなわちペニスを具有する、一般的に「男」とされる身体タイプとそれに割り当てられるジェンダー属性の持ち主たちのほうを正しいスタンダードと措定し、「女」のほうは一種の欠損を抱えた存在として劣位に置くことになってしまう。これではまさしくイリガライらが批判した男性中心に組み上げられる言説の構造にズバリ与してしまった形ではないか。

　違うのだ。

「無」いのではないのである。

「女」とされる身体タイプには、それに応じたものが、「オチンチンではないもの」がちゃんとあるのだ。

百とゼロではない。ましてや1と「Null」でもない。

1と1、100と100。

同じ質量の意味を満たした、等価な器官。ペニスとは対等な、独自の存在感を持つ、豊かな快楽の宇宙を湛えた内なる我らがワギナ。かけがえない「わたし」の一部分。その愛しき血と肉のエグジスタンス……。

それが「無」い、わけがあるか。

勝手に虚無の彼方に葬るんぢゃねぇよ‼

ふざけんな！

…………。

………………。

失礼、少し高ぶりすぎたようだ。もしかするとイリガライらの思念が憑依していたのかもしれない。

しかしながら、じつは筆者がこのように思えるようになったのは、性別適合手術後なのである。

それ以前は、性別移行後であっても、つまりトランスジェンダーとして執筆・講演・研究などに取り組むようになってからであっても、自分の身体にいまだペニスが「有」る間は、この「オチンチンの有無」という表現には無頓着でいられた、いられてしまったのである。

なので「オチンチンの有無」という言い回しは何を隠そう『性同一性障害の社会学』でもおこなわれている。というか隠せるはずもなく、表紙に掛けられた帯に堂々と「オチンチンがある子はなぜ男の子なのか？」というアオリが配されていたりもする。

いやはや、忸怩たる思いしかしない。

元々は単純に「女」「男」と表記することを避けるために、その身体上のものを言うときにはこれを用いるという便宜上の措置ではあった。そしてあくまでも便宜上の暫定表現であり、どのように言い表しても言語自体が男女二元的

にジェンダー化されている現状がある下では正当性を欠くのは避けられないとしたら、ある程度のわかりやすさにも配慮して、なるだけニュートラルな範囲に収まるものをチョイスするなら、これはなかなか妥当だろうという判断だった。

「オチンチンの有無」という表現の不適切性に思い至れなかったのは痛恨の極み。今となっては慙愧の念に堪えない事案である。

そしてここからひとつ教訓を引き出すならば、この一連の件は見方を変えると、このような外性器まわりの認識についてまでも、その各々の身体感覚が共有されえないことによって、相互理解が妨げられ、男女間の差異が構築されているということでもあるだろう。あるいは一見した可視的な特徴に惑わされることによって、女性身体の人までが「男性的な」認識に引き寄せられることもあるのではないか。

前節で見たことも含めて、女性身体と男性身体とされる身体タイプ差に応じて外性器まわりの身体感覚の違いが相当あること自体、ほとんどの人には知る由もない。これら、通常は知りえない男女間の身体感覚の差異については、ジェンダー平等が進展し、多様性が尊重される共生社会の実現のためにも、その存在について、最低限知識として、より多くの人に共有されたいと、あらためて切に願うところである。

## 男女間インターコースの桎梏を越えて

いずれにせよ、ペニスかワギナか、それぞれの保有者が感じる身体感覚がじつは異なる、その身体パーツは、人間の生殖にかかわる身体タイプとしては双璧を成す存在だろう。

もちろん性分化疾患を視野に入れるなら、この件もまた二元論に回収できないものなことには留意を怠らないようにしないといけない。橋本秀雄が『男でも女でもない性──インターセックス（半陰陽）を生きる』の中で、性染色体の構成、性腺の構成、内性器の形態、外性器の形態などの要素の組み合わせで、身体的な性別と呼ばれる範囲だけでも、そのありようは2つに収まらず多様なものが考慮できる旨を詳述したのは、もう20年以上前になろうか。

その件も含めて現状を批判的に見るなら、世間一般では凸としてのペニスと

凹としてのワギナを一対とみなすことが通念となっている。そして両者が接合することで生殖の企図が実現され、それこそが人間の営みとして自然なのだと。

　本節もまた、そんなワギナとペニスを対照的に捉える概念に便宜的に準じている部分は否定できない。しかし人間社会におけるひとりひとりのセクシュアリティ実践には、ペニスとワギナを咬合させる行為、すなわちいわゆる男女間のインターコースは必ずしも不可欠ではない。人間は生殖のためだけにセックスするわけではないのである。ワギナとペニスの合一に過剰に価値が置かれ、単なる生殖行為以上の社会的意味づけがなされているのも、現在の性規範のメインストリームとして称揚されているからにすぎない。

　そんな中で、むしろ本節を総括すると、個々人のセクシュアリティ実践は、外性器のありようの桎梏を越えて多種多様に可能なのだということもまた、明らかとなっているだろう。筆者の手術後のマスターベーション実践が本格化してきたタイミングでの記録では、次のようにも述べられている。

　　　2011/09/07
　　　あとマスターベーションのイメージは、やはり「女の子どうし」がイチバン
　　　その意味ではやはり、邪魔なモノがなくなったということになるか…

　一般通念に従えば、「性的指向」が女性である筆者の場合は手術前の身体で臨むほうが、相手方として望ましい相手との性行為が万事スムーズだということになり、マスターベーションでもそうしたイメージを選択するインセンティブはあったはずだ。

　だがホルモン操作以来の性的ファンタジーの変容の果てに、もはやこの時点では極上のイメージは「女の子どうし」だと再確認されている。そのうえでペニスは邪魔なものになっていたことも然り。そして手術によってそれが撤去されたことは、自らの好ましく思う性的ファンタジーのイメージの中で自在にマスターベーション実践をおこなうためには好都合だとされているのである。

　この事例から敷衍すべきことは少なくないだろう。

　もちろん先のソーセージの件と合わせると、パーツとしてのペニス（あるいは精液なども）をめぐる性的ファンタジーを女性としての主体が持つこともま

たありうるものだ。だがそれと、性行為の相手方の実相を紐づける必要もない。

　男女間のインターコースが至高とされる中では、同性間の性行為を模索しようというときでさえ膣ペニス性交のアナロジーで考えてしまう傾向があるとしたらもったいない。その位置からせめて10歩くらいは先を見据えて、多様な性的実践の可能性が探られるようになればよいと思う。

## 女性どうしでどこまでも

　同性間の性行為のバリエーションもまた男女の膣ペニス性交のアナロジーに陥りがちな代表例としては、やはりアナルセックスが挙げられるだろうか。もちろんアナルセックス自体が追求されることもあるだろうし、もとより同性間でのみおこなわれるわけでもない。しかし一般的にはゲイカップルの性交渉の代名詞のように理解されていたりもするだろう。

　とりあえず性行為において、ペニスを何かの穴に入れないといけないという思い込みは排されてもよい。男性どうし、ペニスでチャンバラごっこをしているうちにイッてしまうというようなことも、なかなか尊いのではないか。想像の世界であれば、その複数のペニスどうしが可塑的に伸長して絡み合い融合するような展開だって可能だろう。

　一方、女性どうしなどの場合はどうだろうか。ゲイカップルの場合のアナルセックスほどの固定的なステレオタイプに該当するものは何だろう？　このあたり男性同性愛に比べると印象は明確ではないと言えるのではないか。女性の性はあまり語られず、あまつさえ女性が主体的に話題にすることが憚られる風潮は、同性愛行為にあってもなお強いのだとしたら、その問題の根は深い。

　とはいえ、コレをしなければいけないものなのではというモデルがないなら、それはその分だけ自由だということでもある。

　レズビアンの性行為を補助する性具として、2人分の張り型がつながった形式のディルドなどもあるが、これなども使うも使わないも当人らの任意の選択に委ねられている（そういえばゲイカップル用にこれの逆パターンのアイテムがあってもよさそうなものなのだが、なぜかそれはないようだ）。

　ポピュラーカルチャーの分野では百合ジャンルの作品を通じて、女性2人の性行為のありようが模索されるような展開が描かれたりもする。

　例えば森島明子によるマンガ作品『半熟女子』全2巻の第2巻では、2人の女子高校生たちが互いに惹かれ性的にも求め合うものの、いつも身体を重ねて触れ合うのみでイッてしまい、はたしてこれでセックスしたことになるのかどうか、せめて指くらいは性器の中に入れないといけないのではないかと葛藤する描写がある。

　「触ってるだけでいっちゃって、まだ中に入れてない……。これってセックスしたっていうのかな？　このままでいいのかな？」

　そしてそのことについて信頼できる相手に相談する際には次のようなセリフも行き交ったりする。

　「先生は女の子とのエッチのとき指入れますか!?」

　「ハァ？　女同士でどこまでやればセックスかって？　なにそれ　やればいいじゃないどこまでも！」

　作中ではこの後も試行錯誤がおこなわれ、最終的には互いの膣内を確かめあい、そのあたたかさに2人の気持ちのつながりを重ねるクライマックスも用意されているが、しかしこうしたプロット自体、ワギナへのなにがしかの挿入を自明としていない点では意義があるものだろう。

　マンガ作品において、男女のインターコースとそのアナロジーに囚われない物語が描かれることは、若い世代への啓発になり、その感性を磨くことにもつながる。ポピュラーカルチャーにおいて多様な性のバリエーションが語られる意義は、思った以上に大きいはずだ。

## セクシュアリティと身体をジェンダーから解放する

　以上のように、性別適合手術による身体改変、特にペニスと精巣・睾丸の撤去によるセクシュアリティへの影響について、記録から読み取れる事項を検討した結果から、いくつかの興味深い論点が抽出できた。

　「夢精」をめぐる男女差と、そも夢に立ち現れるあれこれから、実在の身体を相対化したパースペクティブも発見された。個々人のセクシュアリティにおいて性的ファンタジーの展開の自在度はじつは大きいはずで、そこではイマジナリーな領域が果たす役割の重要度が侮れないものだと思われた。

　性感ないしは性器にかかわる身体感覚が、いわゆる男性身体と女性身体では

異なるという点も、実際のところどの程度の相違があり、それがいかに一般には知られていないかをうかがうことができた。オーガズムの実感について各自が持つリアリティの差異がある状況も俯瞰できたことは、各々自分自身の性を見つめ直すための資源となりうる。

　男女のインターコースに収斂するようにジェンダー化された性規範の再確認と、そこからの脱却に大いなる可能性が秘められていることも展望できた。これらがセクシュアリティの新しい時代を拓くうえで有用なことは間違いないだろう。

　男女二分社会において、性別二元的で異性愛主義的な観念に基づき強固にジェンダー化されているものは、むろん枚挙にいとまがないどころではなく、いわばあらゆるものがそうなのであるが、その1ジャンルにセクシュアリティをめぐる既存の言説の数々があることを踏まえるのは、今後の議論のためには必須だとあらためてわかった。そんなジェンダーの枠組みから、ひとりひとりの身体、あるいはセクシュアリティを解放することは、重要で有意義な目標設定となるのではないだろうか。


## 4　「性別」にとって「身体」とは何か

### せめぎ合う「身体」と「性別」

　さて第2章から本章にかけて、「性別」をめぐる「身体」についての案件を整理し、それぞれについて論じることを試みてきた。

　本節ではこれらを総括し補足も加えながら、「性別」として社会的に定義されるものに対して各人の「身体」がどのように意味を持たされるのか、あるいは逆にひとりひとりの「身体」の存在がいかに「性別」の社会的効果に作用しているのかを、包括的に俯瞰してみたい。

　ただし、それは生まれ持った身体にやはりなにがしかの「性別」にかかわる要素がアプリオリに存在することを明らかにする作業ではないことは、あらためてことわっておく。もとより「性別」の核心が「身体」に存在するという立

場は、筆者は支持しない。

## しかし「身体の性別」は存在しない

　性別・性差の本質としてまず「身体の性別」があり、それをプラットフォームと置いた上に社会や文化がジェンダーを構築するという考え方は、ジェンダー概念の登場の歴史的過程では必然かつ有用だったし、今でも初学者には理解しやすいものとしてそのように説明されることはあるだろう。だが今日では「（社会的文化的なジェンダーに対する身体的性別という意味での）セックス」と「ジェンダー」という対照にあって、セックスのほうを基底に置くことは懐疑されてきている。

　すなわち、「ジェンダー」は社会や文化のありように応じた様相を示すものであり、ゆえに可塑的なものだから不合理な点は変えていくこともできるものであるが、一方で生物学的に女であったり男であったりすること自体は確固として存在する事実であって疑う余地がない……という前提は、「ジェンダー」の捉え方として範囲が狭すぎるのではないかという疑義である。

　たしかに生殖にかかわる身体のタイプというものがあるのは事実だろう。しかしそれは有性生殖におけるどのような配偶子を担うかの役割分担であり、あくまでもそれにまつわる「タイプの違い」。その違いを「オスとメス」と概念化し、さらにはそれをヒトの社会生活にとっても重要な「男と女」という性別の区分にまで発展させているのは、結局は人間による後天的な解釈に他ならない。

　まずは人間社会に「性別」を「男と女」として認識する文化的な価値体系があり、それを概念化している言語体系があり、それに基づいた世界認識のプロトコルが敷設されているがために、それを通して見たときには、じつは単に「生殖にかかわる身体のタイプによる差異」にすぎないものを、「男と女」という「性別」であるかのように捕捉することが、あたかも真理であるように見えるだけ——と言い換えてもよいかもしれない。

　言ってみれば「身体の性別」という概念は、その身体特徴に「性別」を見出すジェンダー観念の一要素によって架構され有効化されているだけのものなのである。

## 身体と性別をめぐる３つの軸

　「ジェンダーとは『身体的差異に意味を与える知』」だ、というのはジョーン・スコットの論考に起源する定義だが、これなども上述のような考え方をふまえてはじめて腑に落ちるのではないだろうか。ジュディス・バトラーが『ジェンダー・トラブル』に記した「セックスは、つねにすでにジェンダー」もまた、ここに連なるものである。

　基本的に本書は「身体の性別」について、このような考え方に則っている。したがって本節の展開もまたその一環であり、いわば有性生殖のための身体タイプの差が、どのようにジェンダー化され、いかにして「身体の性別」たらしめられているか、その深層に迫ることを試みるものである。

　ではその線に沿って考えた場合、節タイトルに置いた［「性別」にとって「身体」とは何か］という問いに対しては、どのような解答が可能なのだろうか。

　先に整理しておくと、ここまでの考察をふまえれば次の３つが言える。

　１としては「ジェンダー概念を実体化させるためのメディア」であると。

　次に２として「世界を認識するためのセンサーがマウントされた軀体」。

　そして３としては「現実世界用のアバター」なのだとも。

　さて、どういうことだろうか。順に見ていくことにしよう。

## ［1］ジェンダー概念を実体化させるためのメディア

　３章第２節で見たように、身体の男女差とされるものに応じてさまざまな身体感覚の差異は生じていた。３章第３節でも、同様にセクシュアリティにかかわる身体感覚が異なることは確認された。そうした身体に由来する差異はその存在自体が、一方の身体タイプのみしか体験していない人々には知りえないものではある。とはいえ、それらに起因して、各種の生活文化がそれぞれ異なった形で立ち現れることも展望された。

　あるいは同じ身体タイプの者どうしという知識に基づいて「同じ身体感覚を持っているはずの者どうし」のようないわば共同幻想が醸成され、一種の仲間意識のようなものが共有され、それが性の多様性を前提としない文脈のもとで

は、「女どうし」「男どうし」といった排他的な同質集団の紐帯に発展することもあるだろう。

　そうしたことが各人の社会生活の中でのジェンダーにかかわるアイデンティティとなり、いわゆる性自認を構成することにつながると見ることもできる。

　このように、身体の男女差とされるものは元々は本質的に「性別」なのではないが、これら身体差がジェンダーとしての社会的文化的「性別」を構築する一助になっている。

　ただ、人間社会に男女二元的なジェンダー概念があったとしても、概念は概念にすぎない。しかし身体差のありようが、そうした概念を当てはめるのに適合的な特徴を含む場合、それは概念を表象するための絶好の媒体となる。すなわち「身体」はジェンダー概念のメディアとなって、性別・性差を実体化させる機能を果たしているのではないだろうか。

## 「男女の対立」がつくられる

　例えば災害時の避難所の運営をめぐってジェンダーにかかわる問題点があらわになる事例はよくある。

　非常時であるがゆえに強力なリーダーシップが期待され、結果として屈強な男性の視点に基づく論理が卓越的になりがちなために、女性や各種のマイノリティの立場がないがしろにされてしまいやすいという背景は容易に想像できる。大規模災害の際にはその種の訴えがそのつど潜在していたのであろうが、近年はインターネット、特に2011年の東日本大震災以降はＳＮＳのタイムラインによって問題が可視化されやすくなっているとも言えよう。

　そして避難者に必要な物資の調達や配付において、男性視点では必要度の高さが気づかれにくいものは優先順位を下げられてしまうなどということは、ひとつ深刻な案件として起こりがちなようだ。具体的には赤ちゃんのための紙オムツや粉ミルクにかかわる物資の他、女性身体の生活者には必須とも言えるはずの生理用ナプキンが、その代表例となる。

　3章第2節で触れているとおり、月経にまつわる身体的リアリティは、女性ジェンダーを割り振られるタイプの身体でしか実感することが困難なものの典型例である。したがって生理用ナプキンの重要性・必要度合いについては、い

わゆる男女間での認識にズレが発生しやすい。それが災害避難所のような場では、その供給の手筈をめぐって「男はわかっていない」「いや、女は身勝手だ」のような無用の男女間の対立にもつながってしまうわけだ。

　だが考えてもみよう。月経の有無につながる生殖にかかわる身体タイプ差というのは本来はそれ以上でもそれ以下でもないものだ。月経がある身体と、そうでない身体。それが現行社会の通念に合わせて性別概念を紐付けられることで、女性の身体と男性の身体という、持ち主のジェンダー属性までカバーしたカテゴライズと、事実上等しいものであるということになってしまっている・させられている。

　だがもしそうなったりしていなければ、はたしてこれは「男女の対立」たりうるだろうか？　つまり本当は身体タイプの差でしかないものが、それを「男女差」だと考えるジェンダー概念を通すことで、性別・性差という水準にリンケージされているのではないだろうか。

## 「性別」という虚構に実体を与える「身体」

　同様のことは災害時に限らず平素からのトイレについても当てはまる。

　公衆トイレが「男女別」で運用されているのも、そのひとつの表れだと言えよう。排尿の方式がずいぶん違うことは、それぞれに最適化された便器が異なる製品として発達する理由にはなる。しかし排尿の方式の違いをもたらすものが、生殖由来の身体タイプ差に基づく泌尿器の形状の違いでしかないとしたらどうだろう。やはりそこではジェンダー通念を経由した男女属性への接続がおこなわれている。すなわち泌尿器のタイプ別が男女区分とイコールなものとみなされているわけであり、それはやはり社会的な設定だと言えるが、そこには相応の飛躍がある。

　そしてここに異性愛観念やそれを背景とした羞恥心等々が絡むと、話はさらにこじれることにもなるだろう。男女共同のトイレはなんとなく居住まいが悪いし、性犯罪の心配もある。という、やはりジェンダーやセクシュアリティに関する諸問題との連節も起きてしまうのだ。そうなると社会的・文化的な水準の問題との切り分けはますます困難になる。

　身体のタイプ差からは生殖可能な組み合わせという事実ももたらされる。し

かし、いわゆる性的指向を含めて性感、その他セクシュアリティにおける体感的なリアリティの違いというのは、２章第３節や３章第３節で詳しく見たように、女性身体と男性身体の間での一定の相違はあると言えたものの、それはやはり複雑な要素が入り組んでおり、単純に身体タイプのみに原因を還元できるものではなかった。ここでも身体タイプ差を根拠に「性別」への接続がおこなわれ、異性愛主義や男女二元的なジェンダー規範の運用に活用されているのではないか。

　このように、身体タイプ差に男女概念を当てはめ、両カテゴリーを分かとうとする力学は、この世界ではすこぶる強力にはたらいていると考えられる。そして元が身体タイプ差にすぎず、身体に「性別」はないとしたら、こうした性別にまつわる諸規範は社会的・文化的に運用されている人工的なシステムだということになる。いわば一種の虚構についての約束事である。かつて蔦森樹も、男女２つの性別があるというのはフィクションだとまで言い切っていた。

　しかしそんな中で、その「男女」という虚構が、実効性を持って運用されるために憑依させる実体として、身体という依り代が巧妙に利用されている。まさに「身体」というジェンダー概念のメディアが「性別」という虚構を実体化させているわけだ。

## [2] 世界を認識するためのセンサーがマウントされた躯体

　さて、ではこの身体の存在が性別・性差を実体化させ、ジェンダーの構築の一端を担っているという事案は、個々人の側から見ると、どのような意味をなすのであろうか。

　いや、むしろこれは「個々人の側から何事かを《見る》という際に、身体はどのように個々人の体験の意味にかかわっているのだろうか」と言い換えると話は早いかもしれない。そも「見る」をはじめとする五感において、知覚のための感覚器官は身体にマウントされる。そして私たちは、その感覚器官からの知覚情報を通して世界を認識する。しかしそうなると、感覚器官がマウントされる躯体としての身体の状態によって、収集される知覚情報データにも違いが生ずることは必定である。

　視力の良し悪しによって見え方が異なるというのは、まさに文字どおりの件

でもあるが、これはセンサー自体の性能の差異だとも言える。ここに加えて、身長の高低というファクターが入ると、たとえ視力は同じでもセンサーがマウントされる位置が異なってくることによって、やはり世界の見え方は違ってくることになる。

　身長以外の体格、例えば筋力や持久力などの差異もまた、物事の感じ方を異ならせるであろうことは想像に難くない。同じ重量の物体が配置されている状況に対峙したときでも、非力な人にとってはそれは動かしがたい絶対的な存在なのに対して、筋力自慢の人にあっては容易にその配置を変更できるものと思えるようなことはあるだろう。同じ距離を一定の速度で移動するタスクであっても、それをおこなう人の持久力、その他の体力的な因子に応じて、どのくらい大変なものと感じられるかはさまざまではないだろうか。

　したがって、そうした差異によって、認識する世界が異なってくる・世界の捉え方が異なってくる、ということは起こりえるのだ。すなわち身体は、世界を認識するためのセンサーがマウントされた躯体であり、もしくはそんな身体そのものがセンサーとして機能しているのだが、それらの特性の差が、個体ごとの世界の捉え方の差となり、身体の特性によって世界認識に相違が出るということにつながる。そうしてそれが社会のジェンダー概念と接続されることで、あたかもそこに男女差があるかのように見える両者の傾向の差を生じさせるということもまたあるだろう。

　このことが個々人にとって、自分が社会とかかわる際の性別にまつわる意味のうちの、自己の身体によって構成される要素のひとつとなっていくわけだ。

## コンタクトレンズで世界が変わる

　視力といえば、筆者の娘が進学を機会にコンタクトレンズをあつらえた際に、やはり身体感覚にかかわる感想を述べていた。

　「めっちゃ見える！　世界の解像度がちがう!!」

　つまり視力矯正の装具の効果で世界認識のセンサーの感度が突然に向上することが、まさに世界が違って見える体験となっているわけだ。「世界の解像度」とは今どきの若い世代らしい表現だが、言い得て妙である。

　さらに次のようにも続けていた。

「マジ見え方ちゃうわ、　テンション上がる〜っ！　なんかコレなら何でもできそう」

　要は身体感覚の違いによる効果が心理状態の変化を促し、行動にも影響を与えるということなようだ。

　同様なことは、おそらく多くの人々の間で広範に体験されている。そして視力の個人差であれば性差による傾向は考えられないのが一般的ではあるが、そうではない事項も世の中には少なくない。

　前述したとおり、非力な人と腕力にモノを言わせることができる人では、自分自身の身体が持つ意味合いに対して異なるリアリティが認識されているはずだが、これら筋力の差異というものは、容易に男女差のステレオタイプへとイメージが接続されてしまう。

　また、当然ながら生殖にかかわる身体タイプに応じて生殖器は異なるし、特に外性器は性感のためのセンサーとして重要な存在である。2章第3節や3章第3節を参照するまでもなく、この違いは性交・性行為全般に対する捉え方を左右し、各人のセクシュアリティにおけるリアリティに大きく影響することになる。

　となるとその際の、これら個々の身体感覚の差異、それをもたらす身体という各種センサーの軀体の特性、そうした傾向の差が男女別に集計された集合知が社会的に共有されることが、身体の性差として捉えられることはやはりあると考えられる。


## 妊娠という身体体験

　筆者が性別適合手術を経て予後も落ち着いた頃合いに、その当時に研究室の補佐を務めていた大阪大学大学院人間科学研究科で同じゼミの院生らに筆者の身体感覚の変化などについて話していると、とある社会人入学の女性院生が、自身が子どもを産んだときのことを参照してリアクションを示してくれたことがある。

　曰く、妊娠中は子どもがお腹の中にいる、その感覚が独特。それが出産を経た直後には、今まであったものが急にそこになくなったため違和感を禁じえず、しばらくの間その身体感覚に戸惑った。その後は子どもの世話をするにつ

け、コイツが自分の中にいたのだなぁ、それがどんどん成長していくことに何か不思議な感じがする……。

　これはたまたま収集できたナラティブなので、普遍性の検証には堪えないかもしれない。が、筆者の相方に確認したところ、娘を妊娠・出産した当時のことと照らし合わせると非常に理解できるとの回答はあった。

　同時に、筆者自身は娘とは平均的な「父親」としての水準以上によくかかわって、長じた今日でも関係性に一定の濃密さはあるし、幼少時には保育園の送迎、乳児期にはミルクやオムツの世話もこなしたものである。ただ、いかんせん受精卵の時点から自らの胎内で培ったわけではないので、そのせいか、娘が自分のお腹の中にいた、それが出産で急に消失して、それが今は目の前にいる、といった感覚については、どうしてもピンとは来ない。

　3章第2節で触れた月経の件と同様に、妊娠や出産はいわゆる男性身体の者にとっては、決して体験できない身体的経験である。それゆえの、それらが実地に体感可能な身体のユーザーとの間の身体感覚のエクスペリエンスの断絶が、こうした事例からは展望できるのではないか。

　一般に「お腹を痛めて産んだ子」という概念は広く流布している。何かのフィクション作品で母親役が我が子を思う気持ちをそうした言い回しのセリフで述べることもままあり、これはたしかに物語の文脈においては訴求力がある表現として効果的だ。しかしいささか情緒的に過ぎるこうした言い回しは、無批判に多用されれば、妊娠・出産というライフイベントに女性ジェンダーを接続したうえで、そこに本能的な母性として何か本質的なものが存在するというような言説を強化してしまう危険が大きいという指摘も可能だ。

　だが一方で妊娠・出産という身体的な経験が、自分の生身に刻まれる身体感覚と分かちがたく結びついたエクスペリエンスであるという観点を充てると、そこに一定の根拠が存在することは一概に否定できないことになる。

　2011年の東日本大震災にともなう福島の原子力発電所事故を契機に反原発の機運が高まった際には「女として反原発」といったフレーズが謳われたこともあった。

　一見するとエモーショナルな分、論理性を欠くスローガンだとも言えなくはない。「女として」の強調には、科学的な適切性に疑問符が付くことも避けら

れない。しかしやはり、妊娠という体験を通じて培われた生命に対する感性が動機の源泉となり、それが共通の体験だと理解し合うことによる連帯が、そうしたフレーズに表れているのだとしたら、あながち「女の感情的な行動」と一蹴できるものではないと言えてくる。

　もちろん妊娠ないしは出産と女性性の間をつないでいるのは社会的な操作である。そこを短絡して何か女性性の本質が身体に存するようにミスリードしてはいけない。しかしその点にじゅうぶんに留意するなら、「妊娠」という身体体験によってもたらされる身体感覚の経験が、世界の捉え方に何らかの変革をもたらすことはあるとして差し支えないのではないか。それが同じエクスペリエンスを経た者どうしの間に、ある種の共通した感覚として共有されることもまた然り。そうした実感がまた、個々人と周囲との相互作用のもとで「女性としてのアイデンティティ」を醸成するということも考えられる。

## 「現象学」における身体

　このように身体というセンサー、あるいは身体という躯体にマウントされたセンサーが収集するデータが、その身体の特性に応じて異なることによって何らかの世界認識の個体差を発生させ、それらの傾向が男女別に集計されたものが、ある種の集合知とも言える社会的な共有事項に転化することで、なにがしかの身体的男女差のように見えるものを社会的に生成しているのだ、という捉え方は有益だと考えられる。

　そして、こうした個々人が認識するものと世界との関係や、そこに身体がどのようにかかわるのかといったテーマは、すでに哲学者が議論を重ねてきた事柄との連関が想起される。殊にフッサールに始まり、メルロ゠ポンティがフランスで発展させた「現象学」とのつながりは深いだろう。

　メルロ゠ポンティの『知覚の現象学』では、例えば本書3章第1節で述べた幻肢の件についても言及される。つまり私たちの脳が自分自身の身体に対しておこなっているマッピングのようなものが、視野に入れられているわけだ。

　メルロ゠ポンティによれば、私たちは各々「身体図式」を持っており、知覚した情報はそれを通して翻訳されて認識へと転換されるのだという。すなわち「身体図式」とは、本稿に引きつけて理解するなら、身体に備わったあらゆる

センサーについての統合された俯瞰図であり、そこから透徹することで、収集された情報が整理され解釈され、身体の周囲で起きている現象として把握可能になる、そうした機序の総体たるモジュールだというふうに敷衍できよう。

　これなども、身体と世界認識との間の関連や、そこに生ずる性差を考えるうえで、大きな示唆を与えてくれるものだ。

　他にもメルロ＝ポンティは「言語」にも着目している。私たちは物事を言語を通して解釈し、概念として修得しているわけなので、現象学の射程に入るのは必然でもあるだろう。メルロ＝ポンティの論を借りれば、身体は言語を媒介して把握されることで、その実存が社会的営為へと変換されるのだと言える。ここでも、身体の差異が性別・性差へと翻訳されるスキーマの存在がうかがえる。

## 「身体図式」が対応できない物事は理解から外れる

　3章第1節で挙げた筆者の性別適合手術にまつわるあれこれのうち、手術直後しばらくの間の幻肢の件に関連して、いわゆるペニスの「ポジションが悪い」のを直したいのに（そもペニスはすでに実在しないので）直せない隔靴掻痒感が不快だったというのは、ある種の象徴的なエピソードであった。

　ただこれを周囲の知人らに紹介した際、強く同意を示してくれたのは、じつは男性ばかりであった。このことは、現象学の知見なども経たうえでふり返ると、あらためて興味深い事象だろう。すなわちペニスというのも身体に架装されたセンサー、ないしはセンサーとしての身体そのものであるのだが、それが収集した知覚情報をデータとして蓄積しているか否かで、ペニスにかかわる幻肢のエピソードが実感をもって理解できるかどうかが分かれるということだからだ。

　メルロ＝ポンティの言を借りれば、ペニスの具有を前提として出来上がっている身体図式にしか、ペニスにかかわる知覚は現象として翻訳し理解することができないというわけである。

　逆に、生理用ナプキンの装着が半年ほどにわたって連日続くという話を聞いた際には、ポカ〜ンとしていた男性陣に対して、大きく共感を示してくれたのは女性ばかりだった。これはまさに対になる事象だったと言える。股間からの

出血やナプキンを当てる身体体験が経られて成り立っている身体図式をもって　せねば、やはりこの件の心からの理解はできないのだ。

　おそらく、こうしたことは日常的な他愛ないレベルの事象にはじまり、いわ　ゆる生殖にかかわる性感や性的ファンタジーといった要素も包含し、その他あ　らゆることについて該当し、ひとりひとりの人生を規定していることだろう。

　センサーが知覚した情報に存する個体差が、個々の身体図式を人それぞれに　する。そしてそこにある男女差とされるものにかかわる傾向の差が、社会的に　性別・性差だと捉えられる。こうしたプロセスを経て「身体」は「性別」とつ　ながっているのだと把握することは、もっと顧みられるべきではないだろうか。　かくして身体は、その内側からも社会的な性別・性差、すなわちジェンダーの　構築と密接に関係しているのである。

## [3] 現実世界用の「アバター」

　さてこのように、個々人がとりまく世界に対してそれにかかわる情報を知覚　し世界を認識するというベクトルで見たときには、身体はそのためのセンサー　がマウントされた軀体、もしくはセンサーそのものとして機能した。

　しかし一方で個々人の意識、ないしは自我、人格が、外界へ向けて自己を発　信する際、逆に個々人の身体のほうが、それを他者がセンシングする情報とし　て機能するという方向も見逃せない。すなわち身体が自分にかかわる情報を載　せるための素体、自己表現のための媒体としての意味を持つということでもあ　る。

　社会関係の場へ呈示する自己像として、身体にまつわる知覚情報の比重がす　こぶる大きいというのは、私たちの生活実感として納得はたやすいだろう。そ　の身体に盛り付ける自己にかかわる情報をどのようにコーディネートするか、　身体を通じた自己表現をいかに演出するか、それが自己が参画する社会的な場　において、他者に認識してもらう自己像として、重要な役割を果たしているこ　とは疑いない。

　そしてそれは、例えばオンラインゲームのプレイ体験から逆照射してみると、　ゲーム内の世界でプレイヤー自らが操作するキャラクターとしてプレイヤーの　分身と位置づけられ、プレイヤーが他のプレイヤーからどのような存在である

と判断されるかのよりどころともなる「アバター」が果たしている役割を、現実世界では身体が担っていると捉えることができまいか。

## アバターは「なりたい自分」

オンラインゲームなどにおいて、プレイヤーが自ら操作するキャラクターを自分の分身と見立てて、自分好みにデザインすることは一般的である。

これが「アバター」と呼ばれ、ゲーム世界を生きる登場人物となり、その表象はゲームの場で他のプレイヤーがそのキャラクターの人物像を把握するよすがの大きなひとつとなり、プレイヤー本人もまたそうしたアバターが表象する人物像を通じてキャラクターに感情移入、もしくはアイデンティティを重ね合わせたりする。

オンラインゲームと一口に言っても多種多様なのでタイトルごとのシステムにもよるだろうが、プレイヤーはゲーム開始時の初期設定の際に、用意された選択肢から体格、肌の色、髪の具合、顔立ちにかかわるパーツなどを組み合わせて、アバターの外観を（他に異能力のタイプや職業などの社会的属性なども）作成することが、おおむね標準的であろう。ゲームの進行に応じて選択肢が増え、そこで髪型や服装・持ち物などをさらに好みのものにチェンジするようなこともよくあるはずだ。

そしてこうして出来上がったアバターをもってオンラインの世界での他者はプレイヤーの為人を判断することになるわけだが、したがって逆に言えば、プレイヤーは他者からこう見られたいという希望に沿ってアバターをデザインすると考えることもできるだろう。それはすなわち「こうあるべき自分」「そうなりたい自己」といった、プレイヤー自身の願望が投影された自己像ということであり、自らのアイデンティティの反映された人物像だということになる。

もちろんこの場合は、あくまでもゲームに参画する際の自己像についての選好であり、現実世界でのそれとは一致しないこともあるだろう。複数のゲーム機会ごとに異なるスタイルのアバターを整えるようなことも当然に考えられる。しかしそのように機会が複数あり、現実の身体の肉体的実存に縛られずに、その他社会的な各種の制約さえ越えて、さまざまなアイデアをカジュアルに投入可能なゲームの場であるからこそ、そこに本当の深層の欲求が立ち現れる可能

性もまた否定できない。

　そうして、かかるゲームでのアバター調製から逆照射したとき、やはり個々人にとって自己の身体が「現実世界用のアバター」であり、リアルな日常生活の場での、髪型を整え、服装やアクセサリーをコーディネートし、あるいは化粧をするといった営為は、ゲーム世界でアバターを装飾する操作と対応しているという視角は非常に有用である。

　現実社会のもとで各自の身体は、相互行為の場でどのような意味を持たされるかのコントロールを要する実存として、そのパラメーターをマネジメントしていくべき対象に位置づけられているのだ。

## 「性別」も自由なバーチャルな場のアバター

　オンラインゲームなどに参画する際、場の性質によっては、現実世界の自己像をなるだけ忠実に反映させるほうが望ましいようなケースももちろんあるかもしれない。反面、せっかくのゲームというフィクション空間であり遊びの世界なのだから、現実の自分とはまったく別人になって変身願望を充足させたいというニーズがあるのも不思議ではない。

　オンラインの場でのアバターを自分の理想どおりの姿にデザインすることは、現実世界の自己像を同様に整えるよりもずっと容易であることはたしかであろう。現実世界の自分が、理想どおり「こうあるべき自分」「そうなりたい自己」を実現するには、身体的か社会的かを問わずいろいろな制約はあまりにも多い。しかし、アバターはその点についてはすこぶる自由である。

　そして、それゆえに「性別」の越境もすこぶる自由にできることになる。性別が自由に選べる世界というのは、性別違和を抱えたトランスジェンダーにとって大いなる福音である。実際、仮想空間内でアバターとして美少女の姿になることを楽しむようなことも盛んにおこなわれるようになってきている。しかもそうしたニーズは、どうやらひとり性的少数者についての文脈を越えて、思いのほか広汎に存在するようなのである。第2章で見たような男性の女性化願望に鑑みれば、さもありなん。

　このようにコンピューターゲームの世界のような場で仮想的に異性化を実現するという体験は、いわば「バーチャルトランスジェンダー」とでも呼べよう。

そしてオンラインゲームをはじめ何らかのバーチャルな場が、技術的な進展にともなって、今後さらにある種の「社会」として存在感を増していくことも予見できる。デジタルデバイスを駆使して飛び込んだサイバー空間が、人と人とがやり取りする社会的な場として公に認定されるものになっていけば、そこでは現実世界のほうがあくまでも「本当」という権力関係も無化されていくことになるまいか。そうなれば「バーチャルトランスジェンダー」は、仮想空間で他者から認識されるジェンダー属性そのままの性別で存在できることにもなる。

　現在の現実世界ではリアルトランスジェンダーが「でも本当は男なんだよね？」のように言われることもままある。それに対する「今あなたが認識しているジェンダー属性以外に、どこかにワタシの本当の性別というものが本当に実在するのですか!?」といった問い返しは、社会における人と人とがやり取りする場ではそこに生成される相互の解釈こそがその場でのコミュニケーションの意味における真実だといった社会学的な知見を用いれば現在でも可能ではある。ただそうした問い直しのパースペクティブの切れ味が、仮想世界ではアバターという存在が逆説的な補助線となって、より鋭利になる。その場が「仮想空間」であることで、現実空間に流布した「性別」観念のフィクション性がはしなくも浮かび上がるのだと言ってもよい。

　バーチャルトランスジェンダーが一般的になった世界では、そもそも「ジェンダー」を「トランス」するという概念にさえ意味がなくなるのではないだろうか。

## デフォルト設定の修正ツールとしての外科手術

　もっとも、そんなふうに電脳仮想空間が公の場として認められ、そこが人間の社会活動のむしろメインフィールドになる日というのは、いささか未来として今なお遠くもある。そしてそうなると、当面の現実世界でのアバターは各自の身体をベースにしたものにせざるをえない。前述のとおり、それはさまざまな制約下にある。現実は世知辛いのである。そんな中で人は、少しでも理想どおり「こうあるべき自分」「そうなりたい自己」に近づくために、各種の実践を試みる。

　2章第4節で触れたプリクラで補正機能をフル活用して「盛った」写真をS

ＮＳのアイコンに使うようなことは、ある意味リアルとバーチャルをつなぐ位置にあると解せるだろうか。そうしてそれらも含め、各人の「想像上の自己」を「想像上の他者」から望みどおりに見られるようにコントロールする営為は、日常の身だしなみから化粧、外科的な身体加工に至るまで多方面にわたっていた。その際その行為が、一般的通念に即したとき他者からは性別を越境しているとみなされる場合には、その行為・その人が「トランスジェンダー」となるわけである。

　となると、自己の肉体に外科的な手法を受け入れてでも、その外見を改変しようというのは、いわばアバターの調製作業における、現実世界における実存としての自分の肉体に課せられた制約と、自己が思い描く理想像をすり合わせ、ギャップをできるだけ小さくするための、実際的に可能な手段での取り組みだと言い換えることもできてくるだろう。

　すなわち身体が現実世界用のアバターであるという考えを、あらためて2章第4節に遡及させれば、現実世界のアバターを装飾する行為の一環として、アバターの素体となるボディについて、そのデフォルト設定を特別なツールを導入して修正する行為が美容整形、そして性別適合手術であるということにもなるのではないか。

　したがって、身体が「現実世界用のアバター」であるということを、［「性別」にとって「身体」とは何か］という本節の問いへの解答として、あと少し言葉を補って解説するなら、社会参画の際の自己像のベースとして素のありようをいったん受容したうえで、それを活用し、時に特殊な方法も駆使して改変し、そこにさらなる装飾も施して作り上げる、各人のアイデンティティの一端が表明された存在であり、社会に存する性別概念とも呼応しながら、他者との相互作用において機能させるキャストなのである、と言えるだろう。

## ジェンダー、身体、セクシュアリティ

　以上のように、節タイトルの［「性別」にとって「身体」とは何か］という問い立てへ答える形で、「1：ジェンダー概念を実体化させるためのメディア」、「2：世界を認識するためのセンサーがマウントされた軀体」、「3：現実世界用のアバター」の3つの視点を軸に、せめぎ合う「身体」と「性別」の相互作

用の様相を鳥瞰してみた。

　そのいずれの視点においても、「身体」差といえどもそれがアプリオリに「性別」なのではなかった。生殖にかかわる身体タイプの差異に対して性別・性差の観念が憑依させられ、あるいは個々人の身体感覚の違いがジェンダー構造に回収され、そうした中で個々人が自己イメージを形成する際には、かたちづくるべき自己像を規定する制限枠として機能する。そういった社会的な営みを通して「性別」は「身体」と連関していた。

　生物学的な身体差異が直接に男女差——日常レベルでも性的次元でも——を構成しているのではなく、いわば間にもうワンクッションある。このような理解は、ジェンダーの深淵を透徹していくうえで、今後は不可欠なものとなるだろう。

# 第4章　混沌のセクシュアリティを捕捉する

## 1　身体もまたジェンダーに含まれる

### 「性の多様性」を問い直す

　性の多様性については、近年ではその考え方は少なからず広く共有されるようにはなってきているだろう。「LGBT」と口に出せば大まかには何の話題か理解して真摯な反応を見せる人の割合も相当に増えた。

　だが、それだけに性の多様性についての語られ方が肥大し複雑化しているきらいもなきにしもあらず。初学者向けにわかりやすく要点を伝えていくメソッドは、より洗練され的確なものになっていくことが望まれる。そしてその一方で、入門編と割り切りすぎた説明が結局は既存の多数派のボキャブラリーに回収されてしまい、期せずして誤解や偏見を上書きしてしまうことも危惧される。

　今はまさに、これまでさまざまに語られてきた「性の多様性」について、あらためて問い直しが望まれるときなのかもしれない。本章では、第3章までをふまえながら、単純な説明では捉えきれない多様な性のありようの、複雑で混沌とした深層を考察してみたい。

### 「わかりやすい説明」再確認

　セクシュアルマイノリティ全般についてわかりやすく説明する際、従来は図1のようなチャートが用いられることが多かった。この図における身体、意思（心）、恋愛対象の3項目各々について、両端の「女」〜「男」の間のどのあたりに位置するのか、各自でプロットするのである。

　例えばいわゆる「普通」の男性だと上から順に［男・男・女］の位置に印がつくことになる。女性なら［女・女・男］が「普通」とされる印のつきかたとなるわけだ。

　一方、女性の同性愛者・レズビアンなら［女・女・女］。男性同性愛者・ゲ

| 「あなたの性別は？」 | 女 | 男 |
|---|---|---|
| 身体を基準に付与される性別 | ←ーーーーーー＊ーーーーーー→ | |
| 本人の意思に基づく性別 ( 心の性別？) | ←ーーーーーー＊ーーーーーー→ | |
| 恋愛対象にかかわる性別 ( いわゆる性的指向 ) | ←ーーーーーー＊ーーーーーー→ | |

図1　よくある「性の多様性」を説明するチャート

イは［男・男・男］となる。

　トランスジェンダーで女性から男性へと移行する場合（Female to Male）は［女・男　…］と来て、3つめの恋愛対象は一概には言えないので、典型例として特定の位置に印をつけるのは保留せねばなるまい。筆者のような男性から女性へというケース（Male to Female）なら［男・女　…］と来て、恋愛対象のところはやはり人によって異なることになる。

　こうして見ればトランスジェンダー系と同性愛系では、多数派の基準が「普通」とするところからの外れ方が異なり、巷間よくある両者の混同が誤りであることも理解しやすいだろう。あるいは、自分がどういう自分でありたいかという要素と、自分から見てどういう相手が恋愛や性的関心の対象であるかという案件が、まったく別個の独立した事象であるという点も、やはりこれらを峻別できていなかった段階の人には腑に落ちやすいのではないか。

　身体が男女の典型でなく「インターセクシュアル」などとも呼ばれてきた、いわゆる性分化疾患（DSD）の人たちについては、身体の項目については中ほどにプロットされることになるだろうか（少なくともこうした「わかりやすい説明」の文脈では）。

　ともあれ、このように3項目に分けて、仮に各々単純に男女の2択で答えたとしても、人それぞれ8とおりの「性別」があることになるわけだ。プロット位置は「真ん中よりちょっとこっち寄り」等でもよいわけなので、実際には印のつけ方は無限にある。したがって「性別」は「女と男」の2種類ではなく、まさに人の数だけあるということが、この図1を用いることで直観的に理解しやすい。この図による説明には、そうしたメリットの大きさがあった。

## 「わかりやすい説明」が捨象しているもの

　ただしこの図、いわば入門編としての「わかりやすい説明」としては便宜上とても有用かもしれないが、相当に割り切った単純化をしているということも見逃してはならないだろう。この解説を性の多様性のすべてだと思いこんでしまうことには弊害も大きいと言うべきだ。あくまでもソコを理解したうえで必要に応じて初学者向けに活用してこそ効果がある「わかりやすい説明」なのである。

　例えば恋愛対象が「女」や「男」と言っても、その相手の「性別」にもこの図が適用されるとしたら、はたしてそんなシンプルに表現できるのかは大いに審議事項である。身体や意思（心）の項目も、何を基準に何がどうなっていたら「女」や「男」なのかを考えだしたら、迂闊には印がつけられなくなって手が止まってしまう。そもそも、チャートの両端が「女」「男」となっていることの正当性にも疑念が湧いてこないだろうか。

　結論から言って、多様な性・セクシュアリティの多様性は本当はもっともっと複雑で混沌としたものだと捉えるべきだろう。すなわち「身体」「心」「恋愛対象」という三分法自体が、あるいは「女」と「男」を両端に置いた設定自体が、むしろちっとも多様性に対応していないのだ。この図と類似のものの中には３項目では足りないとばかりに、「身体」とは別に「戸籍」の項目を設けたり「心」のところを本人の内心と外へ向けた自己表現に分けるなどしたものもあるにはあるが、それとて本質的な解決ではないのは言うまでもないだろう。

## 「わかりやすい説明」の３項目を再考する

　ただ、お気づきの方もいるかもしれないが、じつはこの図、一般的によく見かける同種のものに比して、本書に掲載のものは３項目の説明の文言に筆者が若干の手直しを加えている。

　《身体を基準に付与される性別》となっているところは通常はもっとシンプルに「身体の性別」と書かれているのではないだろうか。

　《本人の意思に基づく性別》なら同様に「心の性別」と明快に断言されがちだ。せいぜい「性自認」というワードが併記（もしくは代替）されるくらいだろう。

　《恋愛対象にかかわる性別》と含みを持たせてある三段目も単に「性的指向」とされやすい。

　これらの筆者による言い換えの意図・言い回しの工夫の趣旨は、さてどのあたりにあるのだろう。この点に寄り添う形で、ここであらためてセクシュアリティの構成要素とされる各々について掘り下げることで、私たちの性別概念が性的少数者の実相にアプローチする際にさえ「男女」と「異性愛」に囚われている現状から逆照射した、多様な性の深層に迫ることができないだろうか。

　以下この第4章では、まずこの節では「身体の性別」の件を扱い、次いで第2節では「心の性別」、第3節で「性的指向」とされているものについて追ってみるという構成をとりたい。

## 「それ」が最初から身体の性別なのではない

　ではまず「身体の性別」について見ていこう。

　と、言いたいところだが、「身体」と「性別」とのかかわりについては、すでに本書第2章・3章で主たるパースペクティブとして用いて論考を重ねてきた。

　身体そのものではなく、そこに与えられた社会的な意味づけにこそ性別としての実態があったこと。

　身体生理からもたらされる性的欲求もまた、社会生活との折り合わせが図られる中で性別化されていること。

　理想の自己像を社会からの評価とすり合わせながら調整する作業においては、やはり身体に属する要素であっても、そうでないケースと同様に社会的・文化的な各種の枠組みとの相互作用が存すると考えられること。

　もちろん身体タイプの差異に応じて身体感覚にかかる体験は異なることはあるが、それが単純に「身体の性別」に直接由来する男女の本質的な性差だというよりは、それら身体体験の分断が男女二分的な性別カテゴリ概念に紐づけられることによってジェンダーの構築に一役買っているというプロセスが介在しているであろうこと。

　すでにこうしたことは本書がここまでに詳らかにしてきている。したがってあらためて結論をまとめるなら、第3章の第4節でも踏み込んで言明している

とおり、いわば「身体の性別」は存在しない。

　現在において人の「男女別」の指標となっている身体的な差異は、あくまでも何か生殖にかかわるタイプ差にすぎず、それ以上でもそれ以下でもない。それを現行社会のジェンダー化された各種の生物学知見、その前段階水準のあらゆる観念が、それらを認識し解釈する過程で、その身体的な差異が「性別」に結び付けられ、それが「身体の性別」であると捉えることに妥当性が与えられているのである。このように考えれば、「身体の性別」概念はもはや社会的・文化的な構築物でしかないのである。

## 身体を基準にして性別属性を付与する社会

　その身体の差異、生殖にかかわる身体タイプの差異が、最初から「身体の性別」なのではないのだとしたら、性の多様性を説明する際に「身体の性別」を自明であるかのように提示するのは、あくまでも便宜上のこととなるのも必定だろう。

　よって「身体の性別」とされているものについて正確を期して言うなら、人が出生の時点で本初的にその身体に性別を保有しているわけではなく、そうではなく、各個人の出生が認知され対応される中で、その身体差——実務的には目視して判別された外性器の形状を基準に、社会が各個人にジェンダー属性を割り当てているのである。

　新生児を社会の一員として迎え入れるための手続き、いわばイニシエーションの一環として、その新生児の社会的性別属性が後天的に決定される、その指標に、外性器の形状という身体特徴が動員されているわけだ。

　そしてそうしたことが慣例として定着すれば、結果として各人に性別が付与される根拠となった身体の差異が「身体の性別」であるかのように見える社会環境が強化され、身体差に準拠して個々人の性別を決定する動機づけは高まり、習慣は堅固になっていく。

　現行社会で「身体の性別」として信じて疑いない地位に置かれているものは、このように社会や文化といった補助線を駆使すれば、さほど確固としたものではないことがわかる。つまりは「身体の性別」もまたジェンダーの配下にあるのである。

セックスはジェンダーの眷属である、と言ってもよいだろう。

## ジュディス・バトラーが透徹したもの

　この捉え方を充当することで、例えばジョーン・スコットの論考に起源する「ジェンダーとは『身体的差異に意味を与える知』」だという定義の意味するところへの理解もより精緻になるだろう。これも3章第4節でも言及したとおりである。同様に、こうした理論の立脚点として外せないのは、もちろんジュディス・バトラーによる論考である。

　バトラーの代表作とも言える『ジェンダー・トラブル』に限っても、有名な「セックスは、つねにすでにジェンダー」の他に、その直前直後には「『セックス』と呼ばれるこの構築物こそ、ジェンダーと同様に、社会的に構築されたもの」「結果として、セックスとジェンダーの区別は、結局、区別などではない」といった刺激的なフレーズが連なっている。

　さらにそれを受けて「ジェンダーは、それによってセックスそのものが確立されていく生産装置のことである」「セックスを前 - 言説的なものとして生産することは、ジェンダーと呼ばれる文化構築された装置がおこなう結果なのだと理解すべきである」とも（ここでの「セックス」が「社会的・文化的なジェンダー」に対置された「身体的性別」のことを意味している、といった注釈はもはや蛇足ということでよいだろうか）。

　ともあれ『ジェンダー・トラブル』では、人のジェンダー属性の根底にあるのは生物学的に決定していて揺らぐことはない特性としての身体の性別なのだという現行社会で卓越的な理解を、相応の紙幅を割いて否定したうえで、さらなる論が展開されている。

　こうしたバトラーの業績が、以後のジェンダースタディーズにもたらした恵沢ははかりしれない。それまでの「身体的性別・セックス」と「それが社会や文化の影響で強化された規範であるジェンダー」という二項対立的な把握には、おのずと限界もあっただろうから、そこを超克するためにも、「セックス」と「ジェンダー」の関係を配置し直すことの意義は大きかったと言えよう。

## 世界観に合わせて地球も平面になる

　もう少し別の観点からアプローチするなら、そもそも男女の差異とされる生殖にかかわる身体タイプの差異がいかようなものであるかについての、今の私たちが知るような生物学的あるいは医学的・解剖学的・遺伝学的な知見は、確立したのは現代のことである、という点にも注目できる。むろんそれ以前から性別にまつわる社会的文化的な諸概念は存在する。

　また、そうした学問的な蓄積がある程度は成熟してきた近代でさえ、膣の内部がまるでペニスが反転して体内に埋まっているかのような様相で描かれた人体解剖図がある。当時はそのように認識されていた、その観念に基づいて人体が観察されると、そうした図像のような解釈に至るということなのだ。

　こうしたことは、トマス・ラカーの『セックスの発明』などが参考になる。近代時点での人々が見ていた女性の生殖器官は現代と同じものなはずだが、ラカーはこれを、単に科学的な知識の不足から来る誤謬ではなく、観察が不正確だったのでもなく、イデオロギーが見え方を決定し、どういう差異が重要なのかも左右しているからだとしている。

　つまるところこれも結局は、科学的な人体の分析の結果に立脚して、その反映として社会的なジェンダー属性が整理され配置されているのではなく、社会や文化におけるジェンダー概念の要請を受けて、それに適合的な科学的知見が編み出されている、そういう順序で「身体の性別」という概念が創出されていることの証左となるだろう。

　ウォルター・リップマンが『世論』にてステレオタイプについて述べる中で記した「われわれはたいていの場合、見てから定義しないで、定義してから見る」「こうして拾い上げたものを、われわれの文化によってステレオタイプ化された形のままで知覚しがちである」という言葉が、こうした文脈でもあらためて示唆深いと感じられてくるところである。

　中世のキリスト教圏では世界は平面であったが、その時代その文化圏での世界観によって地球の形まで異なってしまうとしたら、たしかに同じようなことは性別にだってあてはまる。むしろそうやってそのときそのとき最新の自然科学的とされる知見を適時アップデートさせながら、社会的・文化的なジェンダー概念のほうが連綿と続いてきたのではないのか。結局のところ私たちは自

分たちの文化圏に構築された環境イメージに則して世界を認識してしまうのだ。

　このように見ても「身体の性別」はジェンダーによる所産であると捉えられるのである。

## ジェンダーの眷属としてセックスを捉え直す

　もちろん「ジェンダー」概念を初歩中の初歩の水準で入門用に解説するような際には、生物学的に明白な身体的な性別である「セックス」がまずプラットフォームとして存在し、それに対して、そうした基盤上で展開する「社会的・文化的」な要因によって後天的に構成される性別にまつわるあれこれが「ジェンダー」だ、というレギュレーションに則ることも、便宜上の手段としては有効性が高いかもしれない。

　もとより歴史に鑑みれば、20世紀のフェミニズムの進展の中で、生物学的な男女の差異とは別に、それを補完・強化するものとして、人を男女で分けて捉える社会的につくられた体制・文化として規範化された性差意識等々が存在することが可視化され、生物学的性別「セックス sex」に対比しうる語として、「男性名詞」と「女性名詞」の区分がある言語圏で、その名詞の「性別」概念を表すのに用いられていた「ジェンダー gender」が転用されるようになった、という経緯もある。シモーヌ・ド・ボーヴォワールの「人は女に生まれない、女になるのだ」という言葉は、そんな後年において「ジェンダー」の語が充当されることになる概念を、その「女」の立場から先見的に言い表していたと言うこともできるだろう。

　しかし、その後のジェンダースタディーズ、ないしセクシュアリティ研究、クィア理論、あるいはセクソロジー等々の進展を経ると、そうした二項が併存するような「セックス」と「ジェンダー」の配置では不適切ということも顕になってきたわけである。

　生殖にかかわる身体のタイプというものは、あくまでも有性生殖の場面での小さい配偶子を出すほうか大きい配偶子を担うほうかの「タイプの違い」。その違いを「オスとメス」と概念化し、さらにはそれをヒトの社会生活にとっても重要な「男と女」という性別属性の区分にまで発展させているのは、結局は人間による後天的な解釈。ゆえに「生殖にかかわる身体のタイプ」を基に分か

たれる「男と女」もまた「ジェンダー」。

　そもそも「生物学」もまた人間社会の文化の所産のひとつであり、そこでの知見に基づく生物学的性別などと言っても、それが人類による解釈をまったくまじえない宇宙創生以来の普遍的真理なわけではない。すなわち、「生物学的に明白な身体的な性別」とされるものもまた、べつに人が生まれつきその「性別」で生まれてくるわけではなく、出生時に「生殖にかかわる身体のタイプ」に基づく身体の特定部位の差異を目視で判断（が可能でないケースももちろんある）した結果を根拠として、社会が、その文化の基準に則して各人に付与していたものにすぎなかった。

　まずは人間社会に「性別」を「男と女」として認識する文化的な価値体系があり、それを概念化している言語体系があり、それに基づいた現実認知のプロトコルが敷衍されているがために、それを通して見たときには、じつは単に「生殖にかかわる身体のタイプ」による差異にすぎないものを、「男と女」という「性別」であるかのように見えるだけなのである——。

　このように捉える合理性と利点が、かくして今日では大きくなり、「身体的性別・セックス」と「社会的文化的な性別要素・ジェンダー」の位置関係が修正されたのが今日なのである。

## トランスジェンダーが「身体の性別」から自由になれる

　そんなわけで、ヒトの身体に生殖に由来するタイプ差はあっても、それは人の社会における「身体の性別」とはイコールではない。「身体の性別」とは、その身体タイプ差を解釈する基準に沿って社会が個々人に付与したもの。すなわち《身体を基準に付与される性別》であり、付与するのは社会、そして付与されるものは社会的な意味づけ・文化としてのジェンダーなのであった。

　このことはあらゆるセクシュアルマイノリティをはじめ、すべての人にとって、「身体」にまつわる桎梏から自由になれる可能性を拓き、ひとりひとりが自己のセクシュアリティを探究する際の視点を広げる利得がある。自己の肉体に動かしがたい性別属性が内在しているわけではなく、現行社会がそういう観念を前提としているだけだということは、社会の成員たる人々の意識や各種の制度設計が変革されさえすれば、「性別」と「身体」の関係性は異動が可能で

あるということだ。「自分の身体は女だから」とか「この身体がこうだから自分は男なのだ」といった懊悩の大部分も、その当事者の責に帰することなく軽減・解消ができるだろう。

特にトランスジェンダーにとっては「心の性別と身体の性別が一致しない性同一性障害という病気」といったような説明に回収されない自己認識が組み立てやすくなるし、むしろそうした定義づけ全体がある種の多数派基準に基づいて重用されている設定であって、はなはだ欺瞞的なものだという気づきにもつながりうる。身体特徴はあくまでも身体特徴であり、そこにアプリオリに性別は存在しないと考えられれば、自身の身体の実情と理想とする自己像のすり合わせも脱「性別」化され、以て自己のアイデンティティを安定させることもずっと容易になるだろう。

多様なセクシュアリティを前提とした社会を実現していくうえで、「身体」の位置づけ、そして「身体」への意味づけが、人々の意識の中で更改されるということが、大きな推進力になるのは間違いない。そのためにも、「セックスはジェンダーの眷属である」にすぎないという認識の、さらなる人口への膾炙が望まれる。

## トイレの男女別は何を基準に分けているのか？

ここで念のためひとつだけ、もう少し具体的な案件に寄せて見ておこう。

3章第2節で言及したように、筆者が性別適合手術を経た際に身体感覚の変化として印象が大きかった事項のひとつに排尿があった。これは一般的には男性身体とされる身体タイプの生活者と女性身体とされる身体タイプの生活者の間にある身体感覚の差異と照応すると考えられたが、かかる差異が、大元は身体タイプに由来して生じているということには異論はないだろう。しかしその差異がすなわち私たちが日常的に認識している「男女差」というものに直結しているかといえば、やはりそうではなかった。

まずもって、そのような身体感覚に大きな隔たりがあること自体が広く一般には知られていなかった。身体タイプに応じて排泄をめぐるスタイルの違いがあるだろうなぁという漠然としたイメージくらいはあったとしても、それを「男女差」として把握する水準にまで接続しているのは巷間に流布したジェン

ダー観念にほかならなかった。そのような身体についてのジェンダー観念を醸
成し、あまねく私たちに内面化させている仕組みの一端も、3章第2節で展望
したとおりである。

　その観点から考えれば公衆トイレの男女別というのも、身体に由来する排泄
スタイルに応じたものではなく、多分に社会的な要素が入り組んでいることが
明白になる。純粋に身体的な要素にのみ準拠して公衆トイレを設計するなら、
いわゆる男性の小用のための便器が並んだ区画と、それ以外の用途のための個
室群が配置されたエリアに分けることこそが合理的なはずだ。新幹線の車内の
トイレなどが、限定的ではあるがこのコンセプトに則った構成になっているこ
とは見かける機会も少なくない。

　しかしそれは鉄道の車両内という制約ゆえの産物という側面が大なのだろう。
実際には世の多数を占めるのは、バリアフリートイレなどを例外としつつ「男
女」で二分された公衆トイレである。単純に「男女」で分けておけば、利用者
の羞恥心への配慮であるとか性犯罪の抑止であるとかといったニーズに対応で
きるはずだという前提が背景にある。それは同時に、そういった社会的な性別
意識・性別規範に基づいた「男女分け」が、身体タイプの差異とも一致してい
るはずだという前提でもある。

　このような社会環境は、男女混合トイレへの利用者の羞恥心の喚起や性犯罪
の動機の生成、あるいは身体タイプとジェンダー属性の一致の要求を再帰的に
発生させたりもしているだろう。すなわち人が男女に二分できるからトイレも
男女別になっているのではなく、トイレが男女別になっていることが「人は男
女に二分できる」ように見える現況につながっていて、さらにはそれが男女で
仕切られた各種の観念を生み出し、それらに合わせて行動するように社会の成
員に対して要求する圧力にもつながっているわけだ。

　そしてそれらが多様な性の実態と突き合わせたときには、したがって甚だ
不合理であることが露呈するのだ。トランスジェンダーのトイレ使用に関する
議論などにおいては、こうしたトイレの男女区分自体に疑義を呈するような視
点も、ぜひ取り入れられなくてはなるまい。

## 男性のほうが排尿がラクなのはなぜなのか

　排尿はペニスがあったほうが断然ラクであり、身体器官としてのペニスは排尿のための優秀なホースであった、と感じた件についても3章第2節で触れた。つまり一般的には男性のほうが「オシッコがしやすい」という利得があるということである。たしかにペニスがホースとして優秀という点は動かせない事実で、これもまた身体に由来する本質的な男女差だと思われがちである。

　しかし男性ジェンダーを割り振られる根拠となる身体に備わっている泌尿器に最適化された便器が開発され普及していること。あるいはそれらに合わせた下着・被服の類、その他排泄をめぐる諸々の習慣。そういったものが、いわば男性の排尿を賛助する体制として確立・充実しているという視点も見逃せないのではなかろうか。

　あるいは、そうした排泄に関して整備されたシステムが、前述のとおり男女別に確立している中で、そこから醸成された羞恥心をはじめとする、私たちが後天的に内面化している規範意識や価値観・行動指針といったものなどが、排泄の手順・手続きなどにおいて「男女差」を生成している影響も大きいだろう。

　そういった社会的・文化的なあれこれもまた排泄についての男女差にはまとわりついている。もとより野生の動物であれば、その排泄の雌雄差は、こうした議論の埒外にある。排泄をめぐる「男女差」が人間社会の文化でなかろうはずがない。いわばジェンダーという社会や文化にかかわる性差のほうによって、「男性のほうがオシッコはラク」という一見すると先天的な身体に由来するようにも見える事実が、作り出されているという側面も大なのである。

　そうしてそれらが再帰的に「男性の／女性の排尿とはこういうものだ」という概念の体系を形成し、その概念と社会の実態がこれまた相互作用を起こすことで強化され、排泄の男女差に見えるものの総体が、ひとつ構築される。そういう力学が現行社会にはある。

　ちなみに「男性のほうがオシッコはラク」という事実も、一般家庭・個人宅などの家屋で一般的な、洋式トイレが一つあるだけのトイレという舞台装置を通して見てみると、様相がいささか異なることに思い至るのは容易であろう。いわゆる主婦からの意見としてよく聞かれる「お父さんや息子たちが立ってすると飛沫が跳ねて掃除が大変だから座ってしてほしい」などからは、一般家庭

218

内での男性陣の排尿における苦慮が透けて見える。「男性の排尿」がいかなるものであるのかは、社会や文化のありようという環境因子に左右されていることが、この例からは別角度で読み取れよう。

　排泄という、一見するとプリミティブな身体的性差由来の差異もまた、かように「つねにすでにジェンダー」なのである。

## 身体と障害学の社会モデル

　一方、このように社会のありように応じて各自の身体の特性が意味づけられるというのは、社会的相互行為の場、人と人とのコミュニケーションの場で、その場にふさわしい「期待される身体」があるということでもある。これはひとり「性別」をめぐる案件にとどまらず、例えばいわゆる「身体障害者」に関する諸問題などにも敷衍できる話だろう。

　「身体障害者」をはじめ、およそ「障害」と呼ばれるもの全般をどう捉えるかについては、「性同一性障害」まで含めて、すでに拙著『性同一性障害の社会学』の後段にてバリアフリートイレの運用を具体事例に用いつつ、倉本智明らの論を引きながら、障害学の「社会モデル」を用いて考察した。その後も星加良司の『障害とは何か』などがこのテーマを展開しているが、この点いまだに耳新しい人も少なくないのだろうか。障害学での「社会モデル」に則った「障害」の捉え方。あらためて概説しておくなら以下のようになるだろう。

　例えば車椅子の人などの「障がい」が個々の障害者に内在する欠損に由来すると考える（それゆえ「害」の文字を用いるのは失礼だとして平仮名書きされることが多い）のは「医療モデル」である。対して、社会の意思決定の場での多数派が車椅子の人の存在を想定せずに各種のインフラを整備したために、ほうぼうに段差があったりエレベーターが設備されていないなどの「障害物」がもたらされてしまい、その結果として障害者が自由に行動できない環境が生まれている、というのが「社会モデル」的アプローチだと言える。要は、障害者とは障害者本人が何らかの「障がい」を持っている人ではなく、多数派を基準にした社会のありようがその人に対して「障害物」を設けてしまっている、その人なのだという発想の転換である。

## 障害学の社会モデルと性別二分社会

　ＳＦ物語などのフィクション世界ではエスパーがその超能力ゆえに苦悩する描写がしばしばあるが、それもまた社会が超能力を前提としていない・人々に理解されていないせいだと読める作品は少なくない（椎名高志によるマンガ作品でアニメ化もされた『絶対可憐チルドレン』では、超能力者に対するさまざまなスタンスの勢力が複数相剋する状況が描かれていて示唆深い）。

　それは逆に大多数の人がテレパシーで意思疎通する世界であれば、そこではテレパシー能力がないことが障害者という扱いになりうることを教えてくれてもいるだろう。現状の現実世界では耳が聞こえないと聴覚障害者ということになるが、もし大多数の人類がそうであれば、音が聞こえるのは「空気の振動を感知する超能力」となる。

　このように誰が「障害」者で、誰が「超能力」者か、何が「普通」かも、多数派の基準しだいで相対的に遷移する。まさに「障害者」が社会的に設定されていることの証左である。大多数の人類に該当する基準に合わせて架構された、その場にふさわしい「期待される身体」から外されることで、「普通」でない存在というものが創作されるのだ。

　もちろんこれは一般的な「身体障害者」に限らず、さまざまな案件に敷衍できる。

　したがってトランスジェンダーの身体をめぐるイシューも、つまりは「期待される身体」への違背として問題化していると見ることができる。個々人に性別を付与する基準となった元の身体というものに鑑みれば、こういう見た目の自己呈示の人の身体はこうなっているはずだろう、という多数派基準に沿った措定がおこなわれてしまうとき、それとは異なる身体を保有していることが、ある種の社会秩序の混乱をもたらしているとレイベリングを受けるわけだ。

　例えば何かの申込書などの「性別欄」は、トランスジェンダーにとっての鬼門のひとつだが、これもひとつは「期待される身体」と回答内容の不一致が問題となるからだと言える。もちろん、身体以外の要素についても。

## 書類の性別欄と性別二分社会

　各種書類の【　性別：　男　女　】のような記入欄は、いずれか「該当する

ほうに○」をして回答することが通例だが、これはこの社会が「性別」を男女の２種類であるとしている「お約束」の反映であり、以下のようなことがあたりまえのこととして共有されているべきだという前提に立っている。すなわち、①性別は「男」と「女」の２つ（各人はどちらか一方でしかありえず、区別は当然）、②その「男」とはあらゆる要素において男らしく、「女」もまたあらゆる要素において女らしいものである、③恋愛は男女間でするものである（これと表裏一体で男女が親密にしていると恋愛だと認識されがち）。つまり単純に「女」か「男」かを尋ねれば、その人のあらゆることが推定可能だという前提だと言ってもよい。

　しかしそうした「お約束」がトランスジェンダー、ひいては同性愛などセクシュアルマイノリティ全般は合致しないことになる。

　ショッピングセンターの会員カードの申し込みでなら（この場合なら戸籍・公的書類上の性別と一致させる必要はないが）男のほうにマルをつけたら最後、その人の好みや必要が実際にはどうであれ、化粧品や可愛いらしい雑貨の案内などは決して送ってきてもらえなくなる。

　結婚情報サービスなどでは、女のほうにマルをつけると、その人が出会いたい相手がどんな人かにかかわらず、紹介されるのは男のほうにマルをつけた人に自動的に絞られてしまう。

　身体に関しても、病院での問診票などで男女のいずれかにマルをするだけでは、性別適合手術を受けて公的書類の性別変更も済ませた人などの身体については決して正確には伝わらないが、いったんは典型的な男性身体か女性身体のどちらかに措定されてしまうだろう（これらの他、トランスジェンダーとして性別移行後だが戸籍変更がまだというとき、公の契約書などでの性別記載をどうするかなども悩ましい）。

　そして、このようなことは明示的に書類の性別欄に記入する場合以外でも、じつは日常の生活のあらゆる局面で暗黙のうちに起こっている。そのため、多くの人が「普通」だとする基準と摩擦が起き、結果、性的少数者の生活上の困難が引き起こるという構図があるわけだ。

## 性別欄の性の多様性対応

　これら書類の「性別欄」は、どのように設計するのが性の多様性への対応として理想的なのだろうか。

　近年は第3の選択肢として「その他」を設けたり、選択肢をなくして自由記入にするような試みも広がりつつある。また何よりも、そもそも性別を尋ねる必要がじつはないにもかかわらず、積年の習慣を再考することなく惰性でなんとなく性別欄を残しているような事例がいちばん良くないのは言うまでもない。性別欄に必要性がないケースであれば積極的に廃止を検討すべきである。

　とはいえ何らかの形で性別情報を捕捉したいケースもままあるのが現実だ。例えば男女共同参画センターで開かれるジェンダー関連講座などは、だからこそどのような「性別」属性の人が来てくれていたのかは知りたいものである。かといって参加者アンケートの集計の手間という現実もある。現実的な落としどころはどう探ればよいだろうか。

　このような場合への提案のひとつとしては、尋ねる側が「どういう性別」が知りたいのかを明示してもらえると答えやすいという声が、トランスジェンダーらの間から上がってきている。

　ショッピングセンターの会員カードだから生活上の性別を。

　法的な契約書類だから戸籍上の。

　健康診断だから身体上の。

　そういった趣旨を明らかにしてもらえれば、たとえ男女の2択でも近いほうを選ぶことが割り切りやすい。むろん備考欄などがあるとなおよい。むしろ完全に自由記入だったり、3番めの選択肢に「その他」があったりするよりも、面倒でなくて気が楽かもしれない。簡便に記入が済ませられるというのも、この場合、回答者への負担を強いらないという点で親切な設計だ。

　ともあれ、これら書類の性別記入欄を代表例として、人は身体を基準にして男女のどちらかに明確に二分できるという想定を無批判に前提にするような機会は、今後は順次縮退させていくことが望まれる。

## 誰もが「ありのまま」を生きられる社会に

　いずれにせよ「期待される身体」からの逸脱という共通項を軸にして障害学

を補助線に当てた読み解きは、身体の性別の範疇に限らず、セクシュアルマイノリティ全体、ひいてはジェンダーやセクシュアリティにかかわるすべての案件ともつながっている。

　人々の多様なありようを「普通」の世界を脅かすイレギュラーな存在として周縁化するのではなく、むしろ多様性こそが「普通」なのだと包摂していくほうが、問題解決のスタンスとしてはより成熟したものだと言える。互いに最初に相手を「女」「男」と区切って考えるのではなく、まずはありのままのその人を見て、そのありようを認めあっていけるようにできれば、それはすべての人にとって、より自由でおおらかな、生きやすいはずだ。まさに障害学に言うところの真のノーマライゼーションである。「多数派基準による普通」を自明・当然とせずに成り立った社会は、切に望まれるところだ。

　このことをふまえながら、次節に進むこととしよう。


## 2　心の性別は人と人との間にある

### 「心の性別」と社会

　心に性別はあるのか。

　この命題を中村美亜が著書のタイトルに用いて論じたのは、すでに10年以上前のことになる。中村は当該書の中で書題への解答として「心に性別があるのではなく、心が性別を生み出す」と述べた。中村が「人の心の内に確固たる性別が原初的に存在する」という主張には懐疑的だったことが、明らかに読み取れる。これに至るまでの中村の論について大胆に概説するなら、人の心の営みがせめぎ合う社会という場に生成された性別という文化とのかねあいの中で個々人の性別アイデンティティももたらされるのだというのが、その要諦なのだと理解していいだろう。

　筆者もまた同時期に上梓した『性同一性障害の社会学』では、「心の性別」と相補的に互換される「性自認」の語にフォーカスし、しかしそれは社会生活の中で他者とのかかわりを通じて形成されるものであり、すなわち人が最初か

ら心の中に自分が女であるとか男であるといった認識を明確に抱いているわけ
ではなく、むしろ他者からどう見られるかというファクターとの相互作用が重
要だという趣旨を述べている。人は男や女である前に「自分らしく」あろうと
しているのに、その思いの表出としての自己表現が、周囲から男女二元的な性
別観念に照らし合わされることで性別化されてしまうプロセスへの着目だった
と言ってもよい。
　こうして見てみると当時の中村と筆者が「心の性別」とされるものについて
の見解で、奇しくもかなり一致した訴えを展開していたことになる。

## 「心の性別」の功罪を越えて

　それから十数年の時を経た今日、LGBT についての知識が一般に広まる中で、
「心の性別」という言葉も相当に人口に膾炙（かいしゃ）したと言える。
　たしかに「心の性別と身体の性別が一致しない性同一性障害（という病気）」
という捉え方はトランスジェンダーという存在が理解され受容されることを促
す方向に効果しただろう。あるいはそのような「わかりやすい説明」が LGBT
に対しての社会の好意的な姿勢の増進に大いに有用だったと言い換えてもよい。
　身体に性別があり、それとは別個の位相に心の性別があり、その不一致が性
別不合を引き起こし、トランスジェンダーが性別移行を希求する動機になるの
だと言われれば、男女という性別指標が絶対的な権威を保っている現行社会に
生きる人々にとって、これは納得しやすい水準の解説となる。人権等々の観点
と適合的で、人々を多様な性のありようへの肯定的なスタンスに誘導でき、一
方では男女二元的な既存のジェンダー秩序を脅かさない範疇にトランスジェン
ダーを収めておくことができる、安全な落としどころ。これは、やはり多数派
には都合がいいだろう。
　その意味でも「心の性別」という概念は社会が必要としていた、と言えるか
もしれない。
　つまるところ「心の性別」もまた、便宜的に単純化された慣用語であり、既
存の性別体制に最適化された言辞にすぎないのだという点は、性の多様性の深
層に迫る際には押さえておかねばならないだろう。そうした概念に則ることで
得られる、わかりやすさ・通じやすさといったメリットは尊重し、ときには活

用しつつも、そこに溺れない注意は必要だ。

　「身体の性別」がそうであったように、社会通念や習慣、さまざまな制度などが複雑に絡み合った中に立ち現れているあれこれが「心の性別」であるかのように見えているのだという方向で考えることは、少なくともジェンダー論、セクシュアリティ研究、あるいはクィアスタディーズに携わる者には必要な矜持だと思われる。

　では——、現状において「心の性別」とされているものははたしていかなる複合体なのか、それを順に解体していったとき、どのように「心にも性別なんてなかった」と言えることになるのか。『心に性別はあるのか？』や『性同一性障害の社会学』で俎上に載せられた議論・考察をふまえつつ、本節ではその点を解明していきたいと思う。

## 何が「心の性別」のように見えるのか

　まず一般には「心の性別」がどのようなものとして理解されているのだろうか。

　例えば

　「子どもの頃お人形遊びが大好きだった」

　「お姉ちゃんとお揃いになるリボンが付いたワンピースを着たかった」

　あるいは

　「七五三の華やかな振袖での記念撮影に泣いて抵抗した」

　「近所の男の子たちとヒーローごっこをするのが楽しかった」

　……トランスジェンダーがこのようにライフヒストリーを語ると、聞いた人は「なるほど！」と納得するかもしれない。つまりすなわち、前者については心が女性だから、後者については男性の心を持っているんだなというふうに理解されるわけである。

　語る側もまた、このような具体例は聞き手に受容されやすいことから、事例として挙げるインセンティブが生じる。いうなれば自らの「心の性別」について訴える際の常套手段としての語彙、効果的な定型句になっているとも言える。それゆえにこの種の語りが、性別違和を抱えて生きてきたトランスジェンダーの半生に見られる、割り当てられた性別属性と「心の性別」の不一致にかかる

典型事例としてのイメージを、ますます強めたりしてきたサイクルもまたあっただろう。

　そんなこんなで、上記のように語られる内容が、その人の「心の性別」を示すものとして他者に受け取られることは広く世間一般にありがちだと言える。

　しかし、どうだろうか。これらは本当に「心の性別」なのだろうか。

　これに関しては少し考えただけでも否だとわかる。

　これらが「心の性別」自体ではなく、あくまでも個々人の趣味性向・興味関心、およびそういったものが表出した自己表現・ふるまい等々にすぎないことは明白だ。そうしてそれらを本人の周囲の他者が、本人の心のありようを推し量る指標として採用しているにすぎない。そういうものが便宜上「心の性別」であると見立てられている、と言ってもよいだろう。そもそも色も形もない「心」というものに対して、どこがどうなっていたらそれが男だ女だと言えるのか。逆に言えば各人の「心の性別」を措定するためには、そうしたその人の心の内が反映しているであろう趣味性向・興味関心〜自己表現・ふるまい等々を、標準的なジェンダーイメージに当てはめて解釈する以外にはないのである。

　このことからも、「心の性別」というものが確固とした実体をともなう事実ではなく、社会的な基準に照らして解釈された結果こそがその核心ということが示されてくる。すなわちそれは人と人との社会関係の中で、コミュニケーションを通じて立ち現れる現象なのであり、個々人の心のうちには特段の「心の性別」は存在しない。

　もちろん私たちひとりひとりの心の内には、各人のオリジナルな個性がある。そうした本来の「その人らしさ」は否定されるものではない。だがそんな各人から社会関係の場に表出されてくる自己表現・ふるまい、その背後に読み取れる趣味性向や興味関心。それは本来、それ以上でもそれ以下でもないものである。そこには何か原初的に性別にかかわる属性が付随しているわけではない。それ自体が本質的に「男」や「女」であるわけではなく、それらが社会に卓越的なジェンダー概念と紐付けられて解釈を加えられ、「男らしい／女らしい」といった意味づけを与えられるのは、ひとえに社会的な営為にすぎない。

　よって、以上のように「心の性別」と呼ばれているものは、人と人との社会的な関係性の中で仮構されているだけであり、その実体は存在しないのであっ

た、と、大胆に結論を先どりすることもできてこよう。

　そしてここでポイントとなるのは、やはりひとりひとりの「ふるまい」をめ
ぐる社会的な力学だということになるのではないだろうか。そこを足がかりに、
もう少し詳しく詰めていこう。

## 「脳の性差」という誘惑

　ただしその前にひとつ「脳の性差」論を片付けておく。

　「色も形もない心のどこがどうなっていたらそれが男だ女だと言えるのか」
という疑義に対して、それでも本質的な男女差をなんとか主張したい場合に、
しばしば持ち出されるのは「心」の内実を司っているであろう身体器官である
脳の性差だと言えよう。脳梁の太さが異なるせいで「女は地図が読めない／男
は話が聞けない」というような言説は、なぜか好まれて定期的に流行したりも
する。

　たしかに「色も形もない心」についての個体差を可視的な次元に置き換えて
アプローチするうえで、脳に着目することには一定の合理性もあるだろう。今
後の研究の進展によっては、いわゆる女性身体と男性身体の間での何らかの脳
にかかわる差異の傾向が詳らかにされ、有益な知見が得られる可能性も否定さ
れるべきではない。

　ただ現在の巷間での日常会話の題材になるような「脳の性差」論は、そうい
う水準のものではなく、いわば血液型占いと同レベルの俗説の域にとどまっ
ている。前述の脳梁のせいで云々をはじめとする、この手の男性脳・女性脳と
いった言説の元がじゅうぶんに科学的根拠たりえていないことは、専門家の間
ではすでに共通した認識になっている。

　ナショナルジオグラフィックのインターネット記事では東京大学の四本裕子
准教授がインタビューに答える中で、脳梁の太さの話の出所となっている論文
でのデータのサンプル数の不足を指摘したうえで、仮にきちんと脳梁の太さに
男女差が見いだせたとしても、それはあくまでもそれだけの事実であって、だ
から「女は◇◇」「男は○○」と言えることにはならない旨を明言している。

　四本は他にも同記事で「女は地図が読めない」の傍証として用いられがち
だった図形の回転テストの成績の男女差の例を挙げて、それが個人差の大きさ

を凌駕するだけの明確な性差として有意だとできるものではないとする。さらにはＭＲＩを応用した最新の技術で詳らかにした脳内部でのコネクションの強弱をマッピングした図も示して、そこにも男女別の傾向の差の存在が伺えるとしながらも、言えるのはそのこと自体でしかないと釘を刺している。

　それらを受けて四本は、脳科学の新しい論文が公開されそこに何らかの「男女差」にかかわる内容が含まれていた場合、論文で述べられている「そのこと自体でしかない」知見の範疇を逸脱して、たちまち「だから女は◇◇、男は○○」といった飛躍した解釈が一般の間に拡散する現象がありがちだと事例を紹介し、研究者が細心の注意を払って新たな成果に到達しても、それは一般社会が求めているものではないのだろうかと嘆くのである。

　つまりは世間一般の人々が、特に「男女」をめぐる事項について学界に期待しているのは、既存のジェンダーイメージに適合的な単純な物語に落とし込める都合のいい文言にすぎないのかもしれない。逆に言えば、脳科学の知見に専門外の人が触れた場合、「なるほど、だから男は○○で女は◇◇なのか」というような解釈のしかたが、現行社会に卓越的なジェンダーイメージによってリアリティを持たされてしまっているというのが現状なのだろう。

　例えば「脳内のネットワークのつながりにこんな男女差があった」が、「なので仕事への集中のしかたが異なるのではないか」という推論をシンプルに経て、「だから男は外で働くのに向いていて、女は家で家事・育児をするのが得意なのだ」へと接続されるのには、人々が持つ男らしさや女らしさについてのステレオタイプの数々が、当然に介在している。

　結局のところ脳の性差にかかわる科学的知見が「女は◇◇」「男は○○」に転化していく過程には、この社会に流布するジェンダー観念が関与しているのである。心の内実は可視的でないから脳に着目すればよいのではという誘惑に惑わされず、安易に脳の性差論に依拠しない心構えは、やはり重要だということになるだろう。

　以上のことから、本稿では「心の性別」について検討していくうえで、「脳の性差」について勘案する必要はないとしてよいだろう。

## 心と「ふるまい」

　ひとりひとりの「ふるまい」が各々の心の内の表出であり、その「心の性別」を推し量るよすがとなり、むしろそれ以外には心の内など知るすべはない。そのように取り扱うことについては、江原由美子が『ジェンダー秩序』の序盤において丁寧に検討し、その妥当性が肯定されている。江原は各種の先行研究を参照しながら、各人の心の内を、特にそこに何らかの性別・性差を見出そうとして観測する場合、表出される「ふるまい」に着目することにまつわるあれこれに関して検証する。そのうえで江原は利点として次のようなものがあると挙げている。

　各自の「ふるまい」がどのようなものになるのかは、それを社会的行為として他者がどう受け止め、どのようなリアクションを返すかといった、他者のふるまいにもかかってくる、そういう相互作用のもとにあるものとして性別・性差を考察することができるようになること。

　ひとりひとりの「ふるまい」において性差として表れるものを個人に帰属させられるものではなく、社会慣習に基づくものとして分析できるようになることで、男女のいずれかに振り分けられがちなさまざまな性質の区分を絶対不変のものではなく可変的なものとして捉えることができること。

　したがって自己や他者の「ふるまい」における男女の違いをもたらしている要因が、各自の心に本質的に内在する性差なのではなく、各人が属する社会的カテゴリーとしての男女ジェンダーに対してあてがわれている役割規範等々の差異なのだという視点が得られること。

　これらに鑑みるに江原もまた、心の性別なり性自認・ジェンダーアイデンティティといったものが個々人と社会（における他者）とのかかわりの中で立ち現れる事柄だと解する立場を、本節冒頭に記した筆者自身や中村美亜に先駆けて言明しているわけである。

　そうしてある意味これは、人間の行動が社会の中でどのように影響し合い、いかにその場を形成しているのかという、社会学の根本テーマのひとつとつながっているとも言える。そこに「性別」にかかわる要素も立ち現れるものであるところの、人と人とのコミュニケーションにおける各人の「ふるまい」、それがいかなるものになるかというのは、つまりは社会的相互行為のステージに

いかなる自己を呈示し、どのように有意味シンボルを交換するのかということ
だからだ。

## シンボリック相互作用論と性別

　社会的相互行為の場への呈示する自己や、そこでの意味や解釈の交換を通じ
たコミュニケーションということになると、それは社会学の真骨頂とも言える
シンボリック相互作用論と、必然的に緊密な連関を生じる話となってくる。シ
ンボリック相互作用論そのものについて詳述することは本書の目的ではないが、
いわゆるシカゴ学派によって成立した 20 世紀の社会学のひとつの主幹を成す
理論は、大いに参考になるものである。G.H. ミードから連なる H. ブルーマー
らの論考はもちろん、本書のように「性別」を社会的に捉えようとするパース
ペクティブにおいては E. ゴフマンに着目することが非常に有用であると、筆
者としては考えるところである。

　そも社会的相互行為の場とは、そこが人の何らかの行為がおこなわれ、それ
に対して周囲の他者たちがさまざまな反応を返し、それらを行為者がフィード
バックして次の行為につなげていく、そうしたコミュニケーションの連節が相
互に複層的・多面的に反復される場である。

　そしてそこへの自己呈示というのは、いわば自分をその場にどういうキャラ
として位置づけるかについての、各自のマネジメントの総体だということにな
る。そこでは、場の文脈に合わせた自己像の創出は絶えず試みられるだろうし、
他者の反応の具合に応じた修正もありうる。その時点までの相互行為の結果と
してなにがしかの役割期待があり、それを受け入れてふるまいを調整する、す
なわち期待に応じた役割取得をおこなうこともあれば、そうした期待からは距
離をおいて行動をズラせていく、つまり一定の役割距離を設けるということも
あるだろう。周囲からの反応しだいで、意図どおりの地位を獲得できることも
あれば、期せずして思わぬ地位を望まれることもあるかもしれない。いずれに
せよ、自分がその場で他者からどう見られ評価され位置づけられたいか、そう
して社会の中でどういう自己でありたいかという意思に沿った、ひとりひとり
のセルフプロデュースだと言ってよいだろう。

　また、自己呈示の際や他者の反応も含めた相互行為の全体像において交換さ

れる有意味シンボルとは、言語的あるいは非言語的であるかを問わず、または身体的か非身体的であるかにかかわらず、対人コミュニケーションの重要な手段である。簡単に言えば言葉はまさに一定の意味合いを象徴する符号であるし、言葉によらない身振り手振りに意味合いを持たせて意思を伝えることも人にはよくあることである。また身振り手振りなど身体を用いるものに限らず、記号や図像による意味合いの伝達もまた非言語的なシンボルによるコミュニケーションであろう。要はそれらの意味するところがその場で共有され、それらに対する反応がある程度共通化されていることが肝要となる。

　そしてこれら有意味シンボルは、その場を司る「意味」の大系において、個々のメッセージを媒介するものである。それらが交わされることで社会的相互行為は成り立ち、各人が企図する印象操作に沿った自己呈示も為しうるのである。そうした中でシンボルを通じて各種の「意味」は交換され、そうした営為を通じて意味は解釈されるし、その場でのその意味の社会的位置づけは生成されるし、むしろそうした意味の数々がまずもって人々の行動を規定していたりもする。

　人と人とのコミュニケーションの場はこのような力学のもとにある。そんな中で人は各自をその場にふさわしいと思う為人をめざして自己呈示し、他者との相互作用のうちに社会生活を重ねていくわけだ。

　筆者による雑駁な要約にすぎる点はご容赦いただくしかないが、シンボリック相互作用論を参照すると、このような説明が可能となる。さて、これらを「性別」を社会的なものとして捉えていくことにあてはめると、どのようなことが見えてくるだろうか。

## 相互行為の場と自己呈示

　まず、社会的相互行為の場に自己を呈示するとはどういうことなのか、あらためて考えてみよう。

　私たちはその場に応じて「こういう人物だと思われたい」と自分が望む自己像を持っている。そしてそれに合わせて各場面において、そのように周囲に解釈されうる自分についての情報を発信する。シンボリック相互作用論的に難しく言うなら有意味シンボルの数々を駆使するわけである。

　言葉の選び方であれば、知的な見識を述べることで「賢い人」、他人を慮る発言を通じては「思いやりに満ちた人」、ウィットの効いた冗句を連発すれば「おもしろい人」、といった具合に。言葉そのものでなくても、静かにゆっくりと間を置きながらというような話し方の体現を通せば「慎重で思慮深い人」などの印象は得られるだろう。

　あるいは流行のファッションに身を包むことで「おシャレな人」というキャラを演出すること、これなどは実際に多くの人が程度の差はあれど実践しているところだと実感しやすいのではないだろうか。ブランド物ならセレブ感、カジュアル系量販店で揃えたコーディネートならリラックスした小ざっぱり感が醸し出せるし、フォーマルなスーツを着用していればオフィシャルな役職で実働中であることを示せたりもするだろう。

　以上のような例は月並みで単純すぎるものではあるにしても、現実の対人関係の場面では、意識的であれ無意識的であれ、こうしたことも含めてさまざまな要素が多々複合した自己表現がおこなわれている。そして、そうやって演出した自己像を周囲の他者が解釈したものが、そこでの自分の社会的な印象だということになるだろうか。

　もちろん自分の企図どおりに周囲が受け止めてくれないこともしばしばあるだろう。そんなとき人は他者の反応を観察し、その様子をフィードバックして修正を重ねていくことになる。C.H. クーリーが「鏡に映った自己」と言ったように、他者の反応とは社会における自分の様相を映す鏡の役割を果たしている。

　こうしたことを互いに反復しながら、この社会での対人コミュニケーションは成り立っている。そして現行社会のジェンダー構造のもとでは、そんな自己呈示のドラマの要素には、必然的に「性別」にかかわるものも含まれることになる。

　スカートや化粧が、共有されている意味の大系に沿って「女性だ」と理解される記号であることは典型例である。「男らしさ」「女らしさ」をめぐる有意味シンボルは膨大で、かつすでに皆が共有しており、意味の伝達に使用可能だ。そういったものを活用して、人は「性別」にかかわる要素について、自分をかたちづくっていく。自分を「女性」だと見せるのか、「男性」だと認識しても

らうのか、あるいはそうした性別判断を回避しようと狙うのか。一般的なシスジェンダーの人は気にしたことがないかもしれないが、じつは無意識的にであっても、このファクターは誰もが自己呈示に盛り込む結果になっているはずなのである。

　当然にトランスジェンダーにあっては、この点についての印象操作には特段に気を配るのが通例である。性別にかかわる他者からの受容を希望どおりのものにするために、あれやこれやとシンボルをコントロールことに余念がないのが、いわば非シスジェンダーとして生きる日常だとも言えよう。

## キャラを演じるということ

　ところで、たいていの人は自分が関係するいろいろな場面それぞれごとに、周囲に向けてのふるまいが異なるものになっているはずだ。例えば外出先と家庭内。あるいは外出先であってもまた、職場で勤務しているときとショッピングモールで客として行動しているときでは、やはり異なる自己を演じていることだろう。

　こうした簡潔な例に限らず、各人の自己呈示がさまざまな場面によってそれぞれ異なることは、あたりまえにありうることであって、特に不思議なことではない。それはひとつには場面に応じて、周囲にいる他者に応じて、呈示したい自己像が異なってくることがあるということだろう。あるいは、場面の状況しだいでそこにいる他者の反応が異なり、それぞれに合わせた対応が必要になるということでもあろう。そしてそうした相互作用の結果として、各場面で各自に周囲から期待される役割が、明示的な役職であったりか暗黙のうちに求められるものかを問わず別個のものになり、各人がそれら各々に対応したふるまいを心がけることが望まれる。

　そしてこのようなその場ごとのプロセスを経て、各人のふるまいは場に応じて変化し、そうして各人のその場での「キャラ」が確立していくことになる。すなわち相互行為論的に言えば、役割期待に沿って役割取得をおこなうということになるだろうか。

　例えばこれも単純化した説明になるが、中学３年生で部活で部長を務めている生徒が、最高学年の先輩というオーラを発しつつリーダーたる職責を全うし

ていたのが、1年後に進学先の高校では新入部員となり、打って変わって後輩
然とした初々しい行動パターンになるといった事例などは、想像しやすいので
はないだろうか。その場に求められる役割に見合った最適なキャラになるよう
に自己像を調製するというのは、誰もがしていることなのだ。

　いずれにせよ、こうした社会学のパースペクティブから見れば、私たち皆が
その場その場でふるまうさまざまな行為というのは、そこにふさわしい役割を
周囲との関係の相互作用の結果として取得し、自分が望む自己像とすり合わ
せながら、それを演じているということになるだろう。E. ゴフマンの著作の
ひとつの邦訳タイトルが『行為と演技』なのも、そこを要諦としているわけで
ある。いわば私たちの毎日の対人関係は場面ごとに自己という「キャラ」をパ
フォーマンスしているのだということになる。

　そして、当然にその演じる「キャラ」にはジェンダーやセクシュアリティに
かかわる要素も包含されることになる。そう「性別」とは、このように見れば、
対人関係をめぐって日々執り行われるパフォーマンスに内在するドラマトゥル
ギーの一環なのである。行為することで意味を付与される「役」の1要素とし
てのジェンダーであり、演技されることを通じて社会生活という舞台上の各場
面が円滑に進行するという台本上の設定だと言ってもよかろう。

## 「共在」と身体性

　不特定多数の人が乗り合わせる現代都市部での電車の車内のような場での見
知らぬ人どうしの間にも、やはり何らかの相互作用が起きることを、ゴフマン
は「共在」と概念化したが、そこでは人の身体自体もまた自己呈示の一環を成
す点も見逃せない。その場にただ存在しているだけの人、すなわちそこに身体
を存在させているだけのその人のその身体の存在そのものが、そこでの他者と
の相互作用のエレメントとなるわけだ。

　背が高いか低いか・太っているか痩せているかなど如何で、他者のリアク
ションには何らかの相違が生じるだろうし、肌の色あいや髪の毛の様相によっ
ても、周囲が受ける印象は違ってくるだろう。当然ここにも性別に紐づいた要
素はある。

　そのうえで、そうした存在としての身体を素体として、身のこなしといった

動的な要素や、化粧や服装などのファッション等々が、ひとりひとり当人の意思に沿って盛られることが、「共在」における自己呈示になると言える。だからこそ、第3章で述べたように「身体は現実世界用のアバター」であるのだ。

　そして、各人が望む自己像に合った自己呈示のために望ましい身体特徴と、現実の素体の実相に乖離があるとき、それを解消したいという欲求が身体改造のインセンティブとなることについては、第2章で考察した。アイプチに始まり、各種の美容整形手術まで。トランスジェンダーのような性別不合が絡む場合には、それがホルモン操作や性別適合手術になるわけである。

## 性別を演じるタカラヅカ

　他者に呈示する自己像の一環としての「性別」という視角に関連して、東園子の『宝塚・やおい、愛の読み替え』での宝塚歌劇（以下「タカラヅカ」と表記）を題材にした考察も興味深い。

　「全員が女性の演者である」が特徴なタカラヅカの「男役」は男性を演じるためのさまざまな技法を駆使するという。発声、歩き方やしぐさなど、各種の立ち居振る舞いを、社会で共有されているジェンダーイメージに合わせること。体型補正のパッドを入れることで、体つきをやはり社会で卓越的なステレオタイプに則って「男らしく」見せることなども。いわば、この社会の「性別」をめぐる共通認識に沿った記号をまとうことで男らしさを演出し、役を演じているということになるだろう。

　しかしそれには現実世界で男性として生活する人の日常ではおこなわれないような独特の舞台メイクなども含まれており、それが男役を意味するというのは観客の間での共通理解となっているがゆえであり、ある種の虚構性のもとにあるという側面も否定できないと東は言う。すなわち、タカラヅカの舞台上での「性別」というのは、巧妙にコントロールされた演出であり、フィクションの舞台上でおこなわれるパフォーマンスの一環として有効化されているわけだ。

　そして、そうしたフィクションの舞台上であるがゆえに詳らかになるそれらの事実は、しかしじつのところは現実の一般社会でも同様なのではないだろうか。ここに先述したシンボリック相互作用論を突き合わせるなら、「性別」というものが共在を含む対人関係の場でのパフォーマンスであり、社会という場、

相互行為というステージに呈示される自己像の一環として、各自の行為と演技を通じて生成され、共有されている意味の大系に沿って解釈されることで実効性を付与される社会的な了解事項にすぎないことが、はしなくも顕現する。タカラヅカの舞台上と現実世界というステージ、レギュレーションは異なっても「性別」をめぐってやっていることは同じなのだ。

　これはすなわち、ジュディス・バトラーが言うジェンダーが「パフォーマティブ」なものであるということそのものである。人々の行為が演じられることで、そこにジェンダーが立ち現れてくるのだという視点の転換は示唆深くも重要だ。このように、ジェンダーが「パフォーマティブ」なものであることを、まさに舞台上のパフォーマンスを通じて示しているのがタカラヅカなのだと、東は分析しているのである。

## パフォーマティブなジェンダー

　さて、ジェンダーが「パフォーマティブなものである」というのは、「セックスはつねにすでにジェンダー」という代表例と並ぶ、ジュディス・バトラー『ジェンダー・トラブル』の要諦のひとつともなっているフレーズだと言ってよいだろう。

　初学者がいきなりぶつかるには、いささかハードルが高いわかりづらい言い回しかもしれない。しかしシモーヌ・ド・ボーヴォワールの「人は女に生まれるのではない、女になるのだ」を援用すれば、ある程度はイメージが摑めるのではないか。

　「人は女になるのではない、女をするのだ」──。

　そう考えて筆者はこのように言い換えることを試みている。まずもってボーヴォワールについてはバトラーも基本的な賛同をふまえて批判的に検証していた。それを経ての「パフォーマティブ」であった。その意味ではむしろバトラー本人が使ってもよいフレーズだったと言えまいか。

　『ジェンダー・トラブル』内では他にも、そもそも人が「ジェンダーをもつと言えるだろうか」「ひとがそうであると言えるような本質的な属性なのだろうか」（傍点原文）という問いかけがあり、「女というのがそもそも進行中の言葉であり」「さまざまな社会手段によって維持され規制されている執拗で狡猾

236

な実践なのである」という中間回答もある。

　やはりバトラーの考察と、シンボリック相互作用論に基づいた人の社会的相互行為の観点を重ねるなら、先に何らかの男女属性が確固として存在するから人の行動がそれらに応じたものになるのではなく、人々の行動が対人関係のコミュニケーションの場という舞台上での社会的相互行為を通じて解釈され、その結果としてそこに性別・性差がそこに生成されるのだ、という理解のほうが自然で無理のないものとなる。つまり性別・性差は最初から架空のものであり、そうした架空のイメージであるジェンダーにかかわる表象が、行為され演技されパフォーマンスとして呈示されることで、再帰的に「性別」というものが、社会的に成立していくのだ。

　したがって「人は女になるのではない、女をするのだ」に補足を付加するとしたら、「女をする」とは言っても、そもそも原初的に「女」があるのではなく「する」ことを通じて事後的にそれが「女」だということになるのである、といったところだろうか。

　この、ジェンダーがパフォーマティブなものであるという知見は、因習的なジェンダー観念を超克するための大きな力となることは間違いないだろう。

## ロビンソン・クルーソーは男か女か

　ジェンダーが社会におけるコミュニケーションの場に生成されるものである、つまり「性別」が個々人に内在するのではなく人と人との間にあるのだとしたら、例えば無人島に漂着してたったひとりでサバイバル生活中の人には性別はないということになる。いわば「ロビンソン・クルーソーは男でも女でもない」わけだ。性別がパフォーマティブなものである以上は、観客が存在しなければ成立しないのは必定である。

　ロビンソン・クルーソーの映画を観る観客は主人公に対し「彼は屈強な男性だ」と思うかもしれない。だがそれは映画の外部からのメタ的な視線である。作中には、そのように「彼」の為人を知覚し、その性別を解釈し判定する人は誰もいない。そこでは「男か女か」はまったく意味を持たない。サバイバル生活への適性や、その他ロビンソン・クルーソーがどう行動するかなどは、純然たるロビンソン・クルーソー自身の個性にすぎなくなるわけだ。

　もしも無人島でひとりでサバイバル生活をするのが「かよわい女性」であっても同様だろう。そうしたストーリーの映画の観客は、「あぁ、せめて彼女が屈強な男性なら、もう少しラクなのに……」という感想を抱くかもしれないが、やはり作中にはそういったジェンダーにかかわる評価をする他者が、「彼女」の周囲には誰もいないのだ。

　いや、作中でも「彼女」自身はそう考えるかもしれない。しかしそれは無人島に漂着する以前の社会生活を通じて得られた知識や、その当時に他者から向けられたさまざまな評価に基づいた自己認識を援用したものにすぎない。言い換えると、その場には実在しないが経験則の蓄積から脳内イメージとして架構された「想像上の他者」に自己を映す鏡の役割を仮託しているのだ。

　もしも「彼女」に無人島に漂着する以前のような社会生活の経験がなければ、すなわち最初からその「無人島」で生まれ育っていたのだとしたら、「彼女」自身、自分が「男」と対置されるところの「女」であると認識する発想自体が生じない。第2章で例示した『未来少年コナン』は、まさにこれと同等のケースに該当した。

　要は、社会的な他者が存在しなければ、性別にかかわるものを含めた自己というものが認識できない。つまり他者が解釈しなければ、性自認もないのである。

## 「女性はリーダーに向かない」!?

　他者によるリアクションが自己と他者との間に性別・性差を生成するのなら、他にもジェンダーにかかわるイシューの大半は、個々人の内面の心理や身体の桎梏から解放されることになる。

　例えば「女性はリーダーに向かない」といった言説が何かのきっかけに首をもたげることは、今なおしばしばあるだろう。その際「女性身体には月経周期があるので、ここぞというときに大事な判断ができない」とか、「女性のメンタルは共感を重視するため理性的なリーダーシップには適合しない」といった類の、女性身体や女性特有の心理に起因するとした根拠づけがまことしやかに語られることも。

　しかしそのような言説がすでに執拗に流布されている社会状況であれば、そ

れ自体が女性ジェンダーを引き受けて生きている人がリーダー職を務めるにあたってのハンディキャップになりうるのは明白である。そんな社会状況下には、男性リーダーの指示なら快く従うのに女性リーダーに対しては「女の命令なんて聞けるかよ」などと反応する人が一定数存在することも想像に難くない。かかる要因の蓄積が女性リーダーの職務遂行の妨げとなってしまうことは必然だ。すなわち「女性はリーダーに向かない」という現実が構成されているとしたら、それはリーダー職に在る本人自身の資質によるものではなく、リーダーのジェンダー属性に応じてリアクションを変えてしまう周囲の他者のせいなのである。

　筆者がかつて高校の講師として現代社会の科目を教えていた際に用いていた副教材である令文社刊『高校生のための新現代社会資料集』を開くと（確認したところ手元に残っている 1988 年度版にも 1993 年度版でも同様に）、さまざまな差別を考える題材を集めたページに「男はおらんのか」と題してとある新聞の読者投稿の内容が紹介されている（そこでの引用元は「1983 年 11 月 3 日　ならライフ」となっている）。

　それによると、ある夜オフィスでひとり残業していた女性職員が、かかってきた電話を受けると相手は女性が相手では話にならないとのっけから決めつけてか「男はおらんのか」とばかりくり返し、いくら丁寧に応対しても聞く耳を持たなかったという。たとえ当人の持てる才能・資質は同じでも、女性はあくまでもオフィスではお茶くみ雑用要員であって大事な仕事の話をするには男性でなければならない、という信念を持つ人の存在によって、当人の企図する行為の効力が成立しなかったわけである。

　これも、社会へ向けて呈示しているジェンダー属性が「男」か「女」かによって他者の態度が変わってしまうことが、性別・性差をもたらしている一例だろう。この事例は電話でのやり取りではあるが、「声」をめぐっても、音声にまつわるさまざまなジェンダーイメージによって相手の属性を判断していることには、むろん変わりはない（だからトランスジェンダーが視覚的な外見のみならず声についてもパスすることを希求することになるわけだが）。

　厄介なのは、かように他者の反応がその差異の核心であっても、こうした事実が積み上げられることで、結果的に「女性は○○に向かない」という現実が招来されることだろう。

## 名探偵コナンの困難

　同じ人物であっても他者からどう見られていかに評価されるかの違いによっ
て本人が目論む効果が妨げられることを作劇上の面白さの柱としているフィク
ション作品に『名探偵コナン』がある。週刊少年サンデーに連載されアニメ化
もされている人気タイトルだ。若い世代がアニメの話で単に「コナン」と言え
ば『未来少年』のほうではなくてこちらであることがほとんどかもしれない。

　物語の大枠は、高校生名探偵として名を馳せていた工藤新一が、闇の組織が
開発した特殊な薬品を飲まされてしまったために身体が子どもサイズに縮んで
しまい、やむをえず小学生・江戸川コナンとして難事件の解決にかかわってい
くというものである。ただ見た目は小学校低学年の児童なので、その言動は大
人からはまともに取り合ってもらえず、そのため名探偵としての行動はしばし
ば行き詰まる。そこを知恵と工夫で乗り切っていくのもこの作品の醍醐味だと
いうわけだ。

　そんな江戸川コナンが陥る大ピンチのひとつに新幹線爆弾事件がある（青山
剛昌『名探偵コナン』第4巻 小学館 少年サンデーコミックス）。乗車中の東海道新
幹線の車両のどこかに爆弾が仕掛けられていると知ったコナンは、まずは乗務
員にその旨を伝えようとする。しかし乗務員は子どもの戯言と受け取ってしま
い、真剣に対応してもらえない。やむなくコナンは爆弾に対処すべく孤軍奮闘
することになるのである。

　もちろん現在の新幹線乗務員が子どもの訴えに実際にはどう対処するのか、
何か規定はあるのかなどについては、フィクション作品中のそれと相違がある
かもしれない。当該エピソードの初出は地下鉄サリン事件の前年である1994
年なので、車内の不審物等々についての乗客からの申告への対応規定など、現
実世界では異動があったと思われる。が、子どもの言うことだからと真面目な
応対がしてもらえず軽くあしらわれるという描写には、やはり相応の説得力が
ある。おもに見た目からの判断で、れっきとした大人として扱われるか、年端
の行かない子どもとみなされるかによって相手の態度が変わってしまうような
ことは、多少なりとも誰もが経験あるだろう。

　要するにこの事例でも、中身は同じ「高校生名探偵・工藤新一」であるにも
かかわらず、相手に呈示する自己像の違いによって相手のリアクションも異

なってしまい、本人が企図する社会的な行為遂行が妨げられるという困難が生じているわけだ。

　なお、この事例は大人か子どもかという軸線上で起きているので、性別・性差とは直接は関係がないように思える。しかし身体が子ども化してしまったことに対して内面は工藤新一であるコナンが感じる焦燥や煩悶は、いわば自己のアイデンティティと身体の実状との不合に由来する。同様の違和がジェンダーやセクシュアリティについて起こるとき、それらをめぐる事象を性同一性障害と呼んだりしてきたことをふまえれば、これはトランスジェンダーの諸問題と通底するものがある。

　あるいは「オンナコドモは引っ込んでろ」のような言い回しが存在するように、「子ども」と「女性」がひとまとめに一人前でない存在と括られて、さまざまな社会的権力行使の場面から擯斥されることはままある。その意味ではこの名探偵コナンが直面した困難は、前項で紹介した女性職員による電話応対の例などとじつは同じ構造上にある。つまりはこのエピソードもジェンダーの問題と地続きだと言えよう。ホモソーシャル構造において実権を握っている大人の男性こそが信頼を置くに足る人間であるという価値基準はいまだ根強い。このあたりのアップデートは、男女共同参画社会の推進のためには急務だろう。

　このほか男女を問わず、身なり・服装などには貧困の問題なども反映しやすいだろうが、それが他者からどのような属性の人間だとみなされるかに与える影響が大きいことは、求職の場での成否などを左右するだろう。結果として貧困の再生産、階層の固定化にもつながる可能性は推量に難くない。本節の論述は、そうしたテーマともかかわってくるはずだ。

## 自己呈示と相互行為秩序

　E. ゴフマンの社会的相互行為論において外せない概念としては、もうひとつ相互行為秩序もある。

　簡潔に要約するなら、人々が居合わせる場では、その場が円滑に進行するように、全員が互いに状況を観測し、解釈し、適切な行動を推し量りながら各種の判断を下すことで、場の秩序が創出され、その場のスムーズな進行が実現している。また各自に対しては、そうした秩序維持に適うような順当な行動を

心がけることが、規範として求められる、といったところだろうか。俗に言う「空気を読む」というのも、いわばこの相互行為秩序を維持するために必要な事柄の一環だと考えることができよう。

「空気を読む」と言った場合、それが規範圧力となり各自を拘束し自由が妨げられる息苦しさとしてのマイナスイメージを含意する場合もあるかもしれない。個々人が場の状況に合わせるために汲々とさせられ、不本意な言動まで強いられるような趨勢は、各現場において回避が努められたいのは言うまでもない。

ただ、その現場の状況に合わせて各自が気を遣いあって、その結果として状況がスムーズに進み、誰もが心地よく過ごせ、全員の利得が実現しているという事例は、むしろどこにでもある。会社での会議のようなフォーマルな場に限らず、家族との夕食の卓などのプライベートな時間も然り。そしてゴフマンが共在と呼んだ見知らぬ他人ばかりが居合わせる状況にも当然に該当する。

地下街の雑踏のような一見すると無秩序に人が行き交っているように見える状況であっても、じつは互いの動きを誰もが観測・判断して進路を微調整することで、人の流れが出来上がっているようなことは、思い当たる人も多いのではないか。電車の中での乗り合わせについても同様だろう。そしてそこへ例えば車椅子の人が乗車してきたときに、周辺の乗客どうしで少しずつ譲り合ってスペースを空けるような例も想像しやすい。そんなときに「空気を読む」ことをせずに微動だにしない乗客がもしもいたとしたら、それはまさに相互行為秩序に違背する行動だと呼べよう。

このように、さまざまな場面で人はその場の相互行為秩序の維持に見合った行動を心がけるのである。その規範性が個々人への抑圧となる危険性もはらむ一方で、これによって全員が不快な思いを回避でき、現場ごとに円滑に、その場という社会を営むことを達成できるわけなのだ。その意味では相互行為秩序とは、人々が社会生活を送るうえでのごく基本的な必須の心がけを、少しシステマチックに理論化したものなのだとも言えるだろうか。

おそらくゴフマンは、各自が場面ごとにその場にふさわしいキャラを演じることまで含めて、人と人とが織り成すドラマトゥルギーにおける相互行為秩序の様相を見て取っていたのではないだろうか。各人が場面ごとに呈示する自己

のキャラを適宜調節するのも、この相互行為秩序との連関であるところが大きいというわけだ。

　くり返すが、無闇に「空気を読む」ことで、個々人がしんどくなるケースは避けなければならない。例えばその場でヘゲモニーを握る人が「ホモ」「レズ」「オカマ」的なホモフォビックな発言をし、周りがそれを咎められずに同調して笑うというようなことが起こるとしたら好ましくない。そうした「場のノリ」に傷ついてきた体験は、ほとんどの性的少数者にあるのではないか。社会的に構成される秩序であるならば、であるからこそ、規準のアップデートによって適時組み換えはおこなわれていくこともまた必要だろう。

## 相互行為秩序とトランスジェンダー

　とはいえ現行社会では、これら相互行為秩序の基底には男女二元的な性別体制が置かれており、この点がなかなか直ちには動かしがたいというのも現実だろう。そしてそれゆえにトランスジェンダーにとっては、各種の生きづらさを痛感する場面や、性別違和を実感する要素に、この相互行為秩序が深くかかわっているという捉え方もできるのではないだろうか。

　そも現行社会のあらゆる場面で相互行為秩序を維持するために、かなりの基本的な水準で求められることに、自身のジェンダー属性が明らかになるように自己を呈示することがある。すなわち、女性として、男性として、不自然でない外見を整えることは、その場の平穏な運営のための基礎的な必須事項として、全員に課されているのが現状だ。

　トランスジェンダーが望みの性別で社会生活を送るためには相応の水準でのパスが欠かせないという現実は、こうしたこととかかわっている。逆に言えば、いわゆるノンパス、つまりパスに困難を抱えるトランスジェンダーが各々の場において他者から歓迎されない背景には、それがその場の相互行為秩序に対する深刻な違背行為になってしまっているからだと説明することもできてくるだろう。Xジェンダー系の人が、男女いずれでもないという自己像を受け入れてもらうことは、さらに不可能性が高いことになる。

　鶴田幸恵も『性同一性障害のエスノグラフィ―性現象の社会学―』で、やはりゴフマンを引きながらパスをめぐる考察をおこなっている。鶴田は特にゴフ

マンのスティグマ論に着目し、パスは自己呈示する側のスティグマ管理の実践
だと踏まえたうえで、人が社会生活の中で他者の呈示された情報を読み取る際、
いわば秩序が脅かされず、すんなりと解読が遂行されるケースを「一瞥による
判断」、そうではなくイレギュラーな情報の交錯を解析・推論した果てに結論
がくだされる場合を「手がかりによる判断」と呼んでいる。

　いわばスティグマとなりうる情報を上手にコントロールした自己像を場に呈
示できれば、自分がどういう人物かという他者の判断に特段の緊張を起こすこ
となく「一瞥による判断」が完了し、その場の相互行為秩序を脅かすことはな
い。逆に他者に対して「手がかりによる判断」をおこなわせてしまうに至ると
いうことは、それ自体が相互行為秩序の安寧への侵害となってしまうわけだ。

　つまり、間違いなく「普通の」男や女として自己の呈示ができていれば他者
からの認識も「一瞥による判断」で済んでしまい、その場の相互行為秩序は適
切に保たれるが、すなわちこれがパスできているということだとなる。パス
できていない、いわゆるリードされる状態や、性別不詳の自己呈示というの
は、他者に「手がかりによる判断」を強いることになってしまうことによって、
場の相互行為秩序に緊張をもたらすことだというわけだ。平たく言えば、直
ちには男女いずれかの判別できなかったために「体格はどうか」「身のこなし
は」「声は」「となると……」といった工程が加わることで、その場のスムーズ
な進行に余分な手間が増えるといったことだ。あるいは「スカートをはいてい
る」「化粧をしている」「でもどこか違和感が醸し出されている」「女装した男
性か！」「……ど、どう対応したら!?」というふうに周囲を困惑させてしまう
ようなパターンも該当するだろう。

## 「配慮パス」と儀礼的無関心

　パスの重要性をめぐっては『性同一性障害の社会学』でも筆者が考察をおこ
なったが、そこにこの鶴田による考察、さらには一連のゴフマンの論を補足す
ることで、パスをめぐる社会的な力学は、前項のようにより詳らかになる。

　いずれにせよ、まずもって社会的相互行為の場での自己呈示には自身のジェ
ンダー属性を適切に明示しなければならないという現行の秩序維持の要請が、
パスの可否が重要になってしまう現状の背後にある。その点が将来において更

改されていけば、トランスジェンダーにとってのパスの意味も変わってくるだろうが、これはおそらくは相当な長期的な課題だと言わざるをえまい。

そんな中で「手がかりによる判断」の結果として、例えば「女装した男性」と断じられたものの、その本人の自己呈示の方向性を慮った他者が、その場での応対として便宜上「女性扱い」でふるまってくれるケースがある。トランスジェンダーの内輪での会話では、これを「配慮パス」と称して通用していることからも、わりとよくあることだと推定できる。

この「配慮パス」応対をする他者の側には、どのようなインセンティブがあるのだろう。ひとつにはやはり場の相互行為秩序維持の判断がはたらくからだと言えないだろうか。相手を「女装した男性」と認識するやいなや大げさに騒ぎ立てるようなことをすれば、そうした自分のリアクションのほうが場の秩序を乱してしまう。それよりは、少なくとも相手が他には特にその場を脅かすような要素を持たないなら、「女装」に関してはスルーするほうが場のスムーズな進行にとっては得策だとなる。つまり、その場の相互行為秩序の破綻を最小限に留める最善策が、総合的に判断して「配慮パス」応対を採ることになるわけだ。

これはゴフマンが言うところの「儀礼的無関心」の発露として、ひとつの典型パターンだとも言えるだろう。共在の場では、各自は互いに周囲の他者たちに関心を払い、相互行為秩序維持に支障があるような状況はないかの観測を怠らないが、その態度を顕にすることもまた場の平穏を壊す行為であるために、表面上は互いに無関心であるような態度を取ることが儀礼となっているというのは、誰しも生活実感として理解できるのではないか。乗り合わせた電車の車両内での乗客どうしの例などは、学生に説明するときの鉄板である。一定のクリティカルポイントまでは無関心を装うほうが、総合判断で最善であることは珍しくないのである。

このようにトランスジェンダー本人の社会参画や、その際の他者の受容をめぐっては、社会的相互行為の中での各種実践がかかわっているし、その場その場に生成される相互行為秩序を互いに阿吽の呼吸で護持していくという共同作業をめぐる機微が大きな意味を持っていると捉えることができるだろう。

## 性別違和と相互行為秩序

　トランスジェンダーの相互行為秩序とのかかわりは、性別移行前にはまた別
の様相も持つ。

　現行社会ではその場に呈示された自己像が、女である、男である、と判断さ
れるやいなや、人はそれぞれの性別属性に沿った役割を期待される。そして男
は男らしく、女は女らしく、各々の性別役割に沿って期待される動きをこなす
ことが、その場のスムーズな進行には欠かせない。

　しかし性別違和を抱えた性別移行前のトランスジェンダーには、それが困難
だ。自分が得意な、自分らしくいられるふるまいは、その時点で他者から判断
される性別属性のものとは異なる。期待に沿うようなふるまいは、逆に本人に
はしっくりこない、苦手なものでもあるだろう。結果として社会的な期待に応え
られず、その場の相互行為秩序を乱してしまうことになる。そのために周囲か
ら嫌厭されたり、叱責を受けることにもなるだろう。

　と言うよりは、そのように性別役割期待に反したことで相互行為秩序を乱す
存在だと認識され、社会的評価を低くされてしまうことをめぐる、あるいは社
会参画に支障をきたしてしまう困難にまつわる、懊悩や煩悶、葛藤など、これ
がつまり本人が自覚する性別違和ないしは性別不合と呼ばれるものズバリその
ものだとも説明できる。少なくともそういう側面はあるだろう。

　筆者の過去をふり返っても、男の子どうしで遊んでいるときにノリついてい
けずに他のみんなから取り残されてしまう、あるいは男性会社員として仕事の
場で空気を読めずに気まずい雰囲気を招いてしまう、そういったことの数々を
思い起こすと、今でも辛いものがある。これらはまさに、その場その場の構成
員の間で期待されている役割について、当時のジェンダー属性に即して上手く
行為できなかったために、秩序を乱す存在とみなされてしまい、以て自己の社
会への位置づけが不安定になった具体例だと言えるだろう。

　すなわち性別違和は、社会的相互行為の場での秩序維持の要請とのすり合わ
せを通じて生じてくるものであり、社会的相互行為の場での秩序維持の実践の
失敗に起因して自覚されるものなのだということでもあるだろう。

## マイノリティを前提に入れた新しい秩序体系

　そしてこれらは性別違和・性別不合に限らず、逸脱論・レイベリング論にかかわるような他の案件でも同様だろう。『アサイラム』などの著作もあるゴフマンは、当時のアメリカで精神病とされた人々のスティグマ管理の営みなどにも着目し、逸脱と排除のメカニズム、規範侵犯をめぐる自己と他者の間の力学といったものを、当然に「相互行為秩序」の中に見て取っていた。むしろレイベリングや社会的排除にかかわるイシューにアプローチするための手段として、シンボリック相互作用論をベースに「相互行為秩序」を概念化したのだと言ってもよいだろう。

　多様性の受容と共生といったテーマを訴える際には、しばしば人々の道徳心にはたらきかけるだけでよしとされがちである。しかし場の相互行為秩序を維持したいという要請からは、秩序に反するような逸脱に対して、そこに社会的排除を志向してしまうインセンティブが生ずる。そのからくりを見逃すと、やすやすと企図を妨げられてしまうだろう。

　相互行為秩序は、いわゆる「空気を読む」ことに引きつけて説明されがちなこととは別に、目には見えないがどこにでもある、なくすことはできない、ないと困る、といった意味でも空気のような存在である。しかし空気と異なるのは、人と人とのやり取りの場に生成されるものであり、したがって人が変わることで相互行為秩序の組成もまた変えていくことができるという点だろう。

　今日の障害学では「普通」とは何かとの問い直しにおいて、多数派の基準で求められる行動等ができない者に対して「普通」ではない存在の一種としての「障害者」というレイベリングがおこなわれるとされている。障害学の理念については前節でも言及したが、要は多数派だけではなく性的少数者を含むさまざまなマイノリティの存在を前提に組み入れて相互行為秩序の内実をアップデートすることで多様な人々の存在を社会に包摂できるということでもある。すなわちそうした戦略をベースにすることで、はじめて真のノーマライゼーションは成しうるということだ。

　その意味では先に例示した、車椅子の人が乗車しようとした際の電車内で、乗り合わせた人々どうしが周囲を慮りあって各自の行動を調整する様子などは、そうした相互行為秩序のあるべき未来像への嚆矢なのだと言えるだろう。

## ゴフマンと「3つの自己」

　ゴフマンはこれら相互行為秩序とのかねあいの中で社会的相互行為の場に呈示される「自己」に内在する階層についても考察している。それをふまえて論を掘り下げていくと、「自己」には3つの水準があると言えることになるという。

　まずはゴフマンが「ひとつの劇的効果」とも言う「第1の自己」。これはもちろん各々の相互行為の場に、その場に見合った役柄として呈示される「キャラ」としての自己像のことである。

　相互行為秩序の要請に鋭敏に反応した成果。適切に印象をコントロールしてその時々の状況に合わせて呈示される自己。周到に演出された「自分」という登場人物が行為し演技するアバターとしての存在。すなわち他者が認識する自分は、こうして自己として呈示されたキャラなのである。むろん状況・場面が変わればキャラも変わる。先に言っておくと、そのどれもが「本当の自分」である。

　では「第2の自己」はどうか。

　これは第1の自己を呈示するプレゼンターとしての自己だというふうに説明される。その場における自分というものをどのようにプロデュースしたいかを考え、綿密に作戦を練って演出を考案するディレクター。第1の自己が直面している場面に応じて、最も適切なリアクションを考える主体であり、自分を表すキャラが相互行為秩序の破壊者になったりすることのないように腐心する危機管理者でもあるだろう。

　平たく言えば、第1の自己としてのキャラのアバターを、順調なゲームの進行を期して、背後でコントローラーを持って操作しているプレイヤーとしての存在である。

　そしてこれらゴフマンが見出した2つの自己から、さらなる「第3の自己」を導き出すことができる。

　草柳千早は『シンボリック相互作用論の世界』でゴフマンを取り上げた第七章を執筆する中で、第2の自己による判断の結果として、状況に不適切であり排除されるべきものと位置づけられる自らの諸要素について、これこそが「第

図2 相互行為のステージに呈示する「3つの自己」

「3の自己」にあたると考察を加えている。その場に呈示するキャラとしては過剰な部分としての自分の中に在るもの。相互行為秩序の維持に対して潜在的脅威となる自己に含まれる好ましくない何か。それらは通常は場に溢れ出さないように第2の自己によってコントロールされており、そしてそんなコントロールに腐心していることもまた、おくびにも出さないように常に心がけられているわけだ。

しかしじつは、そんな第3の自己こそが人々の自己の感情的リアリティの拠り所であり、人がどの「いま・ここ」の状況にも決して回収され尽くされることのない固有の存在であることの証なのではないかと草柳は言う。その意味では、現場の大勢に合わせて調製した第1の自己なぞは、無難に漂白された無個性なものであり、自己喪失なのだとも。

なお僭越ながら筆者が第1〜第3の自己についてのイメージを図解してみたのがこの図2となる。「第3の自己」の表出を回避しながら「第2の自己」が「第1の自己」を操作している様子が端的に示せているのではないだろうか。補足するなら図中で「第1の自己」が載っているテーブルのように見えるところ、これがすなわち「社会的相互行為のステージ」ということになるだろう。図では省かれているが、他者もまたこのステージに「第1の自己」を載せることになり、その操演はやはりステージの枠外で「第2の自己」が「第3の自己」の蔵匿に神経を尖らせながらコントローラーを握るというわけだ。

そうやってステージの上で直接的には「第1の自己」どうしが互いに取り合うコミュニケーション、それこそが社会的相互行為そのものであり、自己と他者が織り成す私たちの社会なのだ。

## なりたい自分・本当の自分

　昨今の若者の人間関係の悩みとしては、コミュニケーション環境の変化など
を反映してか、さまざまな場面に応じてその場で期待されるキャラを演じなけ
ればならないことに焦点化したものも少なくないようだ。土井隆義『キャラ化
する／される子どもたち』でも「外キャラ」という表現を用いて、場面に合わ
せた自己を演ずる苦悩に着目している。「外キャラ」を演じることに疲れた主
人公が「本当の自分」について思いをめぐらすような創作物も少なくないだろ
う（例えば少女マンガ雑誌「なかよし」に連載された PEACH-PIT による作品『しゅ
ごキャラ！』はアニメ化もされており、興味深い内容が展開されている。「なりたい
自分になる」が、そうした作品群の作中で読者・視聴者へ向けたメッセージとして
も重視されているのが昨今かもしれない）。これらは「第1の自己」の調製と操
演に苦心する「第2の自己」の魂の叫びだと言ってもよいだろう。

　またそうした苦悩は性別違和・性別不合とも連関する。性別移行前のトラン
スジェンダーが、その時点で認識されている性別に応じて期待される「第1の
自己」のキャラは、本人には不本意なものである。期待に反しないように秘匿
される本当の自分・なりたい自分は「第3の自己」に押し込められるわけだが、
このときそうした第3の自己の範疇にある諸要素のことが、便宜上一般にわか
りやすい言い回しが取られたときに「それが心の性別なんだ」というような表
現になるのだと説明することも可能だろう。その場の相互行為秩序において
ジェンダー的に逸脱となる自己呈示に対する動機の語彙として「心の性別」が
採用されると言い換えてもよいだろう。そうした意味でも「心の性別」は、そ
もそも第一義的には「性別」ではない。

　しかしこうしてゴフマンをふまえて導出したこの「3つの自己」を俯瞰して
みると、外キャラが嘘の自分であったり、表に出せないところに本当の自分が
在るといった認識は妥当ではないとわかる。第1の自己から第3の自己までを
総合した存在、そのすべてが本当の自分ということでよいのではないか。

　草柳は「第3の自己」までの考察をふまえて、次のようにまとめている。相
互行為秩序は、その参加者自身の自発的な振る舞いによって不断に再生産され
るが、じつは決して完全な排除システムたりえず、きわめて脆弱な基盤の上に
成り立ってもいる。そうしたシステムに「第3の自己」も含めて位置づけてみ

ることで、相互行為の秩序と人々との多重な関係を読み直し、社会と人間の動的な関係に新たな視野を開くことができる——。

「自己」の多層性をお互いに前提として理解したうえでの社会関係のやり取りに新たな秩序体系をひらくことは可能であると、筆者も強く信じたいところだ。

## 心に性別はなかった

さて、ここまで「心に性別はない」ことについて、各種の知見とともに掘り下げてきた。

人の心を推し量るには、その人のふるまいに着目するしかないこと。人のふるまいは、有意味シンボルの交換のうちに成立する社会的相互行為の中にあること。社会的相互行為の場に呈示され行為され演じられる自己像が、互いに解釈される中に性別の要素も立ち現れること。むしろそうしたコミュニケーションのステージでのパフォーマンスを通じてジェンダー概念が再帰的に成立していくこと。かかる場での相互行為秩序を維持したいという要請が、ジェンダー規範を遵守するインセンティブとなり、その構造の中に性別違和もあること。

つまるところ、人と人の社会的なやり取りを通じて、ひとりひとりの自己呈示が、共有されている有意味シンボルの意味の大系に沿った解釈コードに照らされ、解釈され意味づけされ、そうしてそんなコミュニケーションの中に、ジェンダーにかかわる諸要素も有効化されてくる。すなわち、決して各人の身体に核心的根拠が刻印されているわけではなく、あるいは各人の心の内にこそ真実が保持されているのでもなく、「性別」は人と人の間に在る。言い換えると、「性別」とは何か実体・実態をともなう存在なのではなく、人と人との間のコミュニケーションの上に浮かび上がるエフェクトのようなものでしかないのである。

蔦森樹の論考「性は限りなく実体化した可変概念」の中では「性はまぼろし」と表現されてもいた。性のありように普遍的なスタンダードはないのに、特定の男女二元モデルに依拠した形で立ち現れては実体を持っているかのように機能してしまっているという文脈で登場するフレーズだった。

結局のところ、何か確固たる実状をともなった個人の属性としての「性別」

は社会学的には存在しない。しかしながら、「男」「女」という性別属性・各種ジェンダー要素が「ある」という前提で相互行為秩序が組み立てられているために、誰もがそれに合わさざるをえない。その結果として男女二元的な性別概念が有効化されてくる。そうやって「性別」をめぐるあれやこれやは、強化再生産のサイクルに置かれ、よりヘゲモニーを握るわけだ。

　こうした機序で「性別」を捉え直す意義は、今日まさに大きくなってきているのではないだろうか。

　なお、「性別」なる複合体に対し社会学的にアプローチするにあたっては、本節では特に E. ゴフマンらにフィーチャーしているが、他にも有用な概念は多々ある。

　「男女というカテゴリーは多くの人が優先的に参照するがゆえに卓越的な準拠集団となっているにすぎない」

　「人は性別にかかわる情報を反復的に与えられることで、自分はかくあるべきものなのだという事前の社会化を受けるのだ。つまりは予言の自己成就である」

　例えば R.K. マートンによる「準拠集団」や「事前の社会化（予期的社会化）」などを活かせば、こんなふうにも言えるのではないか。そのあたり本書が今から深掘りし始めるのは、さすがに風呂敷が広がりすぎるので、できればどなたかに取り組んでいただけると幸いである。

## 性自認は「性他認」だった！

　性別が人と人とのコミュニケーションの場に現れる社会現象であり、「心の性別」も便宜上の言い回しにすぎなかったとなると、残るはひとりひとりの個性と、各自の自己認識である。

　いくらその場その場に呈示する自己像が相互行為秩序に合わせたものであり、「第3の自己」は慎重に秘匿するとは言っても、ひとりひとりの個性は滲み出るし、各自なりたい自分の理想像、もしくは演じたいキャラのタイプなどあるだろう。そこに「性別」に関する要素は、出生時点に付与されたジェンダー属性を受容するか否かを問わず、必然的に含まれてくる。

　現実には、各人が触れる情報がすでに男女二元的にジェンダー化されている

ので、その実相はわりと各人の「性自認」をシンプルに反映したものに見えるかもしれない。しかし、本当に人は最初から自身を女や男であるという「性自認」を原初的に自覚し、それに従って自己呈示するのだろうか？

そうではないだろう。

突き詰めると、各人が本人の意思に基づいておこなう各種の自己呈示、これを周囲の他者が解釈し反応する中にはじめて性別が発生するわけだが、そうした他者のリアクションを「鏡に映った自己」として参照し、それを情報としてフィードバックすることで、人ははじめて自分の性別属性を理解できる。すなわち、それまでは自己の中には「性自認」はないことになる。

つまり、他者による認識を再帰的に取り入れて情報として整理した後に、ようやく「どうやら自分は男だと見られているようだ」「自分のこの様子はみんなから女だと受け取られるようだ」となるわけだ。自分の性別は「自認」しているようで、まずは最初に認識しているのはじつは他者だということである。

その意味で、性自認と呼ばれているものの本質は、いわば「性他認」なのである。

先のロビンソン・クルーソーの項でも述べたとおり、他者がいなければ性別は成り立たない。無人島でひとりで生活する人は男でも女でもないのである。

実際には日々の生活の中での社会的相互行為の反復の中で情報は蓄積され更新されていくので単純な説明には当てはまらないことも多いだろう。それでも、自己の性別にかかる認識には、まずは呈示している自己像に対する他者による解釈・判断が先にあるという機序、これを押さえておくことは性別について語るうえで欠かせない。

もちろん性別違和を抱えるトランスジェンダーの場合、性別移行を始める以前の「性他認」は、本人には不本意な元の性別に準拠した自己呈示に対するものになってしまってはいるだろう。あるいはパスに難があるノンパス系やＸジェンダー系トランスジェンダーの場合の「性他認」もデリケートな問題かもしれない。ただ、２章第４節以降しばしば言及しているとおり、私たちひとりひとりが自己と他者の関係を考える際には「想像上の自己」と「想像上の他者」が大きな役割を果たしている。本人の「こうありたい」というイメージの中でのシミュレーションを通じて、本人が理想とする「性他認」が培われるこ

とは、決して不思議ではない。

## 女の子の列に並ぶことの意味

　そういえば、かつて筆者の娘が幼かった頃、こんなことがあった。

　筆者としては、娘に対して身体を基準にした性別属性を押し付けることを避け、自身の多様なセクシュアリティの総体を自由に選び取ってほしいとの願いから、娘に対しては「あなたは女の子なんだよ」のような性別情報の教示はしないでおきたいと考えていた（このように文章中で紹介する機会には便宜上「娘」と表記しているが、すでに成人している 2020 年現在にあっても本人の性別にかかわる事柄は本人の自由な選択に属する権利だと考えている）。

　相方もこの方針には賛同して、結果として両親双方から、娘は自身の性別が二元的な男女属性のうちのどちらに該当するのかについての示唆は受けずに、自由に伸び伸びと成長した。赤ちゃんの頃からの身の回りの品、例えばベビー服の色なども、ジェンダーバイアスを極力排してあらゆる色味を取り揃えたりした。少し長じて玩具に男女別の傾向が現れる年頃になっても（乳児向けの知育玩具などは男女共通だが、その年代向けを過ぎるとやはり男女を意識した商品展開になりがち）、できるだけ偏らないよう、いわばお人形なども乗り物の玩具なども取り混ぜて与えるようにしていた。それゆえに、そうした文物に「男の子向け／女の子向け」があることや、自分はそのうちのどちらを選ぶべきなのかといったことも意識することを要さなかった。

　こうして筆者の娘は、ジェンダー観念がかなりニュートラルな状態で成長していった。悪く言えば一般とはちょっとズレた感性だったわけだが、この養育方針は間違っていなかったと筆者らは捉えているし、現時点での本人自身もおかげで性別二元制と異性愛主義の呪いのかかり具合がすこぶる軽く済んでヨカッタという評価である。

　そんな娘が、ある日のことである、保育園から帰るなり

　「ミサちゃん、女の子やねんデ」

　と、どこか誇らしげにも聞こえるテンションで言うのだった。

　相方と筆者が、これはどうしたことかと

　「ほほう……」

「なんでそう思うん??」

　と、少し驚いて感心したふうで理由を尋ねてみると、本人の弁は

「えぇーっとな、先生が『はい、じゃあ女の子こっちに並んで〜』って言って、それでみんな並んだところにミサちゃんも並んでみたら、べつに叱られへんかったから」

　といったものであった。

「………………。」

「………………。」

　なるほど！　そう来たか‼

　だが、たしかにコレは正しい。

　つまり娘は自分の行動が他者にどのように受け取られているかを観測し、その様子をフィードバックして自分の属性を分析したわけだ。その結果として、自分の性別属性を推定し、自己認識の一環として採用した。

　自分の、例えば「性別」についても、知るということは、つまりはこういう順序を経るということであり、すなわち、自認する性別を獲得するということは、まさに「性他認」なのだ。女の子の列に並んでも咎められない。だから自分は女の子。自己の言動が他者から承認されることで、自己は実現する。「性別」についてもそうだというのは、じつは何も不思議ではないだろう。

　くり返すが「性別」とは、まずは他者による判断・解釈・評価が第一なのであり、その他者と自己との関係の中に立ち現れることで意味を持つのであり、そこから再帰的に自分のアイデンティティに組み入れられるものなのである。

　……というか「アイデンティティ」とは、そもそも性別にかかわらない要素についても、そういうものだったのではないか。

　このときの娘は、まさに「性別」というものに対して正鵠を射ていたのである。

「ほほぅ、そうなんや」

「そうかぁ、スゴイねぇ」

　ひそかに感嘆しつつ、少しとぼけて称賛の言葉を贈る両親に

「うん！」

　と、このときの娘はニコニコと応えるのであった。

## 性別違和とは並んだ列で叱られること

　前項のエピソードでは、娘はまずは女の子の列に並んでいたが、もしもそこで叱られたら男の子の列のほうに並び直したりしたのだろうか。そうして今度は咎められないのを確認しては「なるほど、自分は男の子としてふるまうほうが社会的に正しいとされる存在だったのか！」というように思ったのかもしれない（こんな難しい言葉遣いではないだろうが）。娘としては女の子属性での人生、男の子属性での人生、どちらの可能性もまんざらではないと当時は考えていたのかもしれない。むろん相応に「女の子」という属性のキャラを引き受けたうえで成人している現在にあっても、本人の思いはじつのところそんなに単純に説明しきれるものではないだろう。

　実際のところ、この社会では男女別に列が分けられ、そのどちらかを選んで並ぶことを強いられる機会は多々ある。そのとき自分が並びたいと思うほうの列が出生時に身体を基準に付与された性別属性と合致している人は幸いである。どちらにも並びたくない。２択でどちらかに決めたくない。そして、出生時に身体を基準に付与された性別属性と異なる方の列に並ぶほうが、自分には合っていると思う。そうした葛藤とは無縁でいられるのだから。

　そして男女どちらかの列に並ぶことを択一させられるというのは、もちろんズバリ文字どおりそういう機会もあるが、比喩的に捉えるなら、つまるところ社会生活のあらゆる局面がそうである。

　日々の社会的相互行為の場にどのような自己を呈示するか、そのジェンダー要素についての各種コーディネートというのはすべて、いわば男女どちらかの列に並ぶかについて態度を決めるということだ。相互行為秩序の駆け引きの中で、自分というキャラを行為し演技していくその際、「性別」に応じて異なってしまう役割期待と対峙しながら、現場ごとのふるまいを調整するという営為は、すべからく自分の眼前にある男女別の列を意識したものだと言ってもよい。

　トランスジェンダーが訴える「性別違和」「性別不合」のような現象は、まさしくこうした構造の中で生じている。

　第1に、本人が自分なりにコーディネートした自己像がステージに呈示された際、周囲の他者は、それをさまざまに受け止め解釈するわけだが、そのとき

判断される性別属性が本人が望むものとは異なるとき、本人にあっては不安定や不満足を感じるところとなり、自己肯定への困難がもたらされる。

　性別移行前の、例えば女の子だと見られたいのに周囲から男の子だとされてしまうことの違和感などは、まさにこれだ。性別移行を始めた当初の、いろいろ試みたものの未だパスに至っていないようなときの葛藤も同様だろう。あるいはXジェンダー系の人などが性別不詳をめざしても、周囲がなんとか「手がかりによる判断」しようとするケースなども。

　第2には、他者のほうが、解釈した相手の「性別」とその人の「ふるまい」にかかわるジェンダーイメージにギャップがあるとき、相手に対しては戸惑い・混乱・拒絶などを示すことになる。そのために社会的承認が得られず、関係性の中での自己のポジションが獲得し難いことによって、本人のアイデンティティが揺らぐという側面も大きい。

　性別移行していない人が、望まない性別での生活の中で、周囲から期待される役割、推奨される言動、あるいは興味選好、ファッション等々に上手く適応できずにはみ出してしまう。そのために周囲から批難・批判・侮蔑・嘲笑・揶揄、あるいは叱責・面詰・糾弾され、低い評価しか与えられず、自己肯定感も持てない日々。あれは本当に辛い。そうして懊悩の果てに「あっちの性別ならヨカッタのに。それならこんな苦手なことを要求されずに、もっと上手くできたのに……」という思いが首をもたげるのも無理からぬことだろう。

　性別移行を遂げて、無事に望みの性別での生活を実現した後には、そういった葛藤からは解放されるかもしれないが、逆にトランスジェンダーだと明るみになることが周囲の否定的反応を招来する危険性はまだまだ否定できない。そんな心配がつきまとうのは、けっこうなストレスになりうる。

　結局のところ、端的に言うなら、性別違和・性別不合とは、男女別に2つの列があるときに、自分が並びたいほうに並んだら、並びたいと願ったら、（および、もうひとつの列に不本意にも並んだがゆえに）叱られることなのである。従来はこうした経緯の事象が「心と身体の性別が一致しない性同一性障害という病気」と説明されてきたわけだ。その意味でも、性同一性障害にせよ、性別違和・性別不合にせよ、「心の性別」という言い回しは、わかりやすく他人に説明するための動機の語彙にすぎないという視点は、本当に重要だと思われ

る。要は、本人の意思を尊重した自己像と社会が措定した枠組みがコンフリクトを生じているのだから、「一致していない」のはそこのほうなのだという理解、これはもっと人口に膾炙させたいところである。

## 「本当の性別」は存在しない

　「性別」が人と人との間にあり、その人の性別とは周囲がその人をどう認識しているかがすべてだとすると、その人の「本当の性別」について詮索するというのは、もはや無駄な行為である。

　「どこからどう見ても女性に見える完璧なパスのトランスジェンダー女性」に対して「でも本当は男」などと言ってみるのは、本質的には意味がない。現行社会の諸状況とのすり合わせという生々しい問題はむろんあるが、しかしそれは現行社会が変わっていくことで、重要度はなくなっていくはずだ。その場にその人が女性だと認識される姿で存在し、周囲とつつがなく相互行為をこなし、場の秩序に馴染んでいるとすれば、それはもう、その人は女性なのだ。社会的相互行為の各現場において、女性と解釈されるようふるまい、周囲がそれを受容したリアクションを返す。そのことが、その人が女性だというすべてである。もちろん、前節で検証したとおり「身体の性別」が「本当の性別」の根拠にはなりえない。

　なお、ここまで言及する機会がなかったが、「解釈した性別がすべて」というのは、私たちが（現在ではおもにフィクション作品中の）ロボットの性別を認識できることも、ひとつの傍証となるだろう。特に人の姿をしたアンドロイドについては性別を判断しないではいられない。当然ながらロボットは機械であり生物ではなく生物学的な性別はない。しかし私たちは、そんなロボットがまとう有意味シンボルの数々やパフォーマンスの様相を通じて、即座にそのジェンダー属性を読み取ってしまっている。

　何らかの存在のジェンダー属性の設定が、他者が読み取ることで有効化される。また他者の側としては性別を読解せずにはいられない習慣が深く内面化されている。そうした相互作用によって発生する性別こそが、関係性の中では意味を帯びてくる。それ以外にどこかに「本当の性別」があるというのは幻想なのだ。

　公衆トイレ等の利用におけるトランスジェンダー女性が女性用を利用することへの反対論では、しばしば「本当に心が女性だという証明を見せろ」などという実態と乖離した感情論が叫ばれがちだったりもする。女性ジェンダーでの生活者にとって性的被害への不安は大きいので、気持ちはわからないではない。しかし女性として問題なく周囲に馴染んでいる。女性としてナチュラルに女性トイレが使用できている。それはもう女性だということだ。むしろそのこと以外にその人が「本当に女性だ」という根拠なぞないのだ。女の子の列に並んでも叱られない人が女の子であり、女性用トイレを使える人が女性なのである。

## 女装「外出」するから女性になれる

　もっともこの「女性用トイレを使える人が女性」ロジックだと、いわゆるノンパス、パスが困難なトランスジェンダーにとってのトイレの問題は残る。そのあたりの実務的な解決の道筋は、丁寧に取り組みを進めるしかないだろう。トイレにとどまらず、パスを必須としないトランスジェンダー受容は、今後の重要な優先順位の高い課題だと言える。

　しかし逆説的に、このパスの重要さが、パスすることこそがその性別になったということだという現行社会における真相を物語ってもいる。性別適合手術でもなく、戸籍変更でもなく、社会生活での「性別」の核心はパスだということなのだ。

　言い換えると、性別移行を望むトランスジェンダーが、未だパスがおぼつかなくても、懸命に装い、なりたい自己像をめざした姿で外出したりするのは、人から見られないと、その性別になれないからだと説明できよう。

　筆者も、最初期は部屋を閉め切ってこっそり化粧して女物の服を着て、そして鏡を見てその姿を自分で確かめるだけだった。そういう経験値が乏しい時点の状態で外出しても、不自然な怪人物だとしか見られないのは必定である。それでも女性の装いで街を歩きたい、そして周囲から女性だと見られたいという願望がふつふつと湧き起こり、やがて抑えられなくなった。まぁそのあたりの詳細は初著『性同一性障害はオモシロイ』に記したとおりである。

　現実問題としても、実地に練習を重ねて他者からの反応を探り、そのデータをフィードバックすることでレベルは上がっていくわけなので、少々無理をし

てでも女装外出を試みる意義は大きい。だがもっと根源的なところで女装外出
が欲されるのは、たしかにこの「人から見られないと女性になったことにならない」という部分が大きいのではないだろうか。部屋に自分ひとりがいるだけでは（無人島と同様に）性別が発生しないので、「女性になる」ためには誰か他者が必要とされるわけだ。そうして自身の姿を衆目に晒し、周囲の人から女性だとみなされることこそが、女性になったということなのだ。

　くり返しになるが、性別とは人と人との間に立ち現れるものなのである。

## トランスジェンダーに理由は必要ない

　2014年から2018年にかけて放映されていたテレビアニメ『プリパラ』は、ゲームセンター等で展開されるゲーム筐体コンテンツとのメディアミックスもあって、子どもたちからの人気は高かった（2020年現在も後継シリーズが展開中）。そんな『プリパラ』作中には、じつはトランスジェンダーに相当する人物が2人も明示的に描きこまれていた。いわゆる「男装の麗人」である紫京院ひびきと、同じく「男の娘（≒「女装少年」）」にあたるレオナ・ウェストである。子ども向けとして放送されるアニメにこともなげに性の多様性が織り込まれ、それが当然によくあることという位置づけで描かれるようになったのは、時代の進展だと評価できよう。幼児向けの雑誌などでも、レオナのことをすこぶる肯定的に紹介したりしていたはずだ。

　そんな2人は、あるとき（第74話「紫京院ひびきの華麗なる日常」）ひょんなことから互いの性別をめぐって言葉を交わすことになる。

　「（ひびきさんは、本当は女なのに）どうして男の人の姿をしてるのですか？」

　レオナの問いに答えた形で発せられるひびきの言葉は、なかなかに先進的だった。

　「しょせんこの世は嘘とまやかし。どこに問題がある？」

　これはまさに社会的相互行為の中での他者とのやり取りは、すべてその場での役割を演じることであることを踏まえている。その意味ではたしかに全部が嘘・まやかしなのだが、裏を返すとそのどれもを本当とするしかない。どこかに本当の自分があって、そうでない自分が嘘というわけではない。

　そして「キミはどうなんだい？」と返されたレオナもまた、

「あるがままです！」と力強く答えるのである。

これもまた、社会的相互行為のステージに呈示しているのは、ありのまま、なりたいと思う自己像であって、それを女だ男だと意味づけていくのは周囲の他者による解釈の結果にすぎない、という「性別」の真髄を反映している。

そして重要なのは、このとき2人とも、一般にわかりやすい理由をいっさい言わないところである。日本のアニメではトランスジェンダーの登場人物も決して珍しくはない。しかし『ベルサイユのばら』のオスカルには明確な「家庭の事情」が理由としてあった。『プリパラ』では、そうした外的要因を排して、あくまでも本人が自分らしいと思う自己像を好きでやっている、それでいいのだという姿勢を貫いたのが画期的なのである。

そもそも、その人がその場に呈示した自己像、それを周囲の他者が一般的な男女二元的ジェンダー観念と引き比べて解釈した性別が、元々その人が出生時に身体を基準にして社会的に割り当てられたジェンダー属性と異なっている、ただそれだけのことが、なぜ特異な現象だということになっているのだろうか。それは単に、現行のジェンダー規範がそうなっているだけではないのか。本人が希望する自己実現が、生殖にかかわる身体タイプによって制限されるのは不当だろう。誰もがもっと、なりたい自分を自由にめざせるほうが、より豊かな社会であることに違いないのだ。

一般に、誰かの行動・各種選択などに対して「どうして？？」と理由が問われるのは、それが多数派基準に照らして「普通」ではないときだ。今日では携帯電話を持っていない人が「なぜ？」と訝しがられるが、サービスの草創期などは持っている人のほうが「仕事で出歩くことが多いが重要な電話がかかってくることが多いので」のように理由を説明させられたのは、つまりそういうことだ。

となるとむやみに理由を問うのは、たまたま多数派基準にすぎないものを、自分をその多数派の側に置いたうえで、普遍の真理のように位置づけてしまうという権力性を帯びることになる。性別越境的な自己表現に対して理由を問うのは、したがって性別越境などしないのが「普通」だとして上位に据え、「本来は」遵守されるべきものとしての男女二元的ジェンダー規範各種を強化再生産することにもなる。トランスジェンダーをテーマにした研究でインタビュー

調査をする際には、理由を尋ねるようなことも不可避ではあるが、このことはじゅうぶんに気をつけないといけない。

　しかも、こうした場合、問われた側が答えるのは、結局は聞き手が聞きたいと思っている答え、および聞き手にも理解が可能な範囲の内容にとどまってしまいがちだ。C.W. ミルズによる動機の語彙論を今一度ふり返ると、動機は行為者と動機を問う者との間の相互作用を通じて語られるというのが、その要諦であるので、語られる内容がその社会で卓越的なボキャブラリーの域を出ることがないのは当然だ。

　本来、例えば女の子が乗り物の玩具を選んでも、男の子がお人形遊びを好んでも、動機はただひたすら「好き」だからであって、さしたる理由はないのだ。だがそれでは「男は男らしく・女は女らしく」を信奉する人々は不安になる。何か納得できる理由が期待される。社会全体がそういう趨勢にある。そこで好まれたのが「性同一性障害という病気」という建前だったというわけだ。「心の性別」も「身体の性別と一致しない」も、つまるところ「男女」という社会システムを護持したい人々に向けて弁解される動機の語彙にすぎなかったのだ。

　なので、多数派への釈明などに煩わされずに、各自あるがまま「なりたい自分」になっていけばいい。しょせんこの世は嘘とまやかし。そう、べつにトランスジェンダーに理由は必要ないのである。

　したがって、こうしたことも踏まえて「トランスジェンダー」の定義を安易なところに回収されないように試みるなら、トランスジェンダーとは「身体を基準に出生時に社会から一方的に付与されてしまう性別属性に準拠して社会関係上の他者から期待される役割・ふるまい・各種選好等々と、本人が自ら希望する自己呈示における役割・ふるまい・各種選好等々が一致しないことに起因して、本人の自己呈示が結果的に性別属性の越境や攪乱につながっている人」などが、例えば一案として有望だろうか。

## 本人の意思に基づく性別

　「性同一性障害とは、ひとりひとりが自分に合った選択をすることを、ジェンダー秩序・ジェンダー体制の枠組みを越えては認めない社会のほうのシステム障害なのだ」。

　かつて『性同一性障害の社会学』でも、筆者はこのように述べた。「障害」があるのだとすれば、それは当人に内在するのではなく、社会のありようによって構成されているのだ、という趣旨である。

　こうした点、本書では、より詳らかにできたのではないかと思う。

　社会というシステムに発生する障害、セクシュアルマイノリティの存在がその原因となるバグであるとしたら、性の多様性を前提としてシステムを組みなおすことで、それがバグたりえないようにしていくことは可能だ。

　「LGBT」などと言うものの、これらが社会的に構成されたものだというのは、もっと念頭に置かれるべきだろう。

　誰しも、ひとりひとりかけがえのない個性がある。その個性に沿って、コミュニケーションのステージ・社会的相互行為の場へ、どんな自己を呈示し、どのように「ふるまい」たいと思っているか……。その内実は、自由であり、無限の可能性に満ちている。性別にかかわる要素であれ、そうでない部分であれ、それは最大限尊重されないといけない。間違っても、出生時に身体を基準に割り振られたジェンダー属性に由来して制限がかかることがあってはならないのだ。

　本章の最初に、「わかりやすい説明」として入門編のチャート図に記される「心の性別」の項は、さしあたり《本人の意思に基づく性別》と言い換えてあった。「心の性別」が個々人の心のうちに元から存在していない、このことは本節で明確になっただろう。そのうえで《本人の意思に基づく性別》に、より精確を期した補足を付言するなら、一般に「心の性別」と呼ばれるものは、じつは「本人の意思に沿って呈示される自己像と他者のリアクションとの社会的相互行為の上に立ち現れる性別」だ、とでもなるだろうか。もしくは「本人の個性に由来して社会関係の中に浮かび上がる性別」などでもよいかもしれない。

　以上を再確認して、本節の筆は擱くこととしよう。

## 3　性的指向よりも「好きの多様性」

### 「性的指向」を再検討する

　第1節と第2節を通じて、一般に「身体の性別」「心の性別」とされるものが、じつはそれぞれ《身体を基準に付与される性別》《本人の意思に基づく性別》なのだということについて詳らかにしてきた。

　本節ではいよいよ、残る「性的指向」の解体を試みてみよう。

　一般に「性的指向」というワードは、恋愛や性的興味関心の対象が異性か同性かという文脈で登場するのが定番である。つまり、本人自身が男性か女性かということではなく、本人が対象として指向する相手の性別が女性なのか男性なのかにかかわる用語だということになる。それゆえ「LGBT」の中で言えばLとGとBのセクシュアリティが問われる際にフォーカスされる概念だとも言える。

　この語法は元はと言えば、異性愛が正常とされる中での同性愛に対する異常な変態行為というレイベリングへの異議申し立てとして、まずは両者を対等に位置づける試みとして台頭してきたものだろう。というか同性愛に対する異性愛という呼称も、その一環で使われだしたという経緯があるとされている。要は、同性愛／異性愛と対置されて捉えられる以前は、いわば「変態」と「普通」のような権力勾配がともなう区分が、特段の問題にもならずに世間一般で共有されていたわけだ。

　したがって「性的指向」という表現には、あなたの恋愛や性的興味関心の対象は異性？　それとも同性？　と、その両方の可能性を肯定的に前提とするニュアンスがあり、異性愛が強力に標準化された体制を相対化する効果が期待できる。その意味で「性的指向」の語は重要で意義あるものである。ここは動かせないところだろう。

### 同性愛は異常ではない

　言うまでもなく、同性愛は異常でも変態でも病気でもない。個々人のセクシュアリティの諸相を構成するひとつが、そうであるというだけだ。

　もしも「本当は異性愛が正しいけれど、世の中には同性愛の人もいるから、

そういう人のことも認めてあげなければならない」というような「LGBTの理解」のしかたをしている方がおられたなら、それはまだ性の多様性の世界の入り口にさえ立っていないことになる。

河口和也は『クイア・スタディーズ』の中で、たとえ言葉のうえでは同性愛が異性愛と対等に配置されたとしても、事実上異性愛のほうが標準的なものとしてヘゲモニーを与えられるのであれば、そうした権力構造自体がヘテロノーマティヴィティであり問題だという主旨を通じて警鐘を鳴らしている。

ヘテロノーマティヴィティの語は、要約するなら、性別とは男と女であるという男女二元的な性別観・性別二元制のもとで、その男女間で恋愛や性的なやり取りがおこなわれるのが当然だという考え方・異性愛主義が強力に浸透し、人々が疑念なく信奉し、標準化されている社会状況を表している。そこでは、男女二元制や異性愛主義を批判的に相対化しようとするボキャブラリーもまたヘテロノーマティヴィティに回収されてしまいやすく注意が必要だという指摘は重要だ（当然に、トランスジェンダーはイレギュラー・性別移行などしないシスジェンダーなのが標準だとする「シスノーマティヴィティ」とでも呼べるものも、ヘテロノーマティヴィティと一体のものとして存在するだろう。いわば「シスヘテロノーマティヴィティ」である）。

E.K. セジウィックもまた『クローゼットの認識論』の序論にて、同性愛と異性愛が対置される状況自体が「一方の価値を切り下げようとする、切迫したホモフォビアの圧力がかかった」ものだと指摘している。

その意味では「なぜ同性愛者は同性を好きになるのだろうか？」というアプローチも差別的になりうる。前節でも触れたとおり、理由を問われるのは、それが多数派基準から見て普通ではないものと位置づけられているときである。その点に無批判な問い立ては、ヘテロノーマティヴィティの強化再生産に加担してしまうことになる。

あくまでも、同性愛も異性愛も等価値の性的指向として、人々がナチュラルに認識できるようになることが、まずはめざされたいところである。

## 「好みのタイプ」を好きになっているだけ

ただ、同性愛も異性愛も等価とはいえ、個々人の恋愛や性的興味関心の対象

が、まずもって最初の時点で異性か同性か、そのいずれかに向いているという前提からスタートして「性的指向」を捉えていくのは、本当に正しいのだろうか。

　自分は異性愛者であり性的少数者ではないという人は少し考えてみてほしい。異性なら恋愛対象として相手は誰でもいいだろうか？　違うだろう。自分にとっての「好みのタイプ」というものがあるはずだ。となると、それは本当に「異性を」好きになっているのだろうか。そうではなく、ただ単に「好みのタイプ」を好きになっただけだとは考えられまいか。

　つまり、先に性別を決めてその中から好きな相手を探したというよりは、好きになった相手が男女二元的な基準に当てはめれば結果的に性別が男もしくは女だったということなのではないだろうか。ヘテロノーマティヴィティのもとでの好きになる相手は異性でなくてはならないという囚われで、はじめから異性からしか探していないということはあるにしても。

　となると、同性愛者であっても、じつはこの点は同じで、こういうタイプの相手が好きだという「好みのタイプ」の赴くままに好きになったら、事後的に相手が同性だったという結果になるだけなのではないだろうか。はじめから同性を選択的に好きになるというよりは、好きになった「好みのタイプ」の相手が一般的な基準で言えば「同性」の範疇に入っているというわけだ。

　このように考えれば、同性愛者も異性愛者も、じつはまったく同じように自分の「好みのタイプ」な人を好きになっているだけなのだとわかる。同性愛者が特別にイレギュラーなのではなく、異性愛者と同じように対象を選好しているのである。ただ、それが従来の社会通念のもとでは「好みのタイプ」が結果的に異性だとみなされる範囲に収まっていると「普通」のセクシュアリティに合致するものとして問題とならず、もしも同性だったりした場合においては逸脱だと捉えられてしまっていた、ただ単にそういうことだったのだ。

　同性愛を描いたフィクション作品などにありがちなのが、同性愛者である主人公が異性から好意を告白されて悩んだ末に「自分は同性愛者だから」と断るシーンである。同性愛者が直面する苦悩を表すものとして、一般に期待されるプロットなのかもしれない。しかし、異性愛者が異性から告白されたときであっても、相手が好みのタイプでない場合にお断りするのが当然によくあるこ

となのは、少し考えただけでわかる。その意味では同性愛を殊更に特別扱いしたかのような、こうした描写はいささかミスリーディングだろう。したがって、実在の同性愛者にあっても、大多数の異性愛者がそうしているのと同様に「好みのタイプじゃないから」断ればいいのである。

この「誰もが好みのタイプの相手を好きになっているだけ」という理解は、「性的指向」について考えるうえでの、最も基礎的なスタートライン・最低限の前提とされるべきだろう。

なお、「好みのタイプ」が結果的に異性であったり同性であったりするケースがバイセクシュアルということになるだろう。また、恋愛や性的関心から距離を置くAセクシュアル等の系統にあたる人もいることは、当然に念頭に置いておかなければならない。

さらにはトランスジェンダーの存在を視野に入れれば、異性とか同性とか、何を基準に言うのかが、いちじるしく複雑になることも。しかもトランスジェンダーこそが好みのタイプだというトラニーチェイサーと呼ばれる存在（比較的イメージできやすいのは「ニューハーフ好きの男性」だろうか）なども考慮すると、「性的指向」はつまるところ「LGBT」のLとGとBだけではなく、結局はTにかかわる案件とも不可分なのである。

## 「指向」するのは相手の性別だけ!?

では、人が好きになるのは各自の「好みのタイプ」の相手だとすると、その「好みのタイプ」について、まずはすべてに先立って相手の「性別」を男女の2択で表明させられるというのは、いささか問題含みに感じられてくる。前述のトラニーチェイサーのようなセクシュアリティを参照しても、否、しなくても、多様な「性的指向」の数々には指向という語のニュアンスでは表しきれないものがある。

例えば『クローゼットの認識論』序論でのE.K.セジウィックの言葉を借りるなら、「一人の人間の性器行動を、他の人間の性器行動と区別するには、きわめて多くの次元での区別があり得る」という前提に立って「例えば、ある行為、ある局部または感覚、ある身体的タイプ、ある一定の頻度、ある象徴的意味づけ、ある年齢または権力関係、ある生物種、ある一定の人数などなどに対

する嗜好を含む、様々な次元が挙げられる」などの例示も可能だ。セジウィックはそのうえで「その中にあってただひとつの次元、選択対象のジェンダーのみが、『性的指向』という（中略）のは、かなり驚くべき事実だ」と続けている。

　実際、誰と恋に落ちるか、誰と結ばれたいと欲望するか、そこには数多くの次元のさまざまな要素があるだろう。「好みのタイプ」と平易な言葉で表される概念の内実は、言語化して説明できるもの、できないものを合わせて、相当に複雑な深淵が広がっているのではないか。

　「フェロモンムンムンナイスバディお姉さんがたまらない」

　「マッチョなスキンヘッドのオジサンがいい」

　「キュートな細身のサラサラストレートヘアーのロリータ少女が好き」

　「ムキムキ剛毛の兄貴タイプで……」

　これはあくまでも単純化したステレオタイプだが、仮にこのような例であっても「好みのタイプ」に占める各種の要素は随分と広汎に分布している。好きになる側も、なられる側も、言うまでもなく、ひとりひとりの人間の個性は多様なのだ。

　こうした「好みのタイプ」の各種要素の多様性を勘案するなら、「性的指向」という言葉に「恋愛や性的関心の対象が男か女か」という意味合いだけしか負わせないのは、随分と乱暴な矮小化だなという気がしてくるのには、相応の正当性があると言える。

## 「バイセクシュアルのほうが普通」だった

　現状「性的指向」というワードで括られている範疇が、単純に「異性か同性か」を意味するだけでは済まないとなると、「バイセクシュアル」にかかわる一般的な理解も、修正の必要が大いにある。

　わかりやすさを優先した説明では「性的指向が男女双方に向いている」などが鉄板だろうか。性の多様性の説明にはじめて触れる人には「異性も同性も両方ＯＫだなんていったい……!?」等々なかなか理解しづらく、説明自体が後回しにされがちだったりする中では、最低限の簡潔な言及になるのもやむをえない現実はある。しかし「性的指向」とは「好みのタイプ」がまずは男女どちらに向いているかを意味する、のではないのだとすると、むしろバイセクシュア

ルこそが「性的指向」の真髄をわかりやすく簡潔に示す可能性に満ちている。

　つまり、「誰もが好みのタイプの相手を好きになっているだけ」だとして、その各自の好みのタイプに従って誰かを好きになったときに、結果的に相手が異性だったり同性だったりするのがバイセクシュアルならば、バイセクシュアルの人たちは、最初からすべてに先立って相手の「性別」を男女の2択で選んでいるというわけではないことになる。

　恋愛や性的欲求の対象は異性でなくてはならないわけではないのなら、このほうが正しいし合理的だし普通である。「自分は○○○な人が好きなんだ。そういう人には男も女もいる。どっちかに限定したら可能性が半減するじゃん。異性愛者や同性愛者こそ、なんで最初に相手を性別でふるいにかけるん？もったいない！」。あるバイセクシュアルの人はこのように語っていた。

　なのでバイセクシュアルを簡潔にわかりやすく説明するにしても、「好きになる相手が同性だったり異性だったりする」くらいの言い回しの工夫は望まれるだろう。

　語義的な補足をしておくと「バイセクシュアル」だと「性別とは男もしくは女」という二元論に依拠してしまうことになる。相手がシスジェンダーばかりではなくトランスジェンダー、特にXジェンダー系だったりする可能性は、この語ではじつは捨象されてしまっている。本稿ではここまで便宜上「バイセクシュアル」表記を採用しているが、その点を超克して好きになる相手が「いろんな性別」だと言い表すなら「パンセクシュアル」などのほうが適切だろうし、実際に使われるケースは増えているのではないか。両者を区別して使う向きもないではないが、筆者としては「パンセクシュアル」のほうが「バイセクシュアル」も包含して代替できるという見解である。

　ともあれ、最初にまず相手を男グループか女グループか択一したうえで、その後その中から誰が好きなのかを決めなくてもよいのだとしたら、さて、あなたは本当に「異性愛者」や「同性愛者」だろうか？？

## 「指向」するのは「恋愛」？「セックス」？？

　そんなわけで「性的指向」というワードに現時点ではまとめられているあれこれが、相当の幅と奥行きを持つことが詳らかになった。そうなると、もうひ

とつ整理し直さないといけない点が浮上する。性的指向とは「恋愛や性的興味関心の対象が異性か同性かということ」とは言うものの、「恋愛」と「性的興味関心」、はて、そんなにいっしょくたに語って大丈夫だろうか？

　筆者も市民講座などで説明する際は、初学者をあまり混乱させても逆効果であり、また時間の制約などもあるので、「性的指向」について両者をしっかり弁別して取り上げる機会はめったにめぐってこない。せいぜい軽く言及する程度にとどまっているのが常である。それで講座は特に支障なく成立するのであるが、はたしてそれでよいのだろうか。

　性的少数者どうしの会話でさえ、とりあえずは「（あなたの）性的指向は？」のようなシンプルな問い立ては用いられるだろう。その際に問う側が期待している回答もさしあたりは男女の２択であり、しかもその回答がいずれであれ、それが「恋愛」の対象なのか「性的興味関心」の対象なのか、はたまたその両方なのかは、ひとまずは追及されることはない。

　逆に言えば、一般に浸透している現行の性をめぐる「常識」の中では［恋愛の対象＝性的興味関心の対象］だとなっており、「恋愛対象には性的興味関心も抱くものである」と認識されているわけだ。「恋愛関係が深まれば恋人たちはセックスするようになるはずだ」が強固な信念として流布し、半ば規範化していると言ってもよい。そして反対に「性的対象に対しては恋愛感情も持つものである・持っていなければならない」も。

　だが、これだと不都合を生じるケースが、じつは少なくないだろう。

　「恋愛」と「性的興味関心」とで「好みのタイプ」が異なるというようなケースは、もしや意外と多かったりしないだろうか。若い女性たちが世間話をしているイメージで例えると（ステレオタイプご容赦）、人気アイドルグループ某のメンバーの中で誰が好みかという話題で、いっしょにデートするならＡクン、抱かれたいのはＢクン、でもまぁ結婚するならＣクンかな……というようなトークになることはさほど特異ではない。もちろん仮定に基づくネタ話だと言えばそれまでだが、じつのところいわゆる「恋愛」の範疇と「性的興味関心」の範疇とでは最も好ましい相手が異なることがありうるという事実が、思いのほか社会的に共有されていることを端的に示してもいるだろう（さらには「結婚」という各種社会制度や共同生活をめぐるさまざまなファクターが絡むとます

ます状況はややこしくなるわけだ)。

　そして近年のLGBT界隈を見渡すなら、「恋愛」感情はあるが「性的興味関心」は持たない、あるいは「恋愛」ではないが「性的興味関心」ならある、こうした性の多様性を生きる人も現に存在するということが顕現してきている。これらも簡略に説明する便宜を優先した場合には「Aセクシュアル」に代表してまとめられがちではあるが、一方では「ノンセクシュアル」「デミセクシュアル」「アロマンティック」「デミロマンティック」「リスロマンティック」等々といった言葉も積極的に用いられるようになっており、そうしたセクシュアリティを名乗る人たちからは安易に簡略化した説明をされることへの異議も唱えられるようになっている。

　いずれにせよ、こうした事例を見ただけでも、「恋愛」と「性的興味関心」、これらは弁別し、分けて考察するほうが妥当なのは間違いない。

## 性の多様性用語はカテゴリーにしない

　なお、前項に登場したような細分化したセクシュアリティ用語は、それだけひとりひとりの性が多様であり、その実状を他者に伝えたい・わかってほしいという各人の望みの反映でもあるだろう。したがって、説明される側からわかりやすさを要求して、個々のセクシュアリティの多様さを捨象し、雑駁にひとまとめにした呼称で済ませようとするのは、多数派の傲慢であると戒められるべきである。

　ただしセクシュアリティ用語の細分化がすぎるのはデメリットもあるとは思う。ぶっちゃけわかりにくすぎる。筆者も昨今は全部把握しきれなくなってきている。最終的には「ひとりひとり性は多様なのだ」に行き着けば話は丸く収まるとも言える。

　そして、性の多様性用語の細分化が陥ってはならない愚が「カテゴリー化」である。

　「レズビアン」「ゲイ」「トランスジェンダー」といった比較的大きな枠組みか「○○セクシュアル」のような細かいものかを問わず、ひとりの個人がどこかひとつのカテゴリーにきっちり当てはまるはずだ、さて自分のカテゴリーはどれなんだろう？　は無理がある。ひとりひとりの多様なあり方を、どこかひ

とつのカテゴリーに入れてしまえるわけはないのである、多様なんだから。

なので、「トランスジェンダー」「レズビアン」「ゲイ」等々から「○○セクシュアル」「△△ロマンティック」まで、これらはラベルもしくはタグとして用いるべきである。つまりいくつもの用語から自分に該当する要素があるものを、複数選んで採用する。そうやってそれらをラベル・タグとして何枚でも自己に貼付し、各々によって説明されるものにまたがる自分のセクシュアリティの諸相を追究し、また他者に語る際にも活用していけばいい。そうした営みを通じて、自身のセクシュアリティの深層はより豊かに把握できるようになっていくものなのではないだろうか。

## クィアな性的ファンタジーの多種多様なバリエーション

というわけで「性的指向」については、「恋愛」とされる部分と「性的興味関心」にかかわると思われる要素を別々に掘り下げていかねばならない。まずは「性的興味関心」の要素のみに着目してみよう。

いろいろなセクシュアリティを抱えた人たちが、それぞれ誰とどのように性的にかかわりたいと思うのか。いかなる願望、欲望、妄想を内に秘めるのか。ひとりの性的内面は単純ではないし、それはそのとき「かかわりたい」相手もまた同様に思っているだろう。先述のセジウィックによる「指向」するのは相手の性別だけではないだろうと述べる際に例示されているものも、直接には「性的興味関心」についてのものだったと読めるが、これらも踏まえて見渡すなら、そこに広がる多様性の実態はあまりにも混沌としている。ひとりひとりの性的ファンタジーの複雑な深淵は、とてもではないが男女のインターコースを基準に割り切れるものではないだろう。

幸いにも本書では第2章や第3章の各所で、人の性的欲求・欲望・妄想に連なる性的ファンタジーの多種多様ぶりについて考察するパートが設けられてきた。それらを参照することで、今からあらためて割かないといけないページ数は、さほど多くなくて済みそうだ。筆者自身の性的欲求、性的ファンタジー、各種の性的営為についても、各所で開陳しているが、やはり「性的指向が女性だということは性的欲望については男性と同じ」などという単純化はとてもできるものではなく、非常に入り組んだ様相にあったのがわかるだろう。

　一般に性的「しこう」の漢字には「指向」が充てられるが、ここまでを踏まえると、むしろ「性的嗜好」のほうが適切とも思えてくる。クィアな性的ファンタジーの多種多様なバリエーションには、こちらのほうがふさわしい。

　「性的しこう」に嗜好の漢字を充てるのを嫌がる人にもそれぞれ思いはあるだろうが、もしもそれが「俺たち同性愛はあくまでも指向が異性か同性かなだけなんだ。変態性欲なんかといっしょにするな」等であれば、それは差別的な認識に立脚してしまっている点は自覚されなければならない（もっとも個々の同性愛者がさまざまな「嗜好」の人たちを生贄にすることで自分の「指向」への攻撃をかわすという生存戦術を採らざるをえない現実があるとしたら、現場の一同性愛者を個別に批判するのも酷であり、変わるべきはその現実のほうであるのは言うまでもない）。

　たとえ、実際に実行したりすれば他者の尊厳を脅かす加害的な犯罪行為になってしまう、そういう性的ファンタジーであっても、それが本人の内なるセクシュアリティの追求であるうちは、否定・批難・断罪されるいわれはない。男女のインターコースから大きく外れる性的ファンタジーに対して変態とレイベリングしてスティグマ化する、現行社会で卓越的な通念のほうが、多くの人の性的安寧と性的ファンタジーの充足を妨げていると批判されるべきだろう。

## 性行為が同性愛か異性愛か、単純に二分できない

　「同性愛／異性愛」という峻別、これが性行為のみにフォーカスした場合には、また独特の単純に二分できなさ具合がある。

　一般にアナルセックスといえば男性同性愛者らが採用する性行為というイメージがある。もしかして男性同性愛者ら自身がこれをしなければならないというオブセッションを抱えていたりもするのだろうか。

　しかし筆者の知人が機会あるごとに訴えていることに、「アナルセックスがしたい」と「男性と性行為がしたい」は違う、というものがある。

　当然に異性間の性交渉であってもアナルセックスがおこなわれることはあるので、「アナルセックスがしたい」人は「アナルセックスがしたい」人であって、必ずしも同性愛者ではなかろう。逆に、同性との性行為を希求する人が相手からの要望に応じてアナルセックスに臨むケースでは、当人は必ずしもアナ

ルセックス自体には積極的ではなかったかもしれない。

　アナルセックスがしたい男性がアナルセックスがしたいという欲求に応じて
くれる相手を探したところ、たまたまマッチングしたのが同性だったのと、同
性と性行為がしたい男性が、応じてくれる相手とめぐりあったところ、アナル
セックスを要望された、というのは、結果は同じに見えても、まったく異なる
事象なわけだ。「男性同性愛者の性行為アナルセックス！」などとステレオタ
イプ化することは、精確さを相当に欠くものとなる。

　3章第3節でも言及したように、ペニスを何らかの穴に挿入することこそが
性行為だという観念は根強い。しかし男性どうしなのであれば、ペニスによる
チャンバラごっこでもよいのである。そのあたりがもう少し広汎に共有される
ようになれば、アナルセックスをめぐる複雑さも、むしろもう少しスッキリす
るかもしれない。

　この他にも、誰とどんな性行為をして幸せを感じるかという観点から、仮に
二者での性行為をいろいろとシミュレーションしたとしても、各々がそこで抱
えている性的ファンタジーはすこぶる多様である。自分は受けがイイのか、そ
れとも攻めなのか？　自分の、および相手のアイテムは凸が好適なのか、ある
いは凹か？　比較的単純化しやすい要素だけでも、いろいろ入り組んでくるの
が不可避である。

　しかも、そうした理想の性行為に対して、例えば自分や相手の身体的特徴が
ちょうどよくソレに適ったものになっているとも限らない。自分の側の理想と
現実、相手のほうの理想と現実。これらの折り合うところに二者での性行為の
実際があるわけなのだ。

　性行為をめぐる多様性を探求していく際には、このように丁寧に切り分けて
検分していく慎重さが必要だろう。

## 欲望のモデルが限られる

　もっとも、各人の性的欲望・性的ファンタジーは多様であるはずなのにもか
かわらず、前項の「男性どうしだったらアナルセックス」のように、いや、そ
もそも男女のインターコースを軸としたあれやこれやなど、しばしば類型的な
ところへ収斂しがちなのは、結局のところ巷間流布しているモデルにバラエ

ティが乏しいということでもあるのだろう。

　ルネ・ジラールが『欲望の現象学』で説いた「欲望の三角形」によれば、自分自身が何かを欲望する場合、実際には誰か他者による欲望をモデルとして、欲望対象へ至る媒介としているという。

　人間は社会的な動物なので、生理的欲求でさえ、具体的な発現は社会の営みとの相互作用のもとにある。喉が渇くのは生理的欲求であるが、そこで飲みたくなるのは昨夜見たテレビCMの中で有名タレントが美味しそうに飲んでいたあの炭酸飲料となるのである。つまりこの場合、CM中で炭酸飲料を美味しそうに飲む有名タレントが、自分にとっての欲望のモデルだというわけだ。

　だとすると、モデルとなる他者の欲望の様相として広く知らしめられる内容をコントロールすることで、人々の欲望をも操れるということである。テレビCM等々に対するメディアリテラシーは、じゅうぶんに身に付けておきたいものだ。そして、特定ジャンルの欲望について見聞できるものが限られている場合には、本人の欲望の幅も限られてくるのが不可避となる。「性的指向」に関連する欲望については、いわばシスヘテロノーマティヴィティのもとで、参照する他者の欲望がすでに類型化されているわけだ。

　特に性行為に関しては相当に類型化したものしか目立った形では流通していない現状がある。これは若い世代が性に興味を持ち始めたときに、アクセスできる情報が限られ、かつ偏りがあるということでもある。結果、性をめぐる実践の形の硬直化がくり返されていく現状があるだろう。その基底で男女二元的な性別観と異性愛主義が盤石となってしまうのも、そこに大きな一因があると考えられる。

　まずもって異性との性行為をしないといけないように仕向ける情報は多いだろう。そのうえで性行為の詳細自体は秘め事として扱われ、ベールに包まれたまま何かスゴイもののように祭り上げられている。そのため見事に異性と性行為体験を成し遂げて秘密に到達した人が偉いみたいな風潮にもなる。もっとオープンに語られ、正確な知識も潤沢に流通すれば、性行為をめぐる欲望のバリエーションについても、より安全な選択肢が増えるのではないか。性に興味を持ち始めた若い世代が公平・客観的に「ふ〜ん」と理解して、そんなにスゴいものと捉えられなくなるとよい。他者との性行為を、したい人だけしておれ

ばよく、したくなければしなくてかまわない形にしていくほうが、誰もが自分のセクシュアリティを安定させられるのではないだろうか。

　その意味でもマスターベーションの地位の向上は不可欠だ。現在は他者との性行為の代替物のように位置づけられ、マスターベーションに明け暮れる人は、性行為の相手に恵まれないかわいそうな人のごとくみなされる。これは誤っているし、個々人に対して抑圧的だ。マスターベーションは自分の身体との性的対話であり、他者の身体との性的対話である性行為とは対等だろう。自己の内なる小宇宙に広がる性的ファンタジーと呼応する高度な精神的実践であるし、多様なセクシュアリティの無限の可能性を追究するクリエイティブな営為でもある。性的な行為の実践をおもにマスターベーションとしておこなう人、そういう性的実践こそが自分には最も合っているというセクシュアリティは「ソロセクシュアル」と呼ぶようにしてもよいのではないか。むろんソロセクシュアルの人の性的ファンタジーの涵養には他者の存在が必要であったとしても、これは両立可能である。

　ともあれ、そうしたことも含む、性の多様性までを視野に入れた、幅広く偏らない性教育の充実は、喫緊の課題となって久しいと言えよう。

## 裸が恥ずかしいのも社会的な構成

　裸体をめぐる性的欲望のモデルがコントロールされることで、羞恥心が社会的に作られているという事実も見逃せない。

　一般に異性の裸は性的な欲望にかかわる核心的な表象とされており、それゆえに異性の裸にかかわる欲望のモデルも数多い。そのことが表裏一体的に「裸が恥ずかしい」という意識を醸成してもいるだろう。異性に対して裸を恥ずかしく思わないといけないという規範と化していると言ってもよい。そうして異性に裸を見せるのは性的な事柄なのでしてはいけないとなり、そのために異性の裸はめったに見られないものとなり、それが異性の裸に対する性的欲望を生成するというサイクルにもあるだろう。

　近代以前の日本社会における裸の実相については、中野明『裸はいつから恥ずかしくなったか』に詳しい。明治になって西洋化が進む中で、この国の人々の裸に対する羞恥心も変わってきたのだなと、よくわかる。中野の著作では混

浴だった公衆浴場の様子も紹介されている。今日の私たちの「常識」からすれば、往時の来日外国人と同じように喫驚に値する内容だが、要は時代や地域に応じて文化が異なり羞恥心の具合も変わるのである。

　となると現代の公衆浴場、あるいは公衆トイレ、さらには更衣室等々の施設が男女別になっているのも、これは絶対ではないということだ。男女いっしょだと恥ずかしいから男女別にする、のではなく、男女別になっているから男女いっしょだと恥ずかしくなるのである、という視点の転換は重要だ。もっと言えば、男女二元的な性別システムを保守するうえで必要な、公衆トイレや浴場、更衣室などの男女別という運用の、そのために最適化された形で、人々の羞恥心のほうが社会的に構成されているということになるのかもしれない。

## 欲望の三角形で理解できることは多い

　「欲望の三角形」理論は、「性的興味関心」に限らず、「恋愛」方面についても活用が可能だろう。各種メディアを通じて普及している「恋愛モデル」は、当然に偏っている。

　あるいは、前節の「心の性別」をめぐる案件にも「欲望の三角形」はかかわってくる。個々人が社会関係のステージにどんな自己を呈示したいと思うかには、必然的にモデルは存在するだろう。「なりたい自分」のモデルが男女区分の枠組みの中に存在するなら、そこから組み上がるなりたい自分像も、男女表象に基づいたところに着地することとなる。Ｘジェンダー系の人が困難を口にするように、性別を超越した自己像というのは、本人がコーディネートするにも、本人の自己呈示を解釈する周囲の他者にとっても、モデルがないので非常に難しい。古典的なフェミニズムからの批判には、トランスジェンダーの自己表現がジェンダーステレオタイプを強化再生産していて良くないというものがあったが、そんなふうにトランスジェンダー本人を責めるのが筋違いだということは、このことからも説明できる。

　本稿ではこれ以上ジラールの論に踏み込む紙幅がないが、人間の欲望をめぐっては、この「欲望の三角形」論を知っていると、視角がシャープになる案件は多い。

## 「恋愛」と「親密さのコード」

　では続いて「性的指向」と呼ばれているうちの、「恋愛」とされる部分について考えてみよう。

　まずは——

　さて「恋愛」ってなんだろう？

　誰かを「好き」と思う気持ちのどこが、何が、どうなっていたら「恋愛」なのだろう!?

　よく考えると、案外と定義が曖昧なまま広く使われている。それだけ疑義が挟まれにくい風潮のもとにあるということだろうか。一般に「友達以上恋人未満」などという言葉もあるが、「恋愛」と「友情」の境目とされるものもまたあらためて考えると明確な基準は獏としている。そして以上とか未満とかいった用語法には、二者が同一直線上に並ぶものであり、かつ「友情」よりも「恋愛」のほうが上位という暗黙の了解があるわけだが、これも本当にそうだろうか。

　ニクラス・ルーマンの『情熱としての愛』を、ここでひもといてみよう。この文献は全編が本節のテーマと深く関連していると言えるが、とりわけ副題にもなっている「親密さのコード化」は示唆的で有用だ。強引に一文にまとめるなら、私たちの他者との「親密さ」をめぐるコミュニケーションにおいては、社会的な関係性解釈のコードが重要な役割を果たしている、ということになるだろうか。

　東園子は自著『宝塚・やおい、愛の読み替え』にて、ルーマンの「親密さのコード化」論を援用した際、次のように説明している。「日常生活で発生する自他のさまざまな感情や言動に対する社会的に定められた理解の仕方がコミュニケーションのコード」であり、私たちは「いわば常識として共有している」「それに基づいて相手の感情を推測したり、自分の感情を示したりしている」のだと。原典を一度咀嚼してあるのでわかりやすい。

　ごくごくシンプルな水準の例を挙げるなら、自分の言動に対する相手のリアクションがニコニコと笑顔いっぱいなのであれば喜んでくれている、逆に口をへの字に結んで黙ってしまったら機嫌を損ねた、そう解釈することは、いわば常識だが、その解釈を導き出す機序こそが、私たちが社会的に共有している親

密な関係性についてのコミュニケーションコードなのだということになる。相手が自分と手をつないでくるなどの身体接触をともなう行動に出た場合などは、そこに何らかの好意を読み取ることが妥当だったりすることも然り。もちろん自分が相手に気持ちを示す際も同様だ。

このように社会で共有されているコミュニケーションのコードに合わせて私たちは他者と関係しているし、そうした社会生活のメソッドの反復的な蓄積を通じてコードもまた強化再生産的に再編されてくだろう。前節で重用したゴフマン理論の用語で言えば、社会的相互行為の場の相互行為秩序を編成するプロトコルとして、これらコミュニケーションのコードが介在している、と言うこともできるかもしれない。

そしてこの「親密さのコード化」論から、特に本節の文脈に引きつけて、その要諦を抽出するなら、次のようなところだろうか。

現代の私たちは、同性どうしの親密性を見かけたときにはそれを「友情」と、そして男女が親密にしている様を目にすればそれを「恋愛」と捉えることが、便宜的に習慣化しているが、これはそのように理解することを促す解釈コードがこの社会で共有されているためである。そうして親密にしている当事者にあっても、コレは恋愛だなと察知するや、ならば次の行動はこうすべきなのでは？　などと、一定のコードに即してコミュニケーションの展開を予測・斟酌・期待等々していくことになる。それゆえに「友情」と「恋愛」では、各々社会的な位相を異にする現象として立ち現れてくることになるのである。

## 「恋愛」と解釈される関係性

となると「恋愛」とは、その当事者の親密性を解釈するコードに基づいて「恋愛」だと理解され、「恋愛」を規定するコミュニケーションのコードに沿って、その様態が定式化されているもの、と捉えることができてこよう。実際には多様な内実の個々の親密なコミュニケーションの関係性について、ある一定の基準に該当するものを包括的に恋愛と呼んで切り出しているにすぎない、と踏み込むこともできるだろう。

前掲書での東園子もまた「おもに異性間の親密さを感じさせる言動や情動を恋愛感情に由来するものとして定め」そうした「事柄を恋愛に関することとし

て解釈したり表現したりする際の参照基準として用いられる」のが恋愛を解釈し規定するコミュニケーションのコード、すなわち「恋愛のコード」であり、「人々は恋愛のコードに習熟することで、恋愛とはどのようなものか、どのような感情や行為が恋愛の範疇にあるのかを知るようになり」「恋愛のコードに則って人々がコミュニケーションを行うことで、恋愛という現象が成り立っている」と解説している。

　要はそういう「社会的に共有された文化的なパターン」を通して、その親密性があたかも「恋愛である」というふうに見えてくるわけだ。平たく言えば、同性で仲が良いのは友情、男女で親しく睦まじいのは恋愛、そのように読み解くことを標準化している解釈コードが現行社会では卓越的だから、そういうことだと決まっているのだと言える。

　そして友情なのであれば性的な親交はともなわないものであると措定され、逆に恋愛であったならば性行為も視野に入れた関係性の進展が望まれるものであるという前提での交際となるのも、それをあたりまえだとするコミュニケーションのコードが、私たちの生活の隅々に敷設されているからということになる。

　であるからして各人は、何か惹かれる・もっと親しくなりたいと思った相手が異性だった場合には、これは恋愛か！　という解釈を否応なく迫られ、それに即した相手へのアプローチを強いられる。周囲もまた、あいつらは付き合っているという解釈のもとで、両者が恋愛関係にふさわしいふるまいのもとで親密度を上げていくことを期待する。こうして「恋愛」という事実がひとつ出来上がる。

　さらには、この「恋愛」というコードを当てはめるのが通常は妥当するような好意感情・親密欲求の実態がもしも同性間だったときには、同性だけど恋愛、すなわち同性愛だという、異性愛のアナロジーへと、異性愛を前提とした恋愛のコードによって、これまた自動的に回収されてしまうわけだ。

　恋愛とは何か、何がどうなっていたら恋愛なのか。つまるところそれは、かように社会の中で解釈され、意味づけられていくプロセスにすぎなかったということになる。解釈コードと言うなら、前節で心の性別とされるものの内実がじつは各人の自己呈示に対して他者が性別を解釈していることが核心だった

件もまた、一定の自己表現をジェンダーイメージに引きつけて解釈するコードだったと言える。他者から解釈される性別属性に従って各人が男らしく・女らしくふるまうことを役割期待されるのもまたコミュニケーションのコードの要請だということになる。同様に、友情や恋愛という「性的指向」にまつわる案件として取り上げられる事項にも、社会生活を統制する親密さのコードがかかわっていたわけだ。

　ルーマンの慧眼を用いることで、友情／恋愛という二分法は、このように脱構築できるのである。

## 恋愛のコードをアップデートしたい

　特定の親密な関係性を「これは恋愛だ」と定義するしきたりが、現行社会で共有されているコードに依っているだけだとすると、闇雲に従わされるのが窮屈だという気づきもたやすくなるだろう。異性愛主義といえば、第一には「恋愛は男女で」という同性愛排除の規範であるが、そのB面として「男女であれば恋愛でなくてはならない」もあり、このことが多くの親密な関係性の可能性の芽を摘んでいるのはもったいない。コードをアップデートすれば、親密な関係性のありようも、現在とは別の形になりうるのだ。

　では、現行の親密性にまつわる社会的コードは、どのようにアップデートが可能なのだろうか。ドラスティックな転換は難しいし、無理に進めても混乱を招くだけではある。「身体の性別」「心の性別」と同様、この「性的指向」とされるものをめぐる諸案件もまた、一朝一夕には変え難い。複雑な人間社会における諸問題は、どのようなジャンルであれ、理想をひとつ掲げながら、地道に現実と向き合っていくしかない。

　筆者の娘なぞは、新たなオルタナティブを実践に移してたりもするようだ。端的に言うと、筆者の娘には「ただの友達の男子」がやたら多い。「男女だけれども恋愛ではない」の可能性が果敢に試みられているわけだ。通常は同性の親友と呼ばれるような関係性を上手く紡いだ相手もいるようで、これはこれで、なかなか有意義な親密性の実践だと言えるだろう。ただ、やはりさまざまな困難がともなうこともしばしば痛感しているようでもある。もとよりこうしたケースは世間一般で大きなムーブメントになるには至っていない。

## 「好きの多様性」を展望する

　しかし2010年代に入ったあたりから、フィクションの世界では旧習に囚われない試みが目立つようになってきており、これらが非常に興味深く示唆的だ。

　日本のポピュラーカルチャー界隈は、性の多様性にかかわるジャンルがもとより先進的だったりする。今日では「男の娘」もののようなカジュアルな形でトランスジェンダーが活躍するジャンルも人気である。さらに「ＢＬ」や「百合」ジャンルの興隆もめざましく、そこでは同性間の親密な関係性のバリエーションが数多く追究されていたりする。

　そして、そうした傾向のうちに、幾人もの登場人物の間に多角的で複層的な親密性が折り重なる中でストーリーを進行させる物語も登場してきている。

　例えば図3はアニメ『響け！ユーフォニアム』公式サイトにあった登場人物相関図なのだが、なかなかのっぴきならない複雑さなのが一目見ても明らかだ。

　『響け！ユーフォニアム』は、高校の吹奏楽部が舞台の青春群像劇で、全国大会をめざして切磋琢磨する若者たちのみずみずしい日々が活写された物語である。京都アニメーションが2015年に制作したテレビアニメシリーズは高く評価され、現在までに続編のテレビシリーズや総集編と新作を織り交ぜた合計4作の劇場版が制作されている。原作となる小説の執筆者である武田綾乃は1992年生まれの女性ということで、若い世代独特の感性が作品全体に行き渡っており、それらはアニメ版にもいかんなく反映されている。そして、登場人物たちの人間関係の設計にも、そうした斬新なセンスは余すところなく活かされてるのである。

　図のとおり、1年生である主人公・黄前久美子には、気になる幼馴染の男子・塚本秀一がいる。が、この2人、作品の途中で恋人どうしになる展開もいったんあるにはあるものの、結局は互いに頼れる心強い存在という関係を維持したまま、恋人どうしという名目は解消する選択をする。各々相手が大事な存在ではあっても、男女で付き合うという感覚がいまいちしっくりこない2人なのだと読める。したがってこの2人の恋愛成就をめぐるプロットは、物語の一部には含まれるものの主軸では決してない。

　むしろ主人公・黄前久美子と深い絆で結ばれ、作品の中核となる関係にある

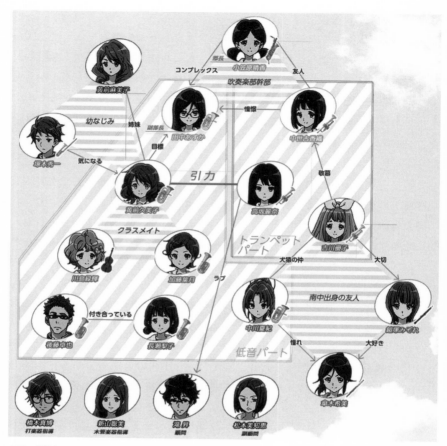

図3 『響け！ユーフォニアム2』登場人物相関図（TVアニメ『響け！ ユーフォニアム2』公式サイトより）

のは、図では「引力」と書かれてつながれている高坂麗奈のほうだ。互いの存在が互いを変えて世界を広げる。それゆえに互いの大切さも増していく。そうした久美子と麗奈の深くも強い親密性が紡がれていく様子は、まさに物語の芯となって存在感を示している。

　一方で図では「ラブ」とあるように高坂麗奈は吹奏楽部顧問の先生に心酔している。つまるところ女どうしの絆と異性愛関係、こともなげに両立する形で、どちらかが（一般的には異性愛関係のほうが）優越するという発想とは距離を置

いた作劇となっているのである。

　さらに黄前久美子は、同じ担当楽器（作品タイトルにもなっている「ユーフォニアム」）パートの３年生の先輩・田中あすかに不思議と惹かれるものを感じ、これまた相応に濃度の高い魂の交流を作っていくことになる。

　そしてそんな田中あすかへと尋常ではない巨大な感情を寄せるのが同じ３年生の中世古香織である。香織にとってのあすかの存在は質量ともに既存の「恋」などの語彙を凌駕するものとなっている。

　かたやこの中世古香織を猛烈に崇拝するのが２年生の吉川優子。その優子にとって、同じ２年生の中川夏紀は犬猿の仲という名のベストバディであり、心の深いところでたしかな信頼関係にあると言える。さらにそんな優子が気にかけているのは、少しワケアリで心を閉ざしている鎧塚みぞれ。放っておけない気持ちを禁じえない相手なのだ。

　そうして鎧塚みぞれの並々ならない高い密度の、かつ真っ直ぐな思慕の対象はといえば、物語進行上の謎のひとつを抱えている傘木希美。みぞれと希美のもつれた赤い糸が、少しずつ解きほぐされていくプロセスはストーリーの重要な要素となり、劇場版アニメの１本はこの２人のために割かれたくらいである。

　このように『響け！ユーフォニアム』では、登場人物間での相手を想う気持ちの矢印が、驚くほど多種多様に飛び交っている。そのいずれもが、相手を「好き」な気持ちであるのは間違いない。しかしそれらは単純に「異性だから恋愛」「同性だから友情」のように判じられるものにはなっていない。同じ人物から複数の人物へ矢印が向かう場合でも、相手の性別にかかわらず、そのひとつひとつがすべてそれぞれ内実が異なる「好き」なのである。

　じつに、好きの数だけ好きの種類がある。とても恋愛かさもなくば友情かのような単純な類型には収まるものではない。そういうふうに描かれているわけだ。

　すなわち「好きの多様性」である。

## 「好きの多様性」の可能性

　これらフィクション作品で描かれる「好きの多様性」、しかしこれらは本当に創作の世界だけの話だろうか。むしろ現実世界のさまざまな親密な関係性

が、じつはこのように多面的・多層的に輻輳していて、複雑怪奇なほど多岐にわたっているのだということを、的確に活写しているだけなのではないだろうか。1992年生まれの女性というプロフィールの原作者・武田綾乃の感性からすれば、オーソドックスな男女の恋愛物語のパターンに従うほうが因習的で物足りなく、むしろこうした「好きの多様性」のほうが現実に自然で無理のないものに思えるのだろうという推察も可能だ。

　そして、この視角から顕になるものは重要だ。「好きの多様性」コードでもってすれば、例えば前述した筆者の娘と「ただの友達の男子」らとの関係なども、単に波長が合い相性が良く互いに惹かれ合う間柄、ただそれだけのものとして、本人らも葛藤なく、周囲もごく自然に受容できるようになるだろう。

　俗に「男女間の友情は成立しない」などとはよく言われるが、それは本質的に真なのではなくて、「男女間の友情の成立」を継続的に実現させることができないくらいに、それを阻害する要因が周到に執拗に敷設されている社会環境にあるために、結果として事実上真にさせられてしまっているというのが実態だろう。その基底には「男女間の友情」がありのまま読み取られるより前に適用され、解釈を導出してしまう恋愛のコードが根を張っている。筆者の娘の実践につきまとう困難というのも、要はそういうことなのではないか。「男女間の友情は成立しない」ことによる社会的損失がいかばかりなのか、そんなことが真面目に計算されたことはないとしても、それが「好きの多様性」によって解消されるとすれば朗報だ。

　二者間の関係性をどう捉えるかが、現行の解釈コードによって恋愛や友情といったところに定型化されているのをあらためるなら、そのためのコードのアップデートとして「好きの多様性」はまさに至高の最適解ではないだろうか。

　少なくとも、『響け！ユーフォニアム』のように、物語が「好きの多様性」に立脚している作品は珍しくなくなりつつある。東園子は前掲書でルーマンの原典も参照しながら「恋愛のコードを人々の間に広める役目を果たしているのが恋愛物語である」「人々は恋愛を描いた物語に接することで恋愛のコードを学んでいく」と述べていたが、たしかにかつての少女漫画の典型というイメージがある男女の恋愛成就の過程を追ったストーリーなどは、いわば恋愛のコードの教科書として機能しただろう。しかし、だとしたら、物語が「好きの多様

性」に則っている作品が増えれば、当然に人々が学習するコードの内容も別の
ものになっていく。そこに大きな可能性があるのは疑いない。

## 「好き」を男女で切り分けない

　「好き」が多様であり、ひとりひとりからの「『好き』なあの人」各々に対し
て望む関係性もまた多様だというのが「好き」の真相なのだとしたら、相手が
「異性」か「同性」か、したがって「恋愛」であるのかそれとも「友情」なの
か……等々にこだわらずに、いろんな「好き」の形が成立してしかるべきな
のは自明である。多種多様な親密欲求を「異性」「同性」「恋愛」「友情」などの
概念で切り分ける必要があるのかと言われれば、もはや甚だ疑問であるし、そ
もそも可能なのかとなると、じつは不可能だろう。

　従来は恋愛のコードが機能することでそれを可能に見せかけていたのだとす
ると、その社会システムはいささか複雑性を縮減しすぎていたと言える。「異
性」との「恋愛」が他に優越する特権的地位にあるように仕向けられていたの
も同様で、決して絶対の正当性を持つ価値基準ではないのだ。

　思えば、「男女が1対1で付き合う」＝「恋愛」で、それこそがあらゆる人
間関係に優越する至高の関係性だ……のような呪縛から抜け出し、もっとフレ
キシブルなネットワーク型の人間関係を育めるようにしたほうが、誰もが豊か
に幸せに人間関係を充実させられるはずだ。一般的社会通念に適った異性愛の
カタチにおさまる「好き」だけが特権的な価値を社会的に付与されている現状
が改革されることは、「非モテ」をはじめとする現行の恋愛をめぐるさまざま
な生き辛さのソリューションとしても大いに期待できる。対人関係のルール、
もしくは人と人の間柄を捕捉するための解釈コードが、「男女」という概念を
通じて厳然と仕切られている現状は、あまりにも窮屈だ。相手に応じた個別の
親密な関係、その質的多様性の実現によって、人と人とのつながりかたの可能
性バリエーションが広がることは切に望まれる。

　いわゆる「友達以上恋人未満」いう言葉もまた、旧来の恋愛のコードに則っ
た言い回しのひとつだったと言える。親密感情を一元的なものと置いて、数直
線上のどこかに「一定要件クリア」点を定義し、ソコを越えたら「恋愛」それ
までは「友情」……のように捉えるのは、「好きの多様性」から見れば、あま

りに安直すぎるだろう。

　既存の恋愛のコードは、男性ジェンダーを割り振られている人と女性ジェンダーを割り振られている人とが、恋人として「付き合う」以外の方法で親密に交流することを不可能化し、以てこの世界における「男女の分断」を引き起こし、両者の間に断絶の壁を築くことで双方のディスコミュニケーションを生成しているという側面もある。それが各種の性別役割規範などと結びつき、さまざまなジェンダー問題・性差別の温床となっていると言っても過言ではなかろう。社会的悪影響の幅広さという点では、単に「性的指向」をめぐるイシューにとどまらず、非常に根が深い深刻な問題と捉えるべきだ。「好きの多様性」をもってして、そこのところをドラスティックに転換するクエストの意義は存外に大きい。そのことに鑑みるなら、既存の恋愛のコードはジェンダー問題のラスボスと位置づけてもよいくらいだろう。

　思えば筆者のライフヒストリーにおいても『女が少年だったころ』や『女子高生になれなかった少年』に記されている苦悩の核心は対人関係にある。それも「いわゆる恋愛として好きだった女の子とは自身が男らしくふるまうことができずに上手く恋人関係になれなかった」のようなものというよりは、お互いに憎からず思いあいつつも、自分たちにとって最も心地良い関係性を当時の各々のジェンダー属性に沿った親密性のコードが許すところへ落とし込むことがどうしてもできずに、適切な交際の形が見出せなかったというようなものばかりである。

　つまり筆者のトランスジェンダーとしてのライフヒストリーにおいて「もし当時から女の子でいられていたら」という仮定から出てくるものには、「可愛らしいグッズを使えたのに」から「進路の悩みもなかったのに」等々の他に、「心惹かれたあの子と普通に同性として友達になれたのに」あたりの事象も見逃せないということになる。

## 「好き」はどのように多様なのか

　ここで、もう少し別角度から補足してみよう。

　以下の説明はあくまでも現時点で筆者が暫定的に考えた便宜上の仮のものであり、これこそが「好きの多様性」の真理であるというわけではない。むしろ

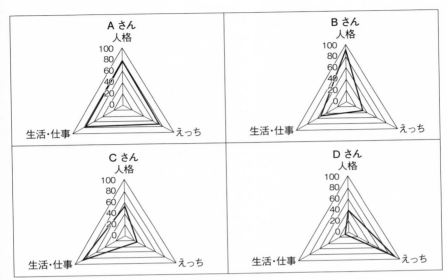

図4　仮説「好き」グラフ

かなり雑駁に単純化した説明であるという点は、ご理解・ご容赦いただきたい。そのうえで、簡潔にイメージを整理していただければ幸いである。

　この図4ではある人物からのA〜Dさんへの「好き」の具合が、「人格」「生活・仕事」「えっち」の３項目についての指数に分けて、レーダーチャートとしてグラフ化してある。「人格」項目はいわば価値観や主義主張などにおいてウマが合い、人生を語り合える心の友としてふさわしいかどうかの度合いだと考えるとよいだろう。「生活・仕事」項目は、共同生活を送るうえでのスタイルやセンスの合い具合、あるいは仕事のパートナーとしての阿吽の呼吸がどれくらい可能か等々と考えるとよい。生活と仕事は分けたほうがよいかもしれないが、ここでは簡潔さを優先してひとつにまとめた。「えっち」項目は、便宜的にこのような項目名になっているが、これはつまり性行為の相手としての好適さ、ないしは自己の性的ファンタジーを具現化してくれる依代としての適合率のようなもの、要は性的な相性である（したがって本節の前段で「恋愛」とは分けて考察した「性的興味関心」の要素も、ここではふたたび渾然一体としてくる）。

　これにしたがってチャートを見ていくと、この人物からの好意感情は、Aさ

んが全項目まんべんなく数値が高い。何もかもがとても好きな相手ということになる。まさにパートナーとしての理想像である。

　一方Bさんは「人格」については申し分ない。魂の深淵から惹かれるものを感じる相手。宇宙の真理に肉薄する哲学的な会話が可能な稀有な人。例えばそういう存在に感じられているのではないだろうか。しかし「生活・仕事」の数値はかなり低い。うっかりいっしょに同居したりしたら、Bさんがマヨネーズの蓋をしっかり閉めないまま冷蔵庫に入れてしまうようなことが続発して幻滅、果ては口論になるかもしれない。仕事の仲間であっても、いろいろな段取りの立てかたが合わずに難儀することが懸念されよう。「えっち」についても同様に低い。

　逆にCさんは「生活・仕事」だけがすこぶる高い数値になっている。共同生活のスムーズさ、仕事に協力して取り組むときの効率のよさ、そうした点では最高のバディになれるだろう。ただしそういう領域とは重ならない部分、物事の考え方なり思想信条といった話題になると行き違うところも多そうだ。間違っても政治の話題などはしてはいけないだろう。余暇の過ごし方や身の回りの品の選好なども文字どおり趣味が合わないはずだ。「えっち」の指数も低いので、セックスの相手として不向きなのは言うまでもない。

　そしてDさん。逆に「えっち」だけがすこぶる高得点である。現行基準ではいわゆる「セックスフレンド」と呼ばれる関係性に落ち着くことになる相手だろうか。一般に現行社会の恋愛のコードのもとにある価値基準では「愛のないセックス」は批判されるものではある。だが「好きの多様性」をもとに「好き」の内実が相手の数だけあると捉えるのならば、こういうタイプの「好き」を感じる相手との、その好きと感じる要素に特化した関係性というのも、ある意味合理的だと評価できてこなくもないだろう。望まぬ妊娠や感染症に注意しないといけないのは当然としても、性行為をめぐる倫理自体はアップデートの対象に含むべきではないだろうか。

　というわけでこのとある人物からの好意感情は、一口に「好き」と言っても、Aさん、Bさん、Cさん、Dさん、その各々に応じてまったく違う内実だということがわかる。単純に相手が異性か同性かで恋愛だ友情だと短絡して済ませられる様相には収まらないわけだ。

　いかがだろうか。このように簡素化した説明でも好意感情にはいろいろあることがわかる。実際には項目は３つでは済まないだろうし、相手から自分がどう思われているかについても、同様にこうした複雑なチャートで表されるものがある。そうした複雑な組み合わせのもとで、現実の人間関係は折り重ねられていて、そこで交わされる好意感情のダイナミズムが、社会的相互行為の場のドラマトゥルギーを彩っている。

　相手をどのように好きか、あるいは相手からどのように好きと思われているか、それらの組み合わせの多様性のもとで、ひとりひとり相手ごとの親密性を育んでいける社会は、今よりももっと自由で生きやすいはずだ。そのように考えることで得られる気づきは、思った以上に重要なのではないだろうか。「異性」「同性」「恋愛」「友情」というような定型化された桎梏を超克していく意義は大きいのである。

## 「恋」は精神状態

　ところで「好き」が多様で、さまざまな親密欲求・好意感情の中から「恋愛」という事象を切り出すのは親密性を解釈するコードという社会システムの産物にすぎなかったとして、しかし自分が恋愛に陥ったときのあの気持ち・心のときめきのようなものは、まごうことなき真実として確かにそこに在った……という意見もあるかもしれない。

　それはわかる。

　筆者がかつて恋に落ちた体験をふり返っても、それはそのとおりだ。高校３年生のとき、１年生の後輩として出逢ったあの子。ひと目で気持ちを奪われてしまい、その子のことを考えるだけでドキドキし、毎日がときめきに満ちたものになった。寝ても覚めてもその子のことが頭から離れなくなり、会えない日は切なく、どうやったら距離を詰めてもっと仲良くなれるのかに思いめぐらすこともまた、心狂おしい体験だった。今となっては大切で愛おしい青春の１ページだ。

　となると、じゃぁそれは「恋」じゃないか、やはり「恋愛」はあるのではないのか、という訴えも正当性を帯びてくる。これはどうしたものだろうか。

　これは私見であるが、「友情」と対置されるところの「恋愛」が、親密性の

コードによって解釈された好意感情や親密欲求に基づいて欲望される関係性の種類だとするなら、対して「恋」のほうは、上記のような個々人のドキドキ体験自体が「恋」なのだと捉えるとよいのではなかろうか。つまり「恋愛」概念は相手と結びたい親密性の種類を表すものである一方、「恋」は相手を「好き」でたまらなくなったときの本人自身に内在する心身の状態のことを言っているのだと。

「恋愛」の語は関係性のカテゴリー分類を表していて、対して「恋」は人の心因的な状態に対する名称であり、要は言葉のジャンルが違うとすれば、「恋愛」の仮構性と「恋」と呼ばれてきた心身の状態が現に実在することの両立は可能だ。

しかも、このように捉えると、その「恋」に該当するような人の心身の状態は、「好き」になった対象であれば、異性であれ同性であれ、あるいは物や事に対してであってさえ「恋」と呼ぶことが可能となり、「好きの多様性」との親和性も高くなる。とても惹かれた同性といわゆる友情として親しくなりたいと強く思って心がざわつくのも、じつは本質的には「恋」。あるいは何か新たに始めた趣味にときめいてしまい、例えば釣りなら釣りに出かける日、鉄道模型なら模型ショップへ行く日、そういった新たな体験を積むことを思い浮かべてそわそわするようなことも「恋」。応用範囲は広いと見てよさそうだ。

「恋」という精神状態を解釈するのも社会的なコミュニケーションのコードだと言うこともももちろん可能だが、「恋愛」は社会関係、「恋」はひとりひとりの心理と仕分けることは、思いのほか有益だと筆者は考える。

## 「結婚」という制度を疑う

さて、先述のレーダーチャートで「好きの多様性」を説明したときの具体例として挙げたA〜Dさんだが、これがもし一般的に言うところの結婚相手の候補の異性であったらどうだろうか。

Bさんは「人格」にかかわる相性だけはすこぶる高かった。しかし生活にかかわる指数は低いので、通常は同居して共同生活を送るものだとされている結婚においては、各種の軋轢を生じる懸念は大きい。先ほど挙げたマヨネーズの蓋の例などの他、現行のジェンダー役割規範のもとでは家事や育児の分担につ

いても不満が出るかもしれない。また「えっち」の項目も低スコアなので、これはいわゆる「セックスレス夫婦」の問題が生ずる。

　Cさんは逆に共同生活はスムーズだろうが、「人格」面での交流がない結婚は味気ないという意見も多く出よう。「えっち」も然り。

　その「えっち」だけになってしまうDさんについても、結婚する2人がそれだけの結びつきなのは不適切だという感想は、やはり一般では卓越的だろう。

　となると現状、結婚相手として理想なのは、Aさんのような「好き」のパターンな相手が異性である場合のみということになる。

　そう考えると、しかしそれはものすごくタイトな条件である。3項目（に便宜上簡素化したにもかかわらず）まんべんなくスコアが高い相手と出逢い、しかもそれが異性でなければならない。あまつさえ相手から自分に対しても同様に思われている必要がある。となると、そのような希少な存在と出逢い、既存の恋愛のコードに沿って親密になり結ばれるというのは、相当に難度が高いことになる。俗に「結婚は妥協だ」などと嘯かれるのもうなずける。

　逆に言えば、どこかを妥協しないと不可能なくらい、厳しい理想像が条件に課されているのが現行の結婚制度なのだということになる。親密に結ばれた2人の深い絆に基づく関係性を祝福し支援し福利を与えるのが結婚制度の本来なのだとしたら、現状はむしろ結婚制度の枠組みを護持するために個々人が犠牲になってしまっているとも言えよう。

　ならば、そこまでして「結婚制度」を絶対の正当性を持つものとして社会の基盤に敷設しておく必要があるのか、という問いは当然に出てくる。というか、早くからフェミニズムが問うてきたテーマでもあろう。筆者の書棚を軽く漁っただけでも竹村和子『愛について』や牟田和恵『ジェンダー家族を超えて』などがこの視角からの論考を深めている。これらをほんの一部として、家族社会学などの分野での研究は、すでに進んで久しい。そこでは「家父長制」が批判的に語られたりもしてきた。日本の場合「戸籍制度」との連関もあるだろう。そういったものがある種の権力機構、ないしは支配体制といったものとつながりつつ、一組の男女がつがいになることが推奨され、公に認証されてきたわけだ。

　ひとことでまとめるなら、ある種の社会秩序として、男女が婚姻関係になっ

て性行為や家族生活の単位となることが標準モデルとしてヘゲモニーを握っている。それが素晴らしきものと指定された「結婚」として制度化され、万人に促されているということになるわけだ。一定の権力作用として暗に強制されていると言ってもよい。

## 戸籍を廃止し結婚制度をなくしてみる

　もはや言うまでもないかもしれないが、現行の結婚をめぐる各種の制度等々と「好きの多様性」はすこぶる食い合わせが悪い。その意味では、今こそ「結婚」や「家族」をめぐるシステムを、この新しい観点に沿うように見直すことが喫緊の課題として求められていると言える。

　戸籍制度を革新し、個人単位のデータベースに移行することは、まずは望まれるところだろう。戸籍の背後にあるイエ制度は、文化としては否定しきれない部分もあるにせよ、公的機関が管理する情報からは外せばいいのである。そうすれば、さらに婚姻を公的機関に届け出るものではなくすというところまで思い切るのも容易になる。

　婚姻、つまり結婚というものも、文化としてはあってもよいだろう。「ケッコンしました」と言いたい人たちがそう言えることは大切だ。しかし、それを市役所に届けようとしても、そもそもそういう公的な届けは存在しない、いわば「勘当」と同じようなものになればよいのだ。

　現在の日本では「勘当」には法的根拠はない。いわゆる頑固親父が道楽息子を「勘当や！　親子の縁を切る‼　出て行け〜っ」と言うだけならできるが、それを公的機関に届け出て戸籍を訂正し法律上親子でなくすような仕組みは実の親子の間には用意されていない。結婚も法的にはそういうものにすぎなくなればよいのだ。

　あくまでも本人たちが文化としてケッコンしたと自称しているだけ。そのことが周囲から肯定的に認知され祝福されるのは、それはそれでよし。でもそれだけ。特に法的に優遇優待されたりはしない。

　そういうものであれば「結婚は愛し合う男女がするものだ。同性どうしでするのはオカシイ」という人がたとえいたとしても、同性カップルが被る不利益は今ほど大きくはならないだろう。というより、法的に国家が個々のカップル

の婚姻には介入しないのだから、同性カップルであれ異性カップルであれ、結婚したという形に収まりたいカップルにとっては、単に「ケッコンしました！」と言ったもん勝ちなのである。異性愛夫婦なら得られる公的な特典もないのであれば、同性愛者だけがことさらに差別されていることにもならない。

　たしかに、異性カップルなら公式に結婚できるのに、同性カップルにはそれが認められないのは差別である。その意味では同性婚が認められるように世の中が変わっていくのであれば、その方向性は喜ばしい。しかし本稿で見てきたように「結婚制度」自体を懐疑的に捉えてみるなら、このように「異性婚もできなくする」という改革は（よくある「最低賃金の低さのほうに合わせて生活保護の金額も削減する」的な「低いほうの基準に合わせる安易な施策」とは似て非なるコンセプトなのであり）じつに積極的な意義がある。

　この他にも現在は議論がなかなか進まない選択的夫婦別姓制度の件も、案件自体が消滅して解決する。このように結婚「制度」を廃止することは、存外に多くの人にとって吉報ではないだろうか。

　いわゆる少子化問題もそうだ。現在のような「まず結婚しなければならない」状況がなくなり、次項で挙げるような多様な形の家族が認め合える中でなら、出産へのハードルも下がる。そのような多様性対応の仕組みこそが、むしろ少子化の解決の鍵なのではないだろうか。「同性婚を認めたら少子化が進む」のような意見は、単に的外れで頑迷なアナクロニズムにすぎないのだ。

## 多様な「好き」に対応した家族の再定義

　結婚が制度としてはなくなり、現在のような核家族の単位でもなくなるとなれば、「家族」の再定義もなされることになるだろう。

　行政サービス的には「特定親密圏届」みたいな名前の書類を市役所に提出すればよいくらいなのが順当ではないだろうか。要するに「このメンバーで家族になります届け」である。1対1の婚姻関係にこだわらず、さまざまな次元の親密圏がフレキシブルに共同生活の単位になれるとよい。

　それなら現行制度下で婚姻が認められている異性カップルはその形態のまま届け出ればよく、一方で同性カップルが公に認証されるという形に近いものにもなるだろう。あるいは仲の良い友人どうしのシェアハウスの可能性も今より

ずっと広がる。あらゆる親密圏のスタイルが「家族」として公的に否定されず認められることは人権上高く評価できる。何よりポリアモリーの人たちが各自に合った家族の形を創出する自由も得られるというメリットの大きさは、意外とこれまで見過ごされがちだったポイントではないか。

　いろいろな家族のカタチがあってよい。現行法ではなおざりにされているこの点は、もっと最大限尊重されるべきなのだ。日本国憲法第24条は、むしろそういう立法をこそ求めている条項だろう。

## ポリアモリーの大きなポテンシャル

　性の多様性の話題の中でも「ポリアモリー」の系統については（「バイセクシュアル」系などよりもさらに）後回しになりがちである。どうしても難度が高いので「LGBTの基本のキからお話しいただきたい」のような講演依頼の場では省かざるをえなかったりする。しかしそれだけに、性別も超越した「好きの多様性」の未来を展望するには欠かせないポテンシャルを持つテーマだとも言える。

　現行の一夫一婦制の単婚、すなわちモノガミーをベースにしたカップル観では、男女の、あるいは同性であっても、恋人関係は1対1であるべきというモノアモリー規範が支配的である。対して、恋人関係をひとりに固定しないあり方、1対1にこだわらない恋人関係を実践することや、そうした人たち。簡潔に説明するなら、これがポリアモリーである。ポリアモリーを公表して活動しているきのコ氏の著書『わたし、恋人が2人います。』なども参考にしたい。深海菊絵『ポリアモリー　複数の愛を生きる』も有用だ。

　殊に性関係を二者に固定しないことに特化した言い回しとして「オープンリレーションシップ」などもあったりするし、細かな分類に対応した用語は他にもあるが、便宜上とりあえず本稿では非モノアモリーな親密圏を志向するケースを包括的にポリアモリーと表記しよう。

　当然にモノアモリーを自明とする現行社会の中ではポリアモリー的な人間関係の実践は困難を極める。きのコ氏らが懊悩した日々もそがゆえである。しかしモノガミー前提の結婚を公式の制度としなければ、そうしたアンチポリアモリーな風潮も退く方向に動くだろう。

そも「浮気だ」「不倫だ」と、一般的な婚姻や恋人関係が形式的な危機に陥るのも、モノガミー規範、モノアモリー規範がゆえである。多くの人がそこに囚われて、最善の関係性をマネジメントする発想を奪われてしまっているとも言えるだろう（裏面には、いわゆる夫婦の心が冷めてしまっても法的な婚姻関係は簡単に解消できない制度上の問題もあるだろうが）。ポリアモリーなコンセプトは広くもっと求められてよいはずだ。

複数婚。複数恋愛。そして「2人」に閉じない3人以上の恋愛関係。否、一般的な「恋愛」概念では必ずしも捉えきれないような親密な関係性。そうした広い意味でのポリアモリーがイレギュラーでなくなることは、「好きの多様性」のより豊かな実践の可能性を広げるものであり、性の多様性をより多くの人に啓蒙していくうえでも福音なのである。

## 「性の賞品化」を俎上に乗せる

現行のモノアモリー規範に基づいて異性の恋人をつくることに価値を置く関係性ルールや、それに則った親密性コードが強固な社会の諸問題を透徹するうえで、もうひとつ、「性の賞品化」という視角が重要となってくる（「性の商品化」ではない。むろんそっちも重要なテーマではあるが）。

この社会に「男らしさ／女らしさ」規範が強固に敷設されているのは、もはや言うまでもないだろう。そこでは誰もが「女」「男」いずれかの属性を付与されたうえで、その付与された属性に応じて期待される役割をプレイすることを強いられている。いわば「男らしさ／女らしさ」規範という名のゲームである。そんなゲームのルールの中で、たまたま資質に恵まれてハイスコアを出した人から順に与えられる prize に位置づけられているのが恋人、そして配偶者なのである、というふうに、さぁ、なってはいないだろうか!?

つまり、異性どうしひとりずつでつがいとなる結婚を自明視した社会通念に則った公の社会制度と、恋する相手と結ばれることに至上の価値があるという思想、すなわちロマンティック・ラブ・イデオロギーの悪魔合体で、私たちの「性」があまねく「賞品化」されている。換言すれば、この社会では、性愛は原則として「賞品」として供給されており、かつ「賞品」として入手したものこそが性愛として正統で尊いものとされている。そこでは「賞品」として入手

する以外の性愛は価値が劣ったものと評価され、あまつさえ性愛の入手を商品
としておカネであがなうなんてことは邪道だと、それ自体が半ば犯罪とみなさ
れるわけだ。

　そして、誰もが社会生活にコミットする限りはこのシステムから逃れられな
い以上、このことは万人の行動をいつもどこでも規制する結果になっている、
けっこう根が深い厄介な問題なのである。恋人そして配偶者という名の賞品と
しての性にありつくためには、誰もが「男らしさ／女らしさ」ルールを遵守す
るために汲々としないといけないとしたら！　しかも、なんとか上手くやって
いける人ならともかく「男らしさ／女らしさ」が不得手な人にあっては、この
ゲームをプレイするしか社会に居場所がないという状況は、すざまじい抑圧と
して機能することになる。

　第2章でも取り上げたいわゆる「非モテ」の問題などは、まさにそこだろう。
そうした非モテの問題はもとより、あらゆるジェンダーやセクシュアリティに
かかわる社会問題の源泉がここにあると言っても、これは決して過言ではない
かもしれない。

## 「性の賞品化」から多様性を取り戻す

　かように「性の賞品化」がシステムとして社会に敷かれているとなると、そ
れを維持したい側にとっては、LGBTなど多様な性を生きる人々が目の敵にな
るのも必然だろう。なにせ「男女」という前提が揺るがされてしまうのだから。
「賞品」の位置付けを覆してしまいかねないポリアモリーなどがもってのほか
となるのもうなずける。

　劇団雌猫による著書『誰になんと言われようと、これが私の恋愛です』を読
むと、さまざまなオタク的と呼ばれる属性を持った女性たちの恋愛や結婚をめ
ぐる諸相が多種多様に綴られている。アイドルやアニメキャラ等に心酔する事
例も、多々具体的に浮き彫りになっている。当然にBL作品だって範疇に入っ
ている。これらいわゆるオタク的な「好き」の追求の様相もまた「好きの多様
性」につながるテーマだと言える。が、やはりこれも現行の社会情勢のもとで
は、理解のない人からは否定的に反応されるなど、いろいろと面倒に行き当た
ることが多いようだ。

そしてここで「性の賞品化」ルールの存在という現実を念頭に置くと、男女を問わずオタク的とされるものが時に蔑視され迫害されがちな傾向があるのは、賞品となりうる実在の異性には恋愛的な関心を示さず、そうではない対象に夢中になっているからだという点が大きいのかもしれないという推論も可能になる。殊に男性アニメオタクと呼ばれるような人たちが現実世界での恋愛から遠ざかり、もっぱら二次元の美少女アニメキャラを愛好するようなケースに対しては、厳しい視線が投げかけられるのが通例である。これらが「性の賞品化」のゲームにそもそも参加しようとしないという違背行為だからだとすれば、なぜそれほどまでに疎んじられるのかの説明が上手くつくのではないだろうか。

このように「性の賞品化」の運用のためには、実際のところいくつもの「多様性」が抑圧され犠牲にされている。いわゆる性の多様性も、そしてじつに幅広い次元にわたる「好きの多様性」も、である。逆に言えば「性の賞品化」に着目することで、この恋愛あるいは性愛をめぐる現行の卓越的なシステムから、いろいろな「多様性」を取り戻すルートが、ひとつ明らかになってくるはずだ。

とりわけ、「性の賞品化」を批判する視角からは、よくある「性の商品化」を問題にするような場合には良いもの・尊いもの・正しいものの側に回ることが自明視されている「愛し合う者どうしの結婚」や「愛のあるセックス」も無謬たりえない。その背景としてのロマンティック・ラブ・イデオロギーや、基底にある男女二元制と異性愛主義まで含めて覆していくことができるのなら、大いなる変革の未来さえ展望できてこよう。

性がもっぱら非売品である「賞品」としてしか手に入らないというのはきわめて封建的であり、近代市民社会であるならむしろ性はすべて商品として売買されるのを基本にしたほうが自由で平等で民主的なのではないか、などと、たしかにいきなり言われると抵抗がある。現状をドラスティックに覆すことを実際におこなえば混乱は必至だ。しかし少なくとも思考実験のひとつとして、この「性の賞品化」から見えてくるものは望外に重要だと思われる。

「性の賞品化」レースの維持という要請がまずあり、そのために「恋愛」という社会的コミュニケーションコードが敷設され、それによって男女は恋愛して性行為に至るもの・それ以外には男女の親交はありえないという通念が醸成され、それに反するケースは、同性愛をはじめとしてすべて排除されることに

なる。そうして、そんな状況に適応できるよう、社会の構成員ひとりひとりが「男らしく」もしくは「女らしく」あるために汲々とさせられる。しかも「男らしく」の「女らしく」のどちらにするのかさえ本人が選べるわけではなく強制的に事前設定されている。

　この順序でジェンダーやセクシュアリティをめぐる規範群を捉えていくことは、視点の転換として重要である。一般に「身体の性別」「心の性別」「性的指向」という水準で語られるときなどでも、たいていはそのうちでも「性別」のいちばんの核心はまずは「身体の性別」にあると思い込まれていることがほとんどではないだろうか。それが誤りなのは本書の前節までを踏まえても明白なのだが、この本節での考察を加えることで、むしろ「性的指向」がかかわる諸案件こそが、いちばんの黒幕だったということが明らかになったと言えるのではないだろうか。

## 「恋愛対象にかかわる性別」ですらない

　以上のように、この４章第３節では第１節と第２節の「身体の性別」「心の性別」に続いて「性的指向」の淵底を検分してきた。「身体の性別」がいかに《身体を基準に付与される性別》であり、「心の性別」がどのように《本人の意思に基づく性別》であるかを詳らかにしたのと同様に、本節でも一般に「性的指向」と呼ばれている領域の深層に肉薄できたのではないだろうか。

　そのうえで、現時点からこの第４章冒頭、第１節の導入部を顧みると、「性的指向」を少しこだわって言い直した表現として提示されている《恋愛対象にかかわる性別》、これが今となってはあまり妥当とは思えなくなってくる。そのように含みをもたせた言い回しであってさえ、「恋愛」と「性的興味関心」は分けて考える必要があったことや、そして「好きの多様性」など、本節で見てきたことと突き合わせると、あまりに安直すぎるように感じられてくるのである。

　では代替案としては何が適当か。そこはぜひ読者諸氏において名案を捻り出していただけると幸いなのだが、いちおう筆者の責任として、一案を挙げておくなら《対人関係や性的欲求の充足をめぐる好きの傾向》あたりが、穏当な落としどころかもしれない。

　見てのとおり、もはや「性別」ではなくなっている。できない。たしかに「好きの多様性」の前に「性別」なんて無意味である。

## 「性別」もコーホートのひとつ

　ともあれ、この世界が「男女」という指標を何につけあらゆる場面で重用しすぎなのは、本書をここまで進めてきた時点としては、辟易するほど痛感するところだろう。

　男女いずれであるかという事実に「性別」という名前を与え、個々人の重要な属性として社会的な意味づけを与えている。そして、その習慣のもとで誰もが対人関係を営むことで、「性別」はつねに再生産されていく。そうした機序も本書は追ってきた。

　それをふまえて、ここでひとつ浮かぶアイデアは、「性別」という仰々しい捉え方をやめてみるというものだ。

　各種の統計・調査などでも調査対象者の属性として「性別」は当然に重要なものだとして盤石の地位にある。「性別」は「性別」なのだと別格・破格の厚遇である。これを必要に応じて調査項目に取り入れる他の指標群と同レベルにまで降格するのだ。

　いわば「ジェンダー・コーホート」である。

　世間一般での「性別」「男女」といったものへの認識が、せいぜい「コーホートのひとつジェンダー」程度にまで縮退すれば、現在の現実のようなジェンダーやセクシュアリティに対する異性愛主義や男女二元論的な抑圧も、かなりマシになるのではないだろうか。「男」か「女」か、それを重要な区分として社会が重用するのをやめれば、そんなものはただのそれだけの情報でしかなくなるというわけだ。

　さて、そろそろそういう方向で社会制度の改革に取り組む国は、どこかに現れないものだろうか。文化として「男女」概念はしばらく残るにしても、公の制度からは「性別」がなくなった社会。一度見てみたい気はする。

## わかりやすくない多様な性の混沌の、その先の未来へ

　というわけで、本書ももう大詰めである。

　「LGBT」を社会のありようとのかかわりの中で捉え、「性の多様性」を展望する姿勢を補助線に当てることで、私たちの「性」がいかに単純化されてしまっているかが見える、その一助になることができたのなら幸いである。

　人が「男女」に仕分けられる現在の社会体制の中では、各種のジェンダーに由来する諸問題も少なくない。そしてそれらについての議論はしばしば「男女の対立」に陥ってしまい、不毛な論争だけが激しくなり、抜本解決に至らないことも。そんなとき、その「男女の対立」構造自体を疑い距離を置いて仕切り直すために性の多様性の視点が有益となる。本書の内容が、旧来のジェンダー対立の改善に役立つのなら、その点も嬉しい。

　「性の多様性」への理解はまだその端緒についたばかりである。今しばらくは「わかりやすい説明」として「身体の性別」「心の性別」「性的指向」といった語を用いた解説は必要なものだろう。ただ、私たちはそれに安住してはいけない。ひとりひとりの多様な性の複雑で豊穣な内実は混沌としている。わかりやすく説明するなど到底できるものではないのだ。

　本当は「どういう身体でありたいか」「社会の中でどういう自己でいたいか」「誰とどんな関係性を結びたいか」のそれぞれについての、性にまつわるとされる要素も含めた、ひとりひとり各自の理想と現実のせめぎあい方、そのすべてのありようが「その人」である。これは、とても単純に２種類の性別に切り分けられたものではない。

　そして、それでよいのだとしたら、それでかまわないのであれば、誰もが、今これを読んでいるあなたも、どんな自分にでもなれるということである。

　人がむやみに「男女」に分けられることなく、出生時に割り振られる性別にかかわらず「ありのままのその人」が尊重され、そうして各人のさまざまな「好き」が保障される世界。これはやはり、遠いけれどもめざすべき理想である。

# Re: ゼロ歳から始める明るい(父親が)トランスジェンダー生活

## 僕らは今のなかで

「……というわけで俗に『身体の性別』『心の性別』『性的指向』って言われてるやつは、つまるところ全部が便宜上の言い回しで、実際にはそんな単純なハナシじゃぁないってところまで持っていけたらなぁって考えてる」

「なるほどなー。たしかに『どういう身体でありたいか』『社会の中でどういう自己でいたいか』『誰とどんな関係性を結びたいか』……って、男女どっちかみたいな性別概念に収まるもんとちゃうよな」

「そやろ」

「これはベストセラー間違いなし!!」

「いゃ～、それはどうかな。むしろ読む人を選ぶ本になっちゃってないかなぁ」

新刊原稿の梗概を語り終えると、いつしか満咲が部屋に来てから小一時間が経過していた。ふと、上空を飛ぶヘリコプターの音が聞こえてきた。地震の取材の報道機関だろうか。

「むしろベストセラー本、これからはミサキさんが書いたら?」

「えぇ～っ」

「タイトルは、そーやな、『Re: ゼロ歳から始める明るい(父親が)トランスジェンダー生活』とかどう??」

「またそんなしょうもないネタを」

「あながち間違ってもいないと思うけどなぁ……」

そんなこんなで娘・満咲との親子関係はこのような感じで続いている。もちろん「普通の」家族像には当てはまらないかもしれない。しかしこうしたやり取りや、相方も含めた戸籍上は親子3人での暮らしは、まさに女3人でシェアハウスしているようなノリで、なかなかに楽しく快適である。たとえ傍目からは親子3人に見えないとしても、これはまぎれもなく「家族」のひとつの形な

のだ。そして現在の私の各種の活動も、ここを拠点にいろいろと広がっているわけである。おそらくは、この先しばらく、こんな感じで私たちの毎日は続き、かけがえのない「今」が積み重ねられていくのだろう。

「お昼ごはん、どうするー？？　冷凍餃子ならあるけど」

と、相方がキッチンのほうから声をかけてきた。たしかにもう昼時が近い。今日は満咲は本来は大学に行っているはずだったので、予定外に３人揃った昼食である。冷凍食品を活用するのは穏当な選択だろう。ネットの情報によると、一部の地域では停電や断水が起きているようだったが、幸いにも我が家は免れていた。

「ＯＫー」

「今行くっ」

昼食準備の当番は、相方の厚意に任せることにして、私と満咲は簡潔に返事をすると、急いでパソコンまわりを片付けた。

## どんなときもずっと

そういえば、満咲が20歳に達して「未成年の子」ではなくなるまで、もうあとほぼ１年となっている。ということは、その時点で相方とペーパー離婚さえすれば、私も特例法、すなわち「性同一性障害者の性別の取扱いの特例に関する法律」の適用を受けて戸籍上の性別を女性に変更することができるということである。

「‥‥‥‥‥‥‥‥」

とはいえ、たとえペーパーであっても離婚というオペレーションは現状を大きく動かすことになる。離婚の届け自体も含めて、いろいろなところへの登録情報の修正手続きなども少なくは済まない。

「それは面倒くさいんだよなぁ」

たしかに公的書類上の性別も「女性」になるメリットは、それはそれで多々あるのだが。

「まぁ、当面は現状維持かな」

それでいいのだと思う、おそらく。

遠くの幹線道路のほうからは、ときおり緊急車両のサイレンが喧しい。やは

りしばらくの間は街は何かと落ち着かないかもしれない。

　とはいえ、こうした不意の天災も含めて、日常は続く。そうして、娘の成長も見守りながら、社会とつながり、暮らしていくそんな毎日。めぐる季節。重なる記憶。時間の流れの中で、刻まれていく瞬間は愛おしくも美しい。どんなときもずっと。

　「さてと……、せめてこの夏の間には原稿のここのところ終わらせたいなぁ。あと少し、もうちょっとで最終章にも取り掛かれるんやけど」

　新刊は可及的速やかに出したい。だが原稿執筆はなかなか一筋縄ではいかず難航している。満咲の卒論の参考文献にできるようなタイミングに間に合うようには出版したい──。この時点でもすでにこれが最終防衛ラインとして浮上してきていた。

　今後の原稿の作業を意識しつつ、私はファイルを閉じると、パソコンをスリープして、先に部屋を出た満咲を追って昼食に向かった。

## 参考文献

■文献

赤川学，1999，『セクシュアリティの歴史社会学』勁草書房

安藤大将，2002，『スカートをはいた少年』ブックマン社

東園子，2015，『宝塚・やおい、愛の読み替え――女性とポピュラーカルチャーの社会学』新曜社

Beauvoir,Simone De,1949, *Le Deuxième Sexe*, Librairie Gallimard（［訳］＝ 1966, 生島遼一『第二の性』ボーヴォワール著作集：第 7 巻 人文書院）

Blumer,Herbert,1969, *Symbolic Interactionism,Perspective and Method*, Prentice-Hall Inc.（［訳］＝ 1991, 後藤将之『シンボリック相互作用論――パースペクティヴと方法』勁草書房）

Butler,Judith,1990, *GENDER TROUBLE: Feminism and Subversion of Identity*, NewYork & London:Routledge.（［訳］＝ 1999，竹村和子『ジェンダー・トラブル』青土社）

ちぃ，2016，『花嫁は元男子。』飛鳥新社

Cooley,Charles Horton,1902, *Human Nature and the Social Order*,Schocken Books.

Cooley,Charles Horton,1909, *Social Organization*,Schocken Books.（［訳］＝ 1970, 大橋幸・菊池美代志『社会組織論』青木書店）

土井隆義，2009，『キャラ化する／される子どもたち――排除型社会における新たな人間像』岩波書店

江原由美子，2001，『ジェンダー秩序』勁草書房

深海菊絵，2015，『ポリアモリー――複数の愛を生きる』平凡社

劇団雌猫，2019，『誰になんと言われようと、これが私の恋愛です』双葉社

Girard,René,1961, *Mensonge romantique-et Vérité romanesque*, Bernard Grasset.（［訳］＝ 2010, 古田幸男『欲望の現象学〈新装版〉』法政大学出版局）

Goffman,Erving,1959, *The Presentation of Self in Everyday Life*, Doubleday Anchor.（［訳］＝ 1974, 石黒毅『行為と演技――日常生活における自己呈示』誠信書房）

Goffman,Erving,1961, Asylums,*Essays on the Social Situation of Mental Patients and Other Inmates*, Doubleday Anchor.（［訳］＝ 1984, 石黒毅『アサイラム――施設被収容者の日常世界』誠信書房）

Goffman,Erving,1961, *Encounters,Two Studies in the Sociology of Interaction*, Bobbs-Merrill.（［訳］＝ 1985, 佐藤毅・折橋徹彦『出会い――相互行為の社会学』誠信書房）

Goffman,Erving,1963,Behavior in Public Places, *Notes on the Social Organization of Gatherings*, Free Press.（［訳］＝ 1980, 丸木恵祐・本名信行『集まりの構造――新しい日常行動論をもとめて』誠信書房）

Goffman,Erving,1963,Stigma, *Notes on the Management of Spoiled Identity,* Prentice-Hall.（［訳］＝ 2001, 石黒毅『スティグマの社会学——烙印を押されたアイデンティティ』せりか書房）

Goffman,Erving,1967,Interaction Ritual, *Essays on Face-to-Face Behavior,* Pantheon Books.（［訳］＝ 2012, 浅野敏夫『儀礼としての相互行為——対面行動の社会学〈新訳版〉』法政大学出版局）

橋本秀雄，1998，『男でも女でもない性——インターセックス（半陰陽）を生きる』青弓社

堀あきこ，2009，『欲望のコード——マンガにみるセクシュアリティの男女差』臨川書店

星加良司，2007，『障害とは何か——ディスアビリティの社会理論に向けて』生活書院

Irigaray,Luce,1977, *Ce sexe qui n'en est pas un,* les editions de Minuit.（［訳］＝ 1987, 棚沢直子『ひとつではない女の性』勁草書房）

泉信行，2016，「アイドルアニメと美少女の表現史——一九八〇～二〇一〇年代」『ユリイカ』2016年9月臨時増刊号　総特集＝アイドルアニメ，青土社，68-80

河口和也，2003，『クイア・スタディーズ』岩波書店

きのコ，2018，『わたし、恋人が2人います。——複数愛という生き方』WAVE出版

小松原織香，2008，「『レイプされたい』という性的ファンタジーについて」有限責任事業組合フリーターズフリー『フリーターズフリー Vol.2』人文書院，152-163

草柳千早，1995，「第七章　現代のシンボリック相互作用論者・E．ゴフマン」船津衛・宝月誠 編『シンボリック相互作用論の世界』恒星社厚生閣，73-85

Laqueur,Thomas Walter,1990,Making Sex, *Body and Gender from the Greek to Freud.Cambridge,* M.A.Harvard University Press（［訳］＝ 1998, 高井宏子・細谷等『セックスの発明——性差の観念史と解剖学のアポリア—』工作舎）

Lippmann, Walter,1922, *Public Opinion,Harcourt,* Brace & Co.（［訳］＝ 1987, 掛川トミ子『世論』岩波書店）

Luhmann,Niklas,1982, *Liebe als Passion,* Suhrkamp.（［訳］＝ 2005, 佐藤勉・村中知子『情熱としての愛——親密さのコード化』木鐸社）

Luhmann,Niklas,1984, *Sozial Systeme,* Suhrkamp.（［訳］＝ 1993, 佐藤勉監訳『社会システム理論』恒星社厚生閣）

Mead,George Herbert,1934, *Mind Self and Society; from the Standpoint of a Social Behaviorist. Edited and with an Introduction by C.W.Morris,* The University of Chicago Press.（［訳］＝ 1995, 河村望『精神・自我・社会』人間の科学社）

Merleau-Ponty,Maurice,1945, *La phénoménologie de la perception,* Gallimard.（［訳］＝ 2015, 中島盛夫『知覚の現象学〈改装版〉』法政大学出版局）

Merton,Robert King,1957, *Social Theory and Social Structure,* The Free Press.（［訳］＝ 1961, 森東吾・森好夫・金沢実・中島竜太郎『社会理論と社会構造』みすず書房）

Mills,Charles Wright,1963, *Power Politics and People,* Oxford University Press.（［訳］＝ 1971, 青井和夫・本間康平『権力・政治・民衆』みすず書房）

三橋順子，2008，『女装と日本人』講談社

溝口彰子，2015，『ＢＬ進化論——ボーイズラブが社会を動かす』太田出版

守如子，2010，『女はポルノを読む——女性の性欲とフェミニズム』青弓社

森岡正博，2005，『感じない男』筑摩書房

森岡正博，2008，「『モテないという意識』を哲学する」有限責任事業組合フリーターズフ
　　リー『フリーターズフリー Vol.2』人文書院，143-151

牟田和恵，2006，『ジェンダー家族を超えて』新曜社

永山薫，2003，「セクシュアリティの変容」東浩紀編『網状言論Ｆ改』青土社，39-57

中村美亜，2005，『心に性別はあるのか？——性同一性障害のよりよい理解とケアのために』
　　医療文化社

中野明，2016，『裸はいつから恥ずかしくなったか——「裸体」の日本近代史』筑摩書房

Ogden,Gina,1994, *Women Who Love Sex*, Arrow Books Ltd.（[訳] = 1997，清水久美『セック
　　スを愛する女たち』パンドラ）

奥平康弘，1986，「性表現の自由になぜこだわるか」奥平康弘他『性表現の自由』有斐閣，
　　101-172

ＲＯＳ，2007，『トランスがわかりません!!——ゆらぎのセクシュアリティ考』アットワー
　　クス

佐倉智美，1999，『性同一性障害はオモシロイ——性別って変えられるんだヨ』現代書館

佐倉智美，2002，『女が少年だったころ——ある性同一性障害者の少年時代』作品社

佐倉智美，2003，『女子高生になれなかった少年——ある性同一性障害者の青春時代』青弓
　　社

佐倉智美，2004，『明るいトランスジェンダー生活』トランスビュー

佐倉智美，2006，『性同一性障害の社会学』現代書館

Scott,Joan,Wallach,1988, *Gender and the Politics of History,* Colonbia University Press.（= 1992,
　　荻野美穂『ジェンダーと歴史学』平凡社）

Sedgwick,Eve Kosofsky,1985, *BetweenMen: English Literature and Male Homosocial Desire,*
　　Columbia University Press.（[訳] = 2001，上原早苗・亀澤美由紀『男同士の絆 イギリス
　　文学とホモソーシャルな欲望』名古屋大学出版会）

Sedgwick,Eve Kosofsky,1990, *Epistemology of The Closet,* University of California Press.（[訳]
　　= 1999，外岡尚美『クローゼットの認識論』青土社）

Strossen, Nadine, 2000, *Difending Pornography: free speech, sex, and the fight for women's rights
　　(new edition)*: NYU press.（[訳] = 2007，岸田美貴・松沢呉一『ポルノグラフィ防衛論——
　　アメリカのセクハラ攻撃・ポルノ規制の危険性』ポット出版）

竹村和子，2002，『愛について——アイデンティティと欲望の政治学』岩波書店

谷本奈穂，2008，『美容整形と化粧の社会学——プラスティックな身体』新曜社

谷本奈穂，2017，「美容整形というコミュニケーション：外見に関わり合う女性同士」『フォー

ラム現代社会学』第 16 号：3-14 関西社会学会

虎井まさ衛，1996，『女から男になったワタシ』青弓社

椿姫彩菜，2008，『わたし、男子校出身です。』ポプラ社

蔦森樹，1993，『男でもなく女でもなく──新時代のアンドロジナスたちへ』勁草書房

蔦森樹，2003，「性は限りなく実体化した可変概念」花立都世司他編『性を再考する──性
の多様性概論』青弓社，158-66

鶴田幸恵，2009，『性同一性障害のエスノグラフィ──性現象の社会学』ハーベスト社

吉田正人・大野満寿美 編，1993，高校生のための新現代社会資料集　令文社

■フィクション作品

青山剛昌，1995，『名探偵コナン［4］』小学館

ふみふみこ，2013，『ぼくらのへんたい［2］』徳間書店

森島明子，2009，『半熟女子［2］』一迅社

PEACH-PIT，2006，『しゅごキャラ！［1］』講談社

佐倉智美，2009，『M教師学園』作品社

椎名高志，2005，『絶対可憐チルドレン［1］』小学館

椎名高志，2007，『絶対可憐チルドレン［8］』小学館

武田綾乃，2013，『響け！ユーフォニアム──北宇治高校吹奏楽部へようこそ』宝島社

武田綾乃，2015，『響け！ユーフォニアム２──北宇治高校吹奏楽部のいちばん熱い夏』宝
島社

武田綾乃，2015，『響け！ユーフォニアム３──北宇治高校吹奏楽部、最大の危機』宝島社

武田綾乃，2015，『響け！ユーフォニアム──北宇治高校吹奏楽部のヒミツの話』宝島社

武田綾乃，2017，『響け！ユーフォニアム──北宇治高校吹奏楽部、波乱の第二楽章 前編』
宝島社

武田綾乃，2017，『響け！ユーフォニアム──北宇治高校吹奏楽部、波乱の第二楽章 後編』
宝島社

武田綾乃，2018，『響け！ユーフォニアム──北宇治高校吹奏楽部のホントの話』宝島社

鳥山明，1985，『ドラゴンボール［1］』集英社

■インターネット（すべて 2020 年 9 月 21 日に最終再確認アクセス済み）

俺の嫁ちゃん、元男子。（ちぃの GID-MtF の 4 コマブロ）

［4 コマ］☆帰国後のダイレーションの苦悩☆ 2017 年 08 月 02 日（水）
http://ameblo.jp/infection1985/entry-12287209276.html

電子政府の総合窓口 e-Gov「性同一性障害者の性別の取扱いの特例に関する法律」
https://elaws.e-gov.go.jp/document?lawid=415AC1000000111_20150801_000000000000000

株式会社 JobRainbow 公式サイト［ＬＧＢＴ用語解説］

https://jobrainbow.jp/magazine/category/lgbt_glossary

さだまさし『主人公』歌詞［歌ネット］

https://www.uta-net.com/song/7420/

脳科学辞典　東京大学医学部附属病院　住谷昌彦「幻肢痛」

https://bsd.neuroinf.jp/wiki/%E5%B9%BB%E8%82%A2%E7%97%9B

情報・知識＆オピニオン imidas 連載コラム「常識を疑え！」

香山リカ「女はなぜ脱原発なのか？」(2012/08/09)

https://imidas.jp/josiki/?article_id=l-58-148-12-08-g320

ナショナルジオグラフィック Web ナショジオ 研究室に行ってみた。

東京大学 認知神経科学・実験心理学　四本裕子 第 5 回　川端 裕人

「男脳」「女脳」のウソはなぜ、どのように拡散するのか

https://natgeo.nikkeibp.co.jp/atcl/web/17/020800002/021400005/

バーチャル美少女ねむの人類美少女計画 (2017/12/01)

今こそ明かそう。バーチャル美少女ねむ、誕生の瞬間！

https://www.nemchan.com/2017/12/nemalive.html

アニメ『響け！ユーフォニアム』シリーズ公式サイトトップ

http://anime-eupho.com/

アニメ『響け！ユーフォニアム２』登場人物相関図

http://tv2nd.anime-eupho.com/character/

原作小説『響け！ユーフォニアム』宝島社特設サイト

https://tkj.jp/info/euphonium/

日本アニメーション「未来少年コナン公式ホームページ」

https://www.nippon-animation.co.jp/na/conan/

東映アニメーション　アニメ『ドラゴンボール』公式サイト

http://www.toei-anim.co.jp/tv/dragon/index.html

小学館「名探偵コナン」原作公式サイト

https://www.conan-portal.com/

日本アミューズメントマシン協会「プリントシール機 20 年史」

https://jaia.jp/wp-content/uploads/2019/12/JAMMA-PRI3-1.pdf

タカラトミーアーツ「プリパラ」プリパラ総合ポータルサイト

https://www.takaratomy-arts.co.jp/specials/pripara/

テレビ東京「プリパラ」アニメ紹介サイト

https://www.tv-tokyo.co.jp/anime/pripara/

# あとがき

「ちょ……、めっちゃギリギリやん」

本書の「序」、そして「Re」。実際に執筆されたのは、舞台となっている大阪府北部地震のリアルタイムよりも、むろん後日なのであるが、しかし難渋していた本書の原稿の執筆に対して、少なくとも「満咲の卒論の参考文献にできるようなタイミングに間に合うようには出版したい」が、2018年時点でも死守すべき「最終防衛ライン」として浮上していたのはまちがいない。

結局のところ目標はなんとか達成されたと言えなくもないが、じつにギリギリなのも否定できまい。とりあえずは大学の2021年度、後期授業期間にはどうにか間に合った形なので、順次ご活用いただければ幸甚である。

思えば『性同一性障害の社会学』の続編のプランは早くからあった。本書の第2章の内容の大枠については、2010年のクィア学会で個人報告をおこなっている。同様に2011年のクィア学会での個人報告では第3章のアウトラインが提示されてもいる。それを受けて、本書の当初の仮題は「性別適合手術の社会学」だったりもした。

しかしなかなかまとまった形にすることができず、2014年に構想を練り直し、現在の本書の章立てで企画をリスタート。とりあえず仕上がってきたところについては、例えば2章第2節は2016年のGID学会で、同じく2章第4節が2018年のGID学会にて個人報告として中間発表した形になってもいる。

それでも執筆の進捗は遅滞を極め、このように読者の手元に書籍として届くまでには、かように時間を要してしまった。ひとえに著者として不徳の致すところではある。多岐にわたる内容を統合し、論理に破綻がないように書き進めるうえでの、私の能力をはじめとする各種リソースが不足していたゆえであり、誠に遺憾であると言うより他はない。

ただ、言い訳がましいことをひとつ言うなら、「性別」にかかわる事項について単純に「女」や「男」などとは言い切らないようにすると、じつに面倒くさいことになり、言い回しは込み入り、しこうして書き上げるために要する時

間も割増になってしまうのだ。

　いやはや、なんだよ、いったい。「男性身体で男性ジェンダーを生きる異性愛者」とか「女性ジェンダーで女性身体の身体的セクシュアリティを生きる者」とか（笑）。

　逆に言うとこの点は、本書を読み進めるうえで読者諸氏への若干の負担も強いるということである。どうか辛抱強くお付き合いいただけると幸いである。本書の構成は（たいていの書物はそうだろうが）基本的に前から順に読んでいってもらう前提で組み立てられている。しかしそうすると例えば２章第３節あたりがひとつの挫折ポイントとして立ちはだかるかもしれない。というかじつは当の著者本人が、書籍化に向けての校正作業で何度か全体を通読した際、いつもしんどくなったのがこの箇所だったりする（思えば執筆の時点でもここはなかなか進まずに、嫌になって投げ出したくなったところである）。となると、第２章はいったん読み飛ばし、第３章や第４章を先に読むのも一手だと言えよう。片や男性の生きづらさや性的欲求をめぐる懊悩といったテーマにこそニーズがある読者には２章第３節がまさに真っ先に開くべきページである。そういったあたり、目次を活用して見当をつけながら、適宜各自の都合に合わせていただければよいと思う。４章第３節の「好きの多様性」などはかなり間口の広いテーマなのではなかろうか。

　ともあれ積年の懸案だった本書、ようやく上梓の運びということで、私も肩の荷が下りた気分である。少しずつなんとか取り組む原稿が、それでもなかなか進捗しないのをもどかしく感じて焦りを禁じえなかった日々。だがそれももう終わりだ。なお「あとがき」に許された紙幅も限られているので、このあたりの位置でよくある「謝辞」も思い切り簡略化せざるをえないが、本書の出版にかかわりのあるすべての人には、当然に深く感謝の念を抱くところである。次の本は「プリキュアとジェンダー」で書きたいなぁなどという大言壮語も少しずつ吐き出しつつ、さしあたりは少しのんびりしたいと思う。

　２０２１年７月　梅雨明けの夏色の空を仰いで疫病退散を願いながら

　　　　　　　　　　　　　　　　　　　　　　　　　　　佐倉智美

❖佐倉智美（さくら・ともみ）

1964年、関西生まれ。大阪大学大学院にて修士号取得（社会学）。性的少数者・トランスジェンダーとしての立場を生かしながらジェンダーやセクシュアリティをテーマとした執筆・講演活動などをおこなう。

著書に『性同一性障害の社会学』（現代書館 2006）、『明るいトランスジェンダー生活』（トランスビュー 2004）など。近年はアニメなどポピュラーカルチャーをめぐる論考も多く、青土社「ユリイカ」2016年9月臨時増刊号【総特集＝アイドルアニメ】所収「『マクロスΔ』の三位一体とケアの倫理の可能性」などはその代表例。

性別解体新書
せいべつかいたいしんしょ
──身体、ジェンダー、好きの多様性
しんたい　　　　　　　　　す　　たようせい

2021年9月15日　初版第1刷発行

著　者　佐　倉　智　美
発　行　者　菊　地　泰　博
組　版　具　羅　夢
印　刷　平河工業社（本文）
　　　　東光印刷所（カバー）
製　本　積　信　堂
装　幀　奥　冨　佳　津　枝

発行所　株式会社　現代書館　〒102-0072　東京都千代田区飯田橋3-2-5
電話 03（3221）1321　FAX 03（3262）5906
振替 00120-3-83725　http://www.gendaishokan.co.jp/

校正協力・高梨　恵一
©2021 SAKURA Tomomi　Printed in Japan　ISBN978-4-7684-5907-2
定価はカバーに表示してあります。乱丁・落丁本はおとりかえいたします。

## 性同一性障害はオモシロイ
性別って変えられるんだョ

佐倉智美 著
定価 2000 円＋税
ISBN9784-7684-6757-1

「異性」とも普通に恋愛をしてきたが、日に日につのる性別違和。性的少数者にかんする情報量が2021 年と比較すればはるかに少ない時代に、教職を捨て「女性」として生きる道を選ぶまでを軽妙に綴った手記。ユーモラスな文を追うちにトランスジェンダーが分かってくる！（1999 年 7 月刊行）

## 性同一性障害の社会学

佐倉智美 著
定価 1800 円＋税
ISBN9784-7684-6921-3

性別違和を抱えていた当事者であり、研究者である著者が最新の研究成果をもとに「性別」をめぐるさまざまな問題を分析。目からウロコの、最も分かりやすいトランスジェンダー学入門。「男女二元制」からの解放を目指した先鞭の一冊。
（2006 年 5 月刊行）

雑誌感覚で読めるフェミニズム入門ブック
## シモーヌ（Les Simones）VOL.1

シモーヌ編集部 編
定価 1300 円＋税
ISBN978-4-7684-9101-0

創刊号特集は「シモーヌ・ド・ボーヴォワール「女であること」：70 年後の《第二の性》」。「人は女に生まれるのではない、女になるのだ」から、もう一歩踏み出そう。寄稿：木村信子、棚沢直子、佐野泰之、中村彩、藤高和輝。その他エッセイ、連載も大充実。（2019 年 11 月刊行）

定価は2021年9月現在のものです。